LE THÉATRE
DE
VOLTAIRE

DU MÊME AUTEUR

ÉTUDES SUR ARISTOPHANE.	1 vol.
ESSAI DE CRITIQUE NATURELLE, OU OBSERVATIONS PHYSIOLOGIQUES SUR LES ÉCRIVAINS ET LES ARTISTES.	1 —
CAUSERIES DE QUINZAINE.	1 —
MARCO POLO, CHRISTOPHE COLOMB, VASCO DE GAMA.	1 —
LES COURTISANES GRECQUES.	1 —
LA VIE DES COMÉDIENS.	1 —
HISTOIRE DE LA CONVERSATION.	1 —
A PIED ET EN WAGON.	1 —
A BATONS ROMPUS.	1 —
LE MAL ET LE BIEN QU'ON A DIT DES FEMMES	1 —
LE MAL ET LE BIEN QU'ON A DIT DE L'AMOUR	2 —
LE MAL ET LE BIEN QU'ON A DIT DES ENFANTS	1 —
CONFÉRENCES EN BELGIQUE ET EN FRANCE.	1 br.
LE PEUPLE ET LA BOURGEOISIE.	1 vol.
BENJAMIN FRANKLIN.	1 —
LA QUESTION DES FEMMES ET LA MORALE LAÏQUE.	1 br.
LE ROMANTISME DES CLASSIQUES :	
I. CORNEILLE, ROTROU, MOLIÈRE, les *DON JUAN* de toutes les littératures.	1 vol.
II. RACINE.	2 —
III. PASCAL, LA ROCHEFOUCAULD, BOSSUET.	1 —

Pour paraître prochainement :

LE ROMANTISME DES CLASSIQUES :	
IV. BOILEAU, PERRAULT, LA FONTAINE, MADAME DE SÉVIGNÉ, LA BRUYÈRE, SAINT-SIMON.	1 —

LE ROMANTISME DES CLASSIQUES
CINQUIÈME SÉRIE

LE THÉATRE
DE
VOLTAIRE

PAR

ÉMILE DESCHANEL

Professeur au Collège de France

PARIS
CALMANN LÉVY, ÉDITEUR
ANCIENNE MAISON MICHEL LÉVY FRÈRES
3, RUE AUBER, 3
—
1886
Droits de reproduction et de traduction réservés.

PREMIÈRE LEÇON

Pour achever la première partie de notre Cours de Littérature, *le Romantisme des Classiques*, il nous reste à étudier le théâtre de Voltaire.

Je crois nécessaire de considérer préalablement Voltaire en lui-même, dans l'ensemble de son œuvre et de sa vie. Or il se trouve qu'à l'époque du centième anniversaire de sa mort, il y a six ans, le 30 mai 1878, j'eus l'honneur d'être appelé à traiter ce sujet, dans la séance où le plus grand écrivain du xviiie siècle fut célébré par le plus grand poète du xixe. Je demande donc la permission, pour abréger et pour rassembler beaucoup de choses en peu d'instants, de mettre d'abord ici la conférence ou le discours que je prononçai ce jour-là, après celui de M. Spuller et avant celui de Victor Hugo. Je dois seulement faire observer que ce discours était approprié à la solennité, par conséquent un peu monté de ton et d'accent, et fait pour un cadre plus vaste que la salle du Collège de France [1].

1. C'était au Théâtre de la Gaîté.

LE DISCOURS DU CENTENAIRE

VOLTAIRE

SA VIE ET SON ŒUVRE

I

Il y a cent ans aujourd'hui, après une longue vie de travaux et de luttes, Voltaire mourait. Nous venons saluer cette grande mémoire.

Voltaire, c'est Paris ; Voltaire, c'est la France ; Voltaire, c'est la libre pensée, la tolérance, l'adoucissement des mœurs et des lois ; Voltaire, c'est la Révolution, c'est-à-dire l'avènement de la justice après quinze siècles d'iniquité.

Cette Révolution, il en a été un des précurseurs les plus actifs ; il y a travaillé sans cesse, au prix d'un exil volontaire qui a duré presque toute sa vie.

Il savait bien ce qu'il faisait, il savait bien où il allait ; il a prédit nettement cette Révolution, au moins vingt-cinq ans d'avance. Le 2 avril 1764, il écrit à M. de Chauvelin : « Tout ce que je vois jette les semences d'une révolution qui arrivera immanquablement et dont je n'aurai pas le plaisir d'être témoin. Les Français arrivent tard à tout, mais enfin ils arrivent. La lumière s'est tellement répandue de proche en proche, qu'on éclatera à la première occasion ; et alors ce sera un beau tapage ! Les jeunes gens sont bien heureux, ils verront de belles choses ! »

Y eut-il jamais une prophétie plus nette et plus précise ?

Je n'en connais qu'une autre qui le soit autant ; c'est celle qui se trouve dans une lettre de Victor Hugo, datée du 12 juin 1832, où le grand poète, voyant l'avenir, s'exprimait ainsi : « Nous aurons une République ; et, quand elle viendra, elle sera bonne. La République proclamée par la France en Europe, ce sera la couronne de nos cheveux blancs ! »

Il y a quarante-six ans que Victor Hugo écrivait ces lignes. N'est-ce pas le cas de rappeler que les Latins n'avaient qu'un seul et même mot, *vates*, pour signifier *poète* et *prophète* ?

Ce serait de ma part une grande témérité de prendre la parole devant ce poète illustre, si c'était moi réellement qui dusse parler ; mais ce n'est pas moi qui louerai Voltaire, c'est son œuvre même qui le louera. Je veux seulement rappeler les principaux traits, presser rapidement la substance et la moelle de cette œuvre et de cette vie si bien remplie.

A vingt ans, il est jeté à la Bastille, pour des vers qu'il n'avait point faits. Il profite de ce loisir pour esquisser son poème de *la Ligue*[1], où il peint les horreurs du fanatisme, et sa tragédie d'*OEdipe*, où il pousse son premier cri de guerre contre la domination cléricale :

Nos prêtres ne sont pas ce qu'un vain peuple pense,
Notre crédulité fait toute leur science.

Imaginez l'effet de ces deux vers, prononcés en 1718, en plein Théâtre-Français, alors que la monarchie et la théocratie s'appuyaient l'une sur l'autre, et vous concevrez les colères que souleva le jeune poète dans le parti sacerdotal.

Elles ne sont pas calmées encore aujourd'hui, après cent soixante années, et Voltaire, du haut de sa gloire, en entend retentir au-dessous de lui les derniers éclats impuissants.

---

1. Qui s'appellera ensuite *la Henriade*.

II

Un peu après qu'il est sorti de la Bastille, un indigne outrage du chevalier de Rohan, de qui François Arouet, simple roturier, ne peut obtenir, ni par lui-même, ni par personne, raison ni justice, le force de s'expatrier ; il se réfugie en Angleterre ; et là il trouve, heureusement, sa vengeance, — et la nôtre, à tous ! — car il y cueille le sujet et les idées de ses Lettres sur les Anglais, il en rapporte la liberté philosophique, germe de toutes les autres.

Il avait vu dans ce pays des choses prodigieusement nouvelles pour un jeune Français de l'ancien régime : la liberté de la personne, la liberté de la pensée, la liberté de la presse, la liberté du parlement, la loi du jury, le droit reconnu à tout citoyen d'avoir un avocat pour se défendre, le respect de la propriété.

« Cela s'appelle des prérogatives, écrivait-il, et en effet c'est une très grande et très heureuse prérogative par-dessus tant de nations, d'être sûr en vous couchant que vous vous réveillerez le lendemain avec la même fortune que vous aviez la veille, que vous ne serez pas enlevé des bras de votre femme et de vos enfants, au milieu de la nuit, pour être conduit dans un donjon ou dans un désert. »

Messieurs, nous avons encore connu tout cela, et ce n'était plus sous l'ancien régime.

Autre sujet d'étonnement : tandis qu'en France les savants et les philosophes étaient pauvres et persécutés, à Londres ils étaient honorés et par le peuple et par le roi. Voltaire voyait la *Société royale de Londres* composée des savants anglais les plus illustres : Newton faisait connaître la loi qui règle la marche des mondes, et il était en même temps directeur des Monnaies et membre du Parlement ; le philosophe Locke était à la tête du bureau du Commerce ; Addison, ministre ; Prior, ambassadeur ; Steele, membre du Parlement ; Vanbruck, membre du Parlement. Et, après avoir été ainsi honorés pendant leur vie, les poètes et les savants étaient inhumés près des rois, dans l'abbaye de Westminster.

Tant de choses nouvelles et étranges excitent l'admiration du jeune exilé, et alors voilà que le plus Français de tous les Français se met à interpréter l'Angleterre à la France. Il écrit et publie, à son retour dans sa patrie, ces *Lettres philosophiques*. Elles sont brûlées, au pied du grand escalier du Palais de Justice, par la main du bourreau, et l'auteur, à peine revenu de l'exil, est forcé de se cacher près de Rouen.

Mais un livre proscrit se répand d'autant plus : le feu volatilise les idées. Les *Lettres philosophiques* tombent dans les mains de Jean-Jacques Rousseau, encore inconnu, — et des autres et de lui-même; — ce livre éveille son esprit. Ainsi c'est le génie de l'un qui aimante le génie de l'autre; c'est de là que Rousseau a reçu l'étincelle, il le déclare loyalement dans ses *Confessions*.

Voltaire, caché en Normandie, se console par le travail; et, quelque temps après, donne *Zaïre*, souvenir de l'*Othello* de Shakspeare, adouci, francisé, accommodé au goût timide de ce temps-là. Aussi le public parisien fut-il ravi, et surtout le public des femmes, qui est le plus influent de tous. Oui, il faut que l'autre moitié de cette grande assemblée me permette de le dire, sans flatterie et uniquement parce qu'une longue expérience me l'a appris depuis vingt-cinq années : comme public, une femme vaut deux hommes, de même qu'en musique une blanche vaut deux noires.

III

La date de *Zaïre* marque une ère nouvelle dans la vie de Voltaire : c'est l'époque de sa liaison avec madame du Châtelet. Il avait près de quarante ans. Jusqu'alors une seule femme, à ce qu'il dit, — madame de Villars, — lui avait fait perdre quelques heures de sa jeunesse ; son amitié pour madame du Châtelet ne fit que l'exciter au travail. Elle-même avait le goût de l'étude, des sciences, des mathématiques. Tous deux, avec une émulation singulière, s'adonnent à l'astronomie, à la physique, à la chimie, se mettent à lire Newton, à se disputer les prix offerts par l'Académie des Sciences, en concourant séparément. Puis, avec les amis qui viennent leur faire visite au château de Cirey, dans une vallée charmante entre la Lorraine et la Champagne, ils jouent, le soir, la comédie. Et dès le lendemain matin et tout le jour, ils sont au travail : science, littérature, histoire, poésie ; ils mènent tout de front : ils composent, pour l'Académie, des mémoires sur la nature du feu. Et leur esprit même ressemble à un feu qui court dans les brandes. Ainsi se passent treize années, — jusqu'à la mort de madame du Châtelet.

C'est là, dans cette vie active et pleine, que Voltaire prépare les matériaux et la construction de sa grande œuvre historique, *Essai sur les mœurs et l'esprit des nations*, — soi-disant pour continuer l'*Histoire universelle* de Bossuet (le titre le disait d'abord), mais réellement pour en faire la contre-partie. Dans l'œuvre de Bossuet, les beautés oratoires ne parviennent pas à masquer la faiblesse du système, qui prétend ramener l'histoire tout entière à la glorification d'un seul peuple et d'une seule croyance ; Voltaire combat pour la liberté de conscience ; les attentats commis contre elle l'irritent et l'affligent. Partout où la force écrase le droit, il proteste avec une éloquence simple et pénétrante, où la sobre élégance du style convient à la sincérité du libre examen. A dater de ce livre, commence la grande rénovation de l'histoire. Voltaire lui rend le sens du droit, la vie. Il met en pleine lumière le fanatisme, afin d'en inspirer l'horreur.

Dans une occasion récente, un homme dont le témoignage n'est pas suspect, M. Dufaure, le reconnaissait et le proclamait : « Si nous trouvons dans nos mœurs, dans nos relations sociales, un adoucissement remarquable, si des idées et des habitudes de tolérance se sont répandues parmi nous, assurément plus fortes qu'elles ne l'étaient de son temps ; si nos lois criminelles ont été adoucies, si nous sommes moins exposés à de grandes iniquités judiciaires, je crois fermement que ses écrits y ont contribué. »

Diminuer la cruauté, surtout celle qui sévit au nom des croyances, adoucir les mœurs et les lois, telle est en effet l'intention constante, tel est l'esprit même de l'*Essai sur les mœurs*.

C'est là aussi que Voltaire, effaçant lui-même sa faute à jamais regrettable, son poème sur Jeanne d'Arc, est le premier à proclamer en elle la vraie sainte de la France.. « Elle fit à ses juges, dit-il, une réponse digne d'une mémoire éternelle. » Et, un peu plus loin, il ajoute : « Elle aurait eu des autels dans les temps héroïques où les peuples en élevaient à leurs libérateurs. »

Voilà le vrai sentiment de Voltaire. Quant à ce poème dans le genre de l'Arioste, badinage licencieux et coupable, effet de l'influence des mœurs du temps, il est imputable à l'époque autant qu'à l'auteur. Qu'on cesse donc de le lui reprocher. Et, s'il a insulté Jeanne d'Arc, qui est-ce donc qui l'a brûlée[1] ?

---

1. Par un hasard singulier, c'est justement à la date où nous sommes, le 30 mai, il y a aujourd'hui 447 ans (30 mai 1431).

Ah ! voilà le crime véritable ! et c'est le fanatisme qui l'a commis ! Aussi le fanatisme, pour ce crime et pour mille autres, lui est en horreur. Il fait serment d'*écraser l'infâme*. Et qui prend-il pour son héros ? Celui qui a bien mérité de la France et de l'humanité en publiant l'*Édit de Nantes*, ce code de la tolérance. Comme lui, il tâche à réprimer la férocité sectaire. Il s'ingénie à prêcher la douceur, la fraternité, et trouve des accents évangéliques : « La Nature dit à tous les hommes : Je vous ai fait naître faibles et ignorants... Puisque vous êtes faibles, secourez-vous ; puisque vous êtes ignorants, éclairez-vous et supportez-vous. Quand vous seriez tous du même avis, ce qui certainement n'arrivera jamais, quand il n'y aurait qu'un seul homme d'un avis contraire, vous devriez lui pardonner : car c'est moi qui le fais penser comme il pense. Je vous ai donné des bras pour cultiver la terre, et une petite lueur de raison pour vous conduire ; j'ai mis dans vos cœurs un germe de compassion pour vous aider les uns les autres à supporter la vie ; n'étouffez pas ce germe, ne le corrompez pas, apprenez qu'il est divin, et ne substituez pas les misérables fureurs de l'école à la voix de la Nature. »

Ame vaillante, grand homme, encore tant discuté, parce que les rayons de son ironie nous empêchent parfois de voir sa bonté, et que l'éclat de son esprit éclipse à nos yeux éblouis son généreux cœur !

On essaye, en tronquant les textes, en abusant de quelques plaisanteries échappées à sa plume, ou bien de quelques mouvements d'humeur, de le représenter comme un ennemi du peuple, comme un parvenu égoïste qui aurait voulu qu'on le tînt dans l'ignorance et dans l'asservissement.

Je laisserai d'abord répondre, sur ce point, un témoin dont l'impartialité ne saurait être révoquée en doute ; voici comme il s'exprime : « Déchiré par le spectacle des fureurs et des maux que la superstition et l'intolérance ont vomis sur la terre, Voltaire exhale sa douleur dans une sombre et violente ironie. Quelquefois, désespérant d'arracher le peuple à ces deux épouvantables maladies, il imite l'orgueil de certains prélats du vieux régime, et de la plupart des grands : il traite les classes manouvrières de populace, de canaille ; et, lui qui les porte dans ses entrailles, en semble ainsi un brutal contempteur. »

Celui qui analysait avec tant de justesse la pensée de Voltaire à l'égard du peuple ignorant, était un fervent catholique, Bordas-Demoulin.

Écoutez maintenant ce passage de Voltaire lui-même, dans une de ses lettres. A quelqu'un qui s'effraye de voir le peuple essayer de s'instruire, et qui s'écrie qu'alors, si le peuple s'instruit, tout est perdu, « Non, monsieur, répond-il, tout n'est point perdu quand on met le peuple en état de s'apercevoir qu'il a un esprit. Tout est perdu, au contraire, quand on le traite comme une troupe de taureaux : car, tôt ou tard, ils vous frappent de leurs cornes. »

Voilà l'homme qu'on veut faire passer pour un aristocrate sans cœur, — parce qu'il a cru de bonne politique de se concilier les grands et les puissants, pour les mettre du côté de la philosophie et des réformes libérales.

Non, ce n'est pas le peuple qu'il redoute ; ceux contre lesquels il se met en garde, même au prix d'un exil perpétuel, ce sont les hypocrites et les fanatiques, les mêmes que combattaient Rabelais et Molière. « Il faut toujours, écrit-il à d'Alembert, que les philosophes aient deux ou trois trous sous terre, contre les chiens qui courent après eux. »

Ces trois trous, c'étaient, s'il vous plaît, la maison des Délices, le château de Tournay, et celui de Ferney.

IV

Il y vivait en grand seigneur, mais en grand seigneur philosophe, travaillant et faisant travailler tout le monde. Il avait compris de bonne heure qu'il faut être, ici-bas, enclume ou marteau. « J'étais né enclume, » dit-il. Vous savez comment il devint marteau.

Après avoir tenté de conquérir les rois, enfin il s'est fait roi chez lui. Alors, heureux, libre, puissant, sa joie éclate sous toutes les formes. Vous connaissez ces vers charmants :

O maison d'Aristippe! O jardin d'Épicure!..

Et toute sa correspondance, si vive, si étincelante!... « Heureux, s'écrie-t-il, heureux qui vit chez soi, avec ses nièces, ses livres, ses jardins, ses vignes, ses chevaux, ses vaches, son renard, et ses lapins qui se passent la patte sur le nez! J'ai de tout cela, et des Alpes par-dessus, qui font un effet admirable. » Ailleurs il parle de ses bœufs « qui lui font des mines ».

S'il s'absente, il ne perd pas de vue sa propriété, la maison qu'il a bâtie, l'asile de sa chère indépendance. « Je recommande à Loup d'avoir soin de fermer la grille... Je prie M. Colini de renvoyer les maçons au reçu de ma lettre : ils n'ont plus rien à faire. Mais je voudrais que les charpentiers pussent se mettre tout de suite après le berceau de la Brandie... Il faut que les domestiques aient grand soin de remuer les marronniers, d'en faire tomber les hannetons et de les donner à manger aux poules. »

Caton l'Ancien n'eût pas mieux dit.

Tout cela mêlé à la poésie, à la science, à l'histoire, au *Dictionnaire philosophique*, aux pamphlets, aux luttes de toutes sortes. « Il faut, dit-il, donner à son âme toutes les formes possibles. C'est un feu que Dieu nous a confié, nous devons le nourrir de ce que nous trouvons de plus précieux... Il faut faire entrer dans notre être tous les modes imaginables, ouvrir toutes les portes de notre âme à toutes les sciences, et à tous les sentiments. Pourvu que tout cela n'entre pas pêle-mêle, il y a place pour tout le monde. »

Dans un autre passage, parlant des Muses : « Je les aime toutes neuf, et il faut avoir le plus de bonnes fortunes qu'on peut, sans être pourtant trop coquet. »

Sa prodigieuse activité rayonne partout à la fois : « Je suis, écrit-il gaiement, comme un homme qui a des procès à tous les tribunaux. » Et, ce qu'il dit par métaphore, il pourrait le dire sans figure. Il plaide en effet de tous les côtés, pour faire rendre justice à tous les malheureux, à tous les opprimés. C'est une succession de combats, sans trêve; des séries de batailles multiples et entre-croisées, dont chacune dure des années : pour les Calas, trois ans; pour les Sirven, neuf ans; puis, pour le général Lally, pour le jeune chevalier de La Barre, et pour son ami le jeune d'Étallonde; pour le jardinier Montbailly; pour l'affranchissement des serfs de Saint-Claude; enfin pour tous les faibles écrasés, pour l'humanité et pour la justice. Il communique à tous sa flamme. Il stimule les auteurs de l'*Encyclopédie*. Diderot écrit à l'imprimeur, qui traîtreusement s'était permis des coupures : « Avez-vous songé à ce que dira Voltaire, quand il nous cherchera et ne nous trouvera plus? »

Ferney, à dater de ce moment-là, Ferney, par l'âme de celui qui l'habite, par le rayonnement de sa pensée, devient comme le centre du monde intellectuel, une sorte de saint-siège philosophique d'où éclate la force de l'Esprit nouveau, et vers lequel se tournent, comme vers l'Orient, toutes les intelligences en éveil, touchées des premières lueurs de la Révolution à son aurore.

On l'a dit éloquemment, et c'est un chrétien qui a prononcé ces paroles, « Alors, à Ferney, paraissent s'ouvrir sur la terre les hautes assises de la justice sociale. De là partent les décisions souveraines qui vont par les royaumes prévenir ou casser les arrêts iniques et barbares de la superstition, du fanatisme, ou de la présomptueuse ignorance, quelquefois non moins fatale et non moins sanguinaire. »

Pendant vingt ans le patriarche de Ferney, ce malicieux vieillard, toujours mourant — et toujours vif, ne fût-ce que pour faire endêver ceux qui lui payent depuis longues années des rentes viagères, — rayonne, étincelle de là sur l'Europe, lançant par-dessus le Jura des fusées volantes, qui s'en vont tomber à Paris sur la tête des sots et des méchants ; bombardant le vieux monde du moyen âge, la vieille bastille des iniquités ; employant, comme un général d'armée, cent stratagèmes, et répandant sur toutes choses cet inimitable mélange d'imagination et de bon sens, cet esprit qui éclaire et illumine ; prenant mille noms, mille formes : lutin, démon, génie, athlète, apôtre — de la tolérance, de la liberté, du droit ! L'audace, chez lui, croît avec l'âge. « J'aime passionnément, écrit-il au maréchal-duc de Richelieu, à dire des vérités que d'autres n'osent pas dire, et à remplir des devoirs que d'autres n'osent pas remplir. Mon âme s'est fortifiée à mesure que mon pauvre corps s'est affaibli. »

Toutefois il y met la prudence qu'il faut, connaissant bien la France, — la France de ce temps-là, — « ce pays où des singes agacent des tigres » ; voulant bien que l'on brûle par la main du bourreau ses livres, mais non pas lui, — qui a encore à dire tant de bonnes vérités !

Il y a les esprits dogmatiques et les esprits ironiques. Les dogmatiques, comme Jean Huss, Jérôme de Prague, Michel Servet, se font brûler en chair et en os, stoïquement ; ceux-là sont grands et sublimes sans doute ; mais les autres n'ont-ils pas droit aussi à notre admiration, les ironiques qui, comme Rabelais et Voltaire, au lieu de se faire brûler vifs, brûlent eux-mêmes leurs adversaires au feu de l'esprit et de la raison ?

Ah ! dans cette ironie, rayonne une foi vive ! En France, l'ironie et la gaieté sont parfois des formes de l'héroïsme. A ce titre, le patriarche de Ferney est bien un héros ! Ce qu'il lance, coup sur coup, ce ne sont pas seulement des livres, mais des actes ! Partout où il y a des torts à redresser, des opprimés à secourir, il intervient, il remue tout le monde, les parlements, les rois, l'opinion. O révolution miraculeuse, qui présage et prépare l'autre ! une puissance nouvelle s'élève, celle de la pensée militante, celle de l'action par la plume, celle de la presse mobilisée ! Enquête quotidienne sur toutes gens et sur toutes choses, sorte de jury universel et permanent ! la discussion partout répandue comme la

lumière, la Justice ailée, — le journalisme enfin !
Voltaire est le grand journaliste, le grand justicier[1] !

Le vieux monde des privilèges s'en indigne, et essaye d'en rire. Saint-Simon trouve étrange et impertinent qu'un petit bourgeois comme cela se mêle d'avoir de l'esprit et de faire du bruit. Écoutez le ton dédaigneux avec lequel ce duc et pair parle de Voltaire : « Arouet, fils d'un notaire, qui l'a été de mon père et de moi jusqu'à sa mort, fut exilé pour des vers fort satiriques et fort impudents. Je ne m'amuserais pas à marquer une si petite bagatelle, si ce même Arouet, sous le nom de Voltaire, n'était devenu, à travers force aventures tragiques, une manière de personnage dans la république des lettres, et même une manière d'important parmi un certain monde. »

Ce n'est pas seulement parmi un certain monde, monsieur le duc, c'est dans le monde tout entier, c'est dans tout l'univers civilisé, que Voltaire a le pas sur les ducs et les rois ! Et, si ce fils de notaire vous indigne, ah ! vous allez en voir bien d'autres ! Voici Jean-Jacques Rousseau, fils d'un ouvrier horloger ! Voici Denis Diderot, fils d'un coutelier ! Et voici, ramassé au parvis Notre-Dame, un pauvre enfant trouvé, fils de personne, qui s'appellera

---

[1]. Le livre et le théâtre précédèrent la tribune : elle naquit de l'un et de l'autre, — avec la presse du journalisme, qui est la tribune de tous, le suffrage universel quotidien. Voltaire a commencé ou lancé tout cela.

D'Alembert! Tous ces enfants du peuple, tous ces hommes de rien, deviennent les maîtres de l'opinion! Et voilà que les rois, les anciens rois, les rois de Prusse et les impératrices de Russie, se font les courtisans de ces hommes de rien, voyant bien qu'ils disposent de la pensée publique, soit dans le présent, soit dans l'avenir, et qu'eux seuls désormais sont les vrais souverains, les souverains du monde moderne.

Étonnante révolution, qui des livres et des pamphlets s'en va passer dans les faits politiques, et devenir la Révolution française!

Je rappelais tout à l'heure comment Voltaire avait annoncé cette Révolution, plus d'un quart de siècle à l'avance, dans sa lettre à M. de Chauvelin, en 1764. Ce n'est pas la seule fois qu'il l'ait prédite; il y revient sans cesse, toujours avec la même netteté et la même certitude. Le 17 juin de la même année, il écrit à ses amis M. et Mme d'Argental : « Les écailles tombent des yeux ; le règne de la vérité est proche ; mes anges, bénissons Dieu ! »

Dans une autre lettre, il dit encore : « Nous arrivons à la terre promise ; mais je ne la verrai pas ! Je meurs : j'ai quatre-vingt-quatre ans, quatre-vingt-quatre entreprises accablantes pour un pauvre vieillard, et quatre-vingt-quatre maladies qui m'épuisent. Jouissez, mes amis, du spectacle que j'ai préparé pendant soixante ans et auquel je ne puis assister avec vous ! Je m'éteins, mais je peux dire en mourant, comme le vieux Lusignan :

Mon Dieu, j'ai combattu soixante ans pour ta gloire! »

Il prophétise non seulement pour la France, mais pour l'Europe : et tout ce qu'il prédit arrive. En Espagne, un ministre abolit l'Inquisition. Quant à l'Italie, voici la prédiction de Voltaire : « Si la Raison fait encore des tentatives pour entrer en Italie, on prétend qu'elle a un secret infaillible pour détacher les cordons d'une couronne qui sont embarrassés, je ne sais comment, dans ceux d'une tiare, et pour empêcher les haquenées d'aller faire la révérence aux mules. » — Cette prophétie vient de s'accomplir de nos jours. Les autres, du vivant même de Voltaire, se réalisent sous ses yeux : la moitié des princes d'Allemagne, le roi de Pologne, le roi de Danemark, établissent dans leurs États la liberté de conscience; le dernier y ajoute la liberté de la presse. L'impératrice de Russie, Catherine II, décrète la tolérance dans son immense empire ; elle met bravement la philosophie au préambule de son code nouveau.

Aujourd'hui que toutes les idées pour lesquelles Voltaire combattait ont passé dans l'air que nous respirons, on goûte comme des choses naturelles tout ce qu'il a conquis pour nous avec tant de labeur; on perd de vue ce qu'il lui a fallu de bon sens, d'esprit, de courage, d'adresse, de génie, pour en doter le monde. Ses ennemis eux-mêmes profitent de tous les biens qu'il a créés; et la grandeur du bienfait partout répandu fait oublier le bienfaiteur.

Permettez-moi de vous citer un relevé court et précis[1] :

Réformes dans l'Église : abolition des vœux perpétuels, abolition des dîmes, suppression d'un grand nombre de fêtes, dont le chômage ruinait les pauvres gens ; création des registres de l'État civil, c'est-à-dire rupture du lien par lequel l'Église tenait toute la population depuis la naissance jusqu'à la mort ; validité des mariages protestants ; l'Église auparavant disait aux huguenots : Vous êtes *hors la Foi, hors la loi*. Vos fils ne sont que des bâtards. — Mariages mixtes. Mariage civil. Droit de sépulture égal pour tous les citoyens, quelle que soit leur croyance ou leur libre pensée, quelle que soit leur profession, fussent-ils Molière ou Adrienne Lecouvreur !

Réformes dans la magistrature et dans la justice : suppression de la vénalité des charges, institution du jury ; juges pour concilier les procès *gratis*, — que nous appelons juges de paix ; — droit de défense accordé devant les tribunaux à tous les accusés ; publicité des procédures ; abolition de la question et de la torture ; Voltaire, comme Montesquieu et comme Beccaria, s'élève avec force à plusieurs reprises contre cette monstrueuse et barbare ineptie qui traitait l'accusé comme un coupable : « Quoi !

[1]. Voir Eugène Noël, *Voltaire*, Paris, Maurice Dreyfous' 1878.

s'écrie-t-il, la loi ne l'a pas encore condamné, et on lui inflige, dans l'incertitude où l'on est de son crime, un supplice beaucoup plus affreux que la mort qu'on lui donne quand on est certain qu'il la mérite ! Quoi ! j'ignore encore si tu es coupable, et il faudra que je te tourmente pour m'éclairer ! Et, si tu es innocent, je n'expierai point envers toi ces mille morts que je t'ai fait souffrir au lieu d'une seule que je te préparais !... Chacun frissonne à cette idée. »

Réformes dans les campagnes, par la nouvelle manière de percevoir les impôts, par l'abolition des douanes intérieures, par l'accession de tous à la propriété, par l'extension aux plus pauvres communes de l'institution des municipalités.

Réformes dans les villes : hôpitaux, prisons, écoles, bibliothèques ; pharmacies gratuites, bains publics ; établissement des cimetières hors des murs.

Asiles pour l'enfance, et refuges pour la vieillesse ; caisses d'épargne et de retraite ; uniformité des poids et mesures ; perfectionnement des postes, des routes, des canaux, des théâtres ; liberté du commerce ; instruction gratuite.

Tout cela indiqué, réclamé, discuté, éclairé par cet esprit vivant qui met sur chaque idée un rayon de soleil, et qui, en la semant, la fait germer.

Voilà des faits. Comment prétendre, après cela,

que l'œuvre de Voltaire n'est qu'une œuvre de destruction ? Le droit, au fond, est le caractère de cette œuvre de guerre ; la foi, au fond, une foi vive, ardente, la foi en la raison, la foi en la justice, est l'âme de cette œuvre d'ironie. Si Voltaire a beaucoup détruit, il a créé bien plus encore ; et, ce qu'il a détruit, il devait le détruire.

Sous la plus extrême mobilité, il a une constance inébranlable. Il change de moyens à chaque instant, jamais de but. Il frappe l'ennemi à coups redoublés, il le brûle, il le transperce.

Au milieu de ses travaux, de ses procès pour tous les persécutés, de ses polémiques innombrables, — et de ses maladies, — la joie de la lutte crée en lui un perpétuel rajeunissement et le soutient contre les mélancolies de l'exil. Il s'amuse de ses ennemis, non seulement devant le public, mais tête à tête avec eux-mêmes, dans sa correspondance.

Un ancien jésuite, Nonotte, prépare un livre anonyme et fait écrire par son libraire la lettre suivante au riche châtelain de Ferney :

« Avignon, le 30 avril 1762.

» Monsieur,

» Avant de mettre en vente un ouvrage qui vous est relatif, j'ai cru devoir décemment vous en donner avis. Le titre porte : *Erreurs de M. de Voltaire sur les faits historiques, dogmatiques, etc.*, en deux volumes in-12, par un auteur anonyme. En conséquence, je prends la liberté de vous proposer un parti ; le voici : Je vous offre mon édition, de quinze cents exemplaires à quarante sous, en feuilles, montant à trois mille livres. L'ouvrage est désiré universellement. Je vous l'offre, dis-je, cette édition, de bon cœur, et je ne la ferai paraître que je n'aye auparavant reçu quelque ordre de votre part.

» J'ai l'honneur d'être, avec le respect le plus profond, Monsieur, votre très humble et très obéissant serviteur,

» FEZ,
» Imprimeur-libraire, à Avignon. »

A ce joli chantage, Voltaire répond gaiement :

« Monsieur,

» Vous me proposez, par votre lettre datée d'Avignon, du 30 avril, de me vendre, pour mille écus, l'édition entière d'un recueil de mes *Erreurs sur les faits historiques et dogmatiques*, que vous avez, dites-vous, imprimé en terre papale. Je suis obligé, en conscience, de vous avertir qu'en relisant en dernier lieu une nouvelle édition de mes ouvrages, j'ai découvert dans la précédente pour plus de deux mille écus d'erreurs ; et, comme, en qualité d'auteur, je me suis probablement trompé de moitié à mon avantage, en voilà au moins pour douze mille livres. Il est donc clair que je vous ferais tort de neuf mille francs, si j'acceptais votre marché... »

Nonotte était volé.

Joseph de Maistre, dans sa célèbre invective, parle de ce *rictus* diabolique, que Musset a traduit par le « hideux sourire »; mais le fond de ce malin diable est la bonté. Le prince de Ligne, qui alla lui rendre visite à Ferney, a tracé de lui un portrait qui rend bien sa physionomie réelle, la bonté avec la grandeur, et l'incessante activité : « Il fallait le voir, dit-il, animé par sa belle et brillante imagination, jetant l'esprit à pleines mains, en prêtant à tout le monde, porté à voir et à croire le beau et le bien ;... faisant parler et penser ceux qui en étaient capables ; donnant des secours à tous les malheureux ; bâtissant pour de pauvres familles; et bon homme dans la sienne, bon homme dans son village ; bon homme et grand homme tout à la fois ; réunion sans laquelle on n'est jamais complètement ni l'un ni l'autre, car le génie donne plus d'étendue à la bonté, et la bonté plus de naturel au génie. »

Le sarcasme de Voltaire n'est que de la justice irritée, du bon sens qui fait étincelle. Macaulay, plus clairvoyant et plus équitable que certains libellistes français, a dit avec une énergie à la Juvénal : « De toutes les armes intellectuelles qui aient jamais été maniées par l'homme, la plus terrible a été la moquerie de Voltaire. Les bigots et les tyrans, qui jamais n'avaient été émus par les gémissements et les malédictions de millions de créatures, devenaient pâles à son nom. »

De ce que Voltaire attaque sans cesse les excès de l'intolérance religieuse, ses adversaires veulent conclure qu'il est l'ennemi de toute religion. Il faut opposer des textes précis aux falsifications intéressées et aux pieuses calomnies. Il est un des prédicateurs les plus vifs, les plus éloquents, de la religion naturelle, selon laquelle la vraie morale, qu'aucune secte n'a droit de confisquer, est une et identique dans ses principes, en tout temps, en tout lieu. Écoutez là-dessus une admirable page du *Dictionnaire philosophique*, à l'article *Religion*, section II :

« Je méditais, cette nuit, j'étais absorbé dans la contemplation de la Nature ; j'admirais l'immensité, le cours, les rapports de ces globes infinis... J'admirais encore plus l'intelligence qui préside à ces vastes ressorts. Je me disais : Il faut être aveugle pour n'être pas ébloui de ce spectacle ; il faut être stupide pour n'en pas reconnaître l'auteur ; il faut être fou pour ne pas l'adorer. Quel tribut d'adoration dois-je lui rendre ? Ce tribut ne doit-il pas être le même dans toute l'étendue de l'espace, puisque c'est le même pouvoir suprême qui règne également dans cette étendue ? Un être pensant qui habite dans une étoile de la Voie Lactée ne lui doit-il pas le même hommage que l'être pensant sur ce petit globe où nous sommes ? La lumière est uniforme pour l'astre de Sirius et pour nous, la morale doit être uniforme. Si un animal sentant et pensant dans Sirius est né d'un père et d'une mère tendres qui aient été occupés de son bonheur, il leur doit autant d'amour et de soins que nous en devons ici à nos parents. Si quelqu'un dans la Voie Lactée voit un indigent estropié, s'il peut le soulager et s'il ne le fait pas, il est coupable envers tous les globes... »

Y eut-il jamais rien de plus religieux que cette page ? — Vous savez la suite : pendant que le philosophe est plongé dans cette méditation sublime, une vision soudaine lui fait apparaître un désert couvert d'ossements. Ce sont les restes misérables des milliers et des millions d'hommes qui ont été massacrés ou brûlés pour des querelles religieuses. Ce contraste redouble l'effet du début.

Puis le philosophe aperçoit les sages de l'antiquité qui ont travaillé à bannir du monde la violence et qui ont été tués par elle ; les grands serviteurs de l'humanité, sacrifiés pour sa délivrance ; les plus augustes victimes. Il voit enfin « une figure douce et simple » qui jette de loin des regards de compassion sur ces amas d'ossements blanchis. Il la conjure de lui apprendre en quoi consiste la vraie religion. — « Aimez Dieu, et votre prochain comme vous-même. » — « Eh bien, s'il en est ainsi, je vous prends pour mon seul maître. »

Avouez que voilà une parole qui serait surprenante de la part de Voltaire, s'il était réellement tel que certaines personnes veulent le représenter. Il se proclame donc disciple du Christ autant que de Socrate.

Et remarquons, en passant, que Jean-Jacques, lui aussi, par la bouche de son Vicaire savoyard, appelle également Jésus « son maître ». — Mais lui, Rousseau, c'est indirectement, par la bouche de son personnage; au lieu que Voltaire parle ici directement, lui-même et pour son propre compte.

De telle sorte qu'on a pu aller jusqu'à dire les paroles suivantes, — et qui est-ce qui les a dites? c'est ce même catholique fervent que j'ai déjà cité. « Aujourd'hui, que le vrai caractère de la Révolution française a été expliqué, tout catholique éclairé doit reconnaître que Voltaire prêchant la tolérance, la liberté et la fraternité, est plus chrétien que Bossuet défendant l'intolérance et la théocratie. »

V.

Lorsque, après un exil de plus de quarante ans, sur une existence qui en avait duré quatre-vingt-trois, dont plus de soixante consacrés à tant de luttes héroïques, le patriarche de Ferney revint dans sa patrie et à Paris, pour livrer un dernier combat, *Irène*, et pour triompher jusqu'à en mourir, vous savez avec quel enthousiasme il fut accueilli, et comment la nation entière lui témoigna sa reconnaissance.

Dès son passage à Lyon, il est signalé, salué. A son arrivée dans Paris, le Théâtre-Français, l'Académie française, toute la société lettrée, qui depuis tant d'années vivait de ses œuvres et de ses idées, se transporte à sa rencontre et vient le saluer. Mais ce ne sont pas seulement les compagnies constituées, les corps savants officiels, qui viennent lui rendre hommage ; c'est le peuple parisien, reconnaissant en lui un de ses fils, un de ses héros, un de ses représentants éternels. Dans les rues, au-devant de sa voiture, on se précipite, on l'acclame. Sur le pont Neuf, une vieille femme s'élance à la tête des chevaux et s'écrie : « Vive le défenseur des Calas ! »

En présence de ces éclatantes démonstrations de la reconnaissance populaire, la haine de ses ennemis se voit forcée de faire trêve. Mais, lorsqu'au bout de quelques semaines il succombe, épuisé par ce triomphe même, elle relève la tête. Alors les parents, craignant le scandale, l'emportent secrètement dans une voiture et s'en vont l'inhumer loin de Paris[1].

Ses restes mortels demeurèrent ensevelis pendant treize ans dans un cimetière de campagne, près de l'abbaye de Scellières, jusqu'au jour où l'Assemblée nationale, sur la proposition de Mirabeau, les fit porter solennellement au Panthéon.

---

1. « Revêtu d'une robe de chambre, la tête enfouie dans un ample bonnet de nuit, le corps du poète fut installé dans un carrosse à six chevaux, et retenu sous les bras dans l'attitude d'un homme qui dort, à la garde d'un domestique de confiance qui ne devait pas le quitter. Un autre carrosse suivait, dans lequel étaient d'Hornoy et ses deux cousins ; un maître d'hôtel du Roi, et un brigadier d'infanterie. L'abbé Mignot avait pris les devants... » — Gustave Desnoiresterres, *Voltaire et le XVIIIe siècle*.

On pouvait espérer que cette fois ils reposeraient en paix, abrités sous cette inscription: *Aux grands hommes la Patrie reconnaissante.* Il n'en fut pas ainsi. En 1814, un des premiers soins de la monarchie restaurée fut de profaner les tombes de Voltaire et de Rousseau. Pendant une nuit du mois d'avril, on enleva des caveaux funèbres du Panthéon ce qui restait de la dépouille mortelle de ces deux grands hommes, on le mit dans des sacs, et on alla honteusement enfouir ces tristes restes au milieu d'un terrain vague, au bord de la Seine et de la Bièvre, en face de Bercy, en ayant soin de les anéantir avec de la chaux vive, afin qu'il n'en demeurât aucune trace.

C'est par ce crime nocturne et par ce sacrilège que fut inaugurée la Restauration bourbonienne, obéissante à ce parti qui, dépossédé du pouvoir par la Révolution, a juré haine éternelle à ses deux glorieux auteurs, Voltaire et Rousseau [1].

Ce crime resta longtemps ignoré; on ne le connut que peu à peu. Il attendait une réparation; elle ne pouvait venir que de la République.

Elle vient enfin à présent, mes chers concitoyens, en ce jour où Paris, Lyon, Marseille et les autres grandes villes de la Liberté, rendent un solennel hommage à cette mémoire immortelle; en ce jour où, dans notre patrie régénérée et sous

---

1. Voir l'*Appendice I*, à la fin du volume.

l'égide de la République triomphante, en présence des étrangers et des peuples amis venus de tout l'univers pour concourir à ces fêtes du travail et de la civilisation, nous allons avoir la joie d'entendre saluer la plus grande gloire littéraire du dix-huitième siècle par la plus grande gloire littéraire du dix-neuvième.

DEUXIEME LEÇON

PREMIERS ERREMENTS DRAMATIQUES

ŒDIPE. — MARIAMNE.

En considérant dans son ensemble la vie de Voltaire, nous avons essayé de donner une idée de ce grand homme, d'en rendre la physionomie, sinon idéalisée, du moins généralisée : et le fait seul de généraliser idéalise. Les détails résumés s'effacent, les grandes lignes prennent plus d'importance. Voyez comme, dans les édifices éclairés par la lune, les masses et les lignes principales apparaissent seules ; tout le reste est noyé dans l'ombre ; l'ensemble, quel qu'il soit en réalité, prend un caractère de grandeur.

Nous allons à présent étudier Voltaire en ses détails, particulièrement dans ses œuvres dramatiques, en prendre des croquis successifs et divers, parfois contradictoires en apparence, bien qu'ils ne le soient pas au fond ; et, au moyen de cette étude, analyser le poète philosophe avec la même impartialité que nous avons fait Bossuet.

Ces œuvres dramatiques, jadis tant admirées, sont aujourd'hui bien déprisées : et j'aurai de la peine à vous les faire goûter, ne les goûtant guère moi-même. Mais, en revanche, il y a un intérêt si vif et si varié dans l'histoire de ces œuvres et des circonstances où elles se sont produites, dans les nouveautés de tous genres qu'elles apportaient à l'esprit des contemporains, dans le succès qu'elles obtinrent et qui a duré cent ans sans faiblir, dans la manière dont elles se rattachent à tout l'ensemble de la vie et de l'action de Voltaire, qu'à ce point de vue il n'y a guère, je crois, de sujet plus attrayant. Ce sera la matière du Cours de cet hiver[1].

Aujourd'hui ses tragédies seules survivent ; encore s'y trouve-t-il bien des parties qui sont mortes. On se rappelle très peu ses comédies. Et à peine sait-on qu'il a, en outre, composé des drames en prose, des opéras, des opéras-comiques, des ballets, des divertissements ; en tout, depuis l'année 1718 où il commença Œdipe, jusqu'à 1778, année de sa

---

1. 1884-1885. Cinquième année au Collège de France.

mort, plus de cinquante pièces. Nous devrons rapidement exhumer ces diverses œuvres, les expliquer à leur date et dans leur milieu, afin de faire voir comment l'auteur fut classique d'abord, et romantique après, dans la mesure que comportait le goût du temps : car, lorsqu'on veut mener son siècle, on ne doit pas s'éloigner trop de lui.

Ce qui saute aux yeux à présent, ce sont les défauts et les rides ; et cependant les tragédies du moins, lorsqu'elles parurent et encore longtemps après, séduisirent le public par un certain pathétique et par la nouveauté de la couleur.

Il y a deux hommes dans Voltaire : un poète et un homme d'action ; celui-ci bien supérieur à celui-là ; tous deux au surplus élèves des jésuites et en ayant gardé l'empreinte ; l'un dans son goût littéraire longtemps timide, effrayé d'abord du trop neuf et du trop grand ; l'autre dans les habiletés excessives de sa stratégie et de sa tactique. Nous suivrons attentivement l'un et l'autre.

On pourrait dire que le poète lui-même est double aussi : d'une part, monarchiste et classique, par son éducation première, d'abord chez les Révérends Pères du collège Louis-le-Grand, ensuite dans la conversation de quelques vieillards survivants du grand règne ; d'autre part et ultérieurement, novateur, révolutionnaire, en littérature comme en politique, plein d'aspirations libérales et de bouffées républicaines, par l'effet de sa seconde éducation pendant son double exil chez les Anglais. A peu près de même que Saint-Évremond fut redevable à son exil en Angleterre d'un certain nombre d'idées neuves et d'un flair très moderne des choses antiques, ainsi Voltaire dut en grande partie à son séjour dans ce pays le développement de sa liberté de penser, soit dans les questions religieuses et sociales, soit dans la littérature dramatique. Mais son affranchissement progressif ne fut pas sans intermittences.

Je me propose de faire voir qu'à tout prendre il fut très hardi pour son temps, qu'il a fortement préparé (sans le savoir, je le veux bien) la révolution romantique de notre siècle; que, dans l'art non plus que dans la nature, il n'y a guère de sauts brusques, *Natura non facit saltus*, ni de révolutions proprement dites; il y a plutôt évolution continue, avec oscillations.

Nourri, à peu près exclusivement, des humanités classiques, ayant la mémoire ornée des chefs-d'œuvre de notre littérature du xviie siècle, et de la poésie latine du siècle d'Auguste, mais ne connaissant guère que de seconde main la littérature grecque, bercé dès l'enfance de tous les grands noms qui remplissent les poètes gréco-latins de leur harmonie, habitué à vivre en imagination parmi ces héros légendaires et mythologiques, il eut d'abord une certaine crainte des sujets modernes, où il fallait serrer de plus près la réalité; surtout de ceux dont les personnages portaient des noms un peu étranges et qui lui paraissaient baroques. Dans une de ses notes du *Commentaire sur Corneille*, à propos de *Pertharite, roi des Lombards*, il dit en ricanant : « Un Unulphe, un Gundebert, un Grimoald annoncent une tragédie bien lombarde! C'est une grande erreur de croire que tous ces noms barbares de Goths, de Lombards, de Francs, puissent faire sur la scène le même effet qu'Achille, Iphigénie, Andromaque, Électre, Oreste, Pyrrhus. Boileau se moque avec raison de celui qui « pour son héros va choisir » Childebrand ». Les Italiens eurent grandement raison et montrèrent le bon goût qui les anima longtemps, lorsqu'ils firent renaître la tragédie au commencement du XVIe siècle : ils prirent presque tous les sujets de leurs tragédies chez les Grecs. Il ne faut pas croire qu'un meurtre commis dans la rue Tiquetonne ou dans la rue Barbette[1], que des intrigues politiques de quelques bourgeois de Paris, qu'un prévôt des marchands nommé Marcel, que les sieurs Aubert et Fauconneau puissent jamais remplacer les héros de l'antiquité. »

1. Le meurtre de la rue Barbette est celui du duc d'Orléans, en 1407, par ordre de son rival Jean Sans-Peur. Quant à la rue Tiquetonne, Victor Hugo n'a pas craint d'en placer le nom dans *les Châtiments*, à l'occasion d'autres meurtres. Le vers seulement, au lieu de *rue Tiquetonne*, l'a forcé de mettre *carrefour Tiquetonne*.

L'école moderne cherche, avant tout, le caractère ; l'école antique cherchait avant tout, la beauté.

Tel est d'abord le point de vue assez étroit et superficiel de ce Français chez qui la crainte du ridicule est le premier principe du goût et tient lieu d'esthétique. Mais, après que l'esprit anglais l'aura en quelque sorte inoculé, d'autres idées s'éveilleront en lui : il ne se bornera pas à vouloir continuer la renaissance gréco-latine un peu épuisée; il osera enfin aborder, en essayant de trouver des noms plus ou moins harmonieux, les sujets modernes. « J'ai toujours pensé, — dit-il à la fin de sa traduction et réduction du *Julius Cæsar* de Shakspeare (*toujours?* non; mais depuis qu'il a lu Shakspeare, Lee, Dryden et Addison), — qu'un heureux et adroit mélange de l'action qui règne sur le théâtre de Londres et de Madrid, avec la sagesse, l'élégance, la noblesse, la décence du nôtre, pourrait produire quelque chose de parfait. » — Voilà quel sera plus tard son idéal Et il y a apparence qu'au fond il se flattera de l'avoir réalisé.

Mais, au commencement, attaché par la tradition aux sujets classiques, il essaye seulement de les rajeunir, d'y infuser pour ainsi dire un sang nouveau, et il n'a l'idée de nulle autre chose en fait de forme théâtrale que la tragédie de Racine. Il défend vivement et longuement contre Houdard de La Motte les trois unités saintes et sacrées, d'action, de temps et de lieu.

En même temps toutefois, dès sa première pièce,

OEdipe, l'homme d'action commence à poindre ; la libre pensée perce hardiment.

Quel sujet pour un public moderne! OEdipe, tel que le donne la tradition antique, c'est l'effroyable triomphe de la Fatalité : un fils vertueux qui, sans le savoir, tue son père et devient le mari de sa mère !

Onze poètes dramatiques grecs, y compris les trois grands, avaient traité ce thème, tragique entre tous, où alternent, poussées au delà des plus extrêmes limites, l'horreur et la pitié. Seul, l'*OEdipe roi* de Sophocle nous est parvenu.

Cette tragédie s'ouvre par le spectacle le plus imposant. Sur les degrés du palais d'OEdipe, le peuple de Thèbes, femmes, enfants, vieillards et prêtres, portant des rameaux entourés de bandelettes, sont agenouillés en gémissant. La peste ravage la ville : ils viennent implorer le secours du Roi sauveur qui jadis l'affranchit de la Sphinx redoutable, « la vierge ailée, ... aux griffes crochues, aux énigmes funestes »,

<small>Ce monstre à voix humaine, aigle, femme et lion [1].</small>

Les portes du palais s'ouvrent. OEdipe n'a pas attendu les supplications de ses peuples pour chercher un soulagement à leurs maux ; à l'appel de leurs gémissantes voix, il paraît, et leur annonce qu'il a envoyé le frère de la Reine, Créon, consulter l'oracle de Delphes. Bientôt après, voici venir

---

<small>1. Vers que Voltaire a pris dans l'*OEdipe* de Corneille.</small>

Créon rapportant la réponse de l'oracle : c'est, que le précédent Roi ayant été assassiné, l'assassin doit être cherché et puni : alors seulement la peste cessera de décimer les peuples de Thèbes. OEdipe jure de mettre tout son zèle à découvrir ce meurtrier, et prononce contre le coupable, quel qu'il puisse être, une imprécation redoutable, sorte d'excommunication qui doit le séparer de tous les humains. Puis il envoie chercher le devin Tirésias, le clairvoyant aveugle, interprète des Dieux et du Destin. Le devin, pressé de parler, refuse d'abord; mais il cède enfin aux terribles menaces d'OEdipe et lui dit : « Le meurtrier que tu cherches, c'est toi. » OEdipe s'indigne, crie à la calomnie. Troublé cependant sans savoir pourquoi, lui qui au risque de sa vie affronta la Sphinx et en fut vainqueur, il poursuit à présent le mot d'une autre énigme, dont l'explication le perdra. Le spectateur partage sa curiosité et son inquiétude. Enfin, Jocaste et lui s'interrogeant sur le passé, ils découvrent peu à peu, avec un effroi croissant, que tous les soins qu'ils ont pris l'un et l'autre pour échapper aux sinistres prédictions des oracles et aux pièges du Destin, n'ont fait que les y précipiter. Abîme de maux et de crimes ! le parricide et l'inceste ! Jocaste disparaît et se tue; OEdipe se crève les yeux, et revient en scène avec ses prunelles saignantes qui pendent sur ses joues.

Affreuse vicissitude : lui qui avait conquis l'admiration et la reconnaissance des peuples, il est devenu pour eux la cause de désastres pires que ceux dont il les sauva. Il est à leurs yeux un objet d'horreur. Du comble de la gloire, il trébuche dans l'opprobre. Le Destin est le seul coupable, et c'est l'homme qui est puni. Mais, pour cette raison même, l'horreur est tempérée dans l'âme du spectateur par une invincible pitié.

Dans aucune tragédie grecque, l'action n'est plus entraînante, tout en demeurant extrêmement simple, selon l'habitude du théâtre athénien. « L'*OEdipe* même, dit Racine, quoique tout plein de reconnaissances, est moins chargé de matière que la plus simple tragédie de nos jours. » — Tel est le chef-d'œuvre de Sophocle.

Jules-César avait composé une tragédie d'*OEdipe*, qui est perdue.

Sénèque, sur ce beau sujet, a fait, à son ordinaire, œuvre de rhéteur, remplaçant l'action par les sentences, l'ordre par le hasard.

Corneille a cru devoir lui emprunter quelques traits, en imitant la pièce de Sophocle, mais en altérant la beauté pathétique du sujet par une intrigue d'amour.

Vingt ans après lui, deux poètes anglais, Lee et Dryden, n'ont pas trouvé dans la pièce grecque assez d'horreurs : ils l'ont compliquée, à plaisir, de scènes répugnantes.

La Motte, en essayant de corriger les invraisemblances de la fable grecque (qui ne se trouvent que dans l'avant-scène), en ôte la terreur et la pitié. De son *OEdipe* en vers, ni de son *OEdipe* en prose [1], rien ne survit.

Voltaire fut le moins malheureux des imitateurs de Sophocle, et crut d'abord l'avoir perfectionné. Il lui doit les deux plus beaux actes de sa pièce, le quatrième et le cinquième. Dans l'un, dès la première scène, commence à se révéler, par les interrogations d'OEdipe, le terrible mystère. OEdipe, se rappelant qu'il a tué un homme autrefois dans une fatale rencontre, dit à Jocaste :

Quand Laïus entreprit ce voyage funeste,
Avait-il près de lui des gardes, des soldats ?

JOCASTE.

Je vous l'ai déjà dit, un seul suivait ses pas.
. . . .
Comme il était sans crainte, il marchait sans défense :
Par l'amour de son peuple il se croyait gardé.

Or, celui qu'OEdipe a tué jadis n'était accompagné que d'un seul homme. OEdipe demande à Jocaste de lui dépeindre l'aspect et la physionomie de Laïus.

JOCASTE.

Malgré le froid des ans, dans sa mâle vieillesse
Ses yeux brillaient encor du feu de la jeunesse ;
Son front cicatrisé sous ses cheveux blanchis
Imprimait le respect aux mortels interdits ;

---

1. Donnés tous deux en 1726, huit ans après la pièce de Voltaire. L'*OEdipe* en vers fut représenté quatre fois, l'autre ne fut jamais joué.

Et, si j'ose, seigneur, dire ce que j'en pense,
Laïus eut avec vous assez de ressemblance,
Et je m'applaudissais de retrouver en vous,
Ainsi que les vertus, les traits de mon époux....
Seigneur, qu'a ce discours qui vous doive surprendre?

OEDIPE.

J'entrevois des malheurs que je ne puis comprendre.
Je crains que par les Dieux le pontife inspiré
Sur mes destins affreux ne soit trop éclairé.
Moi, j'aurais massacré...! Dieux! serait-il possible?...

Dans la réponse de Jocaste, l'auteur donne jour à son propre scepticisme.

JOCASTE.

Cet organe des Dieux est-il donc infaillible?
Un ministère saint les attache aux autels,
Ils approchent des Dieux, mais ils sont des mortels.
Pensez-vous qu'en effet au gré de leur demande
Du vol de leurs oiseaux la vérité dépende?
Que sous un fer sacré des taureaux gémissants
Dévoilent l'avenir à leurs regards perçants,
Et que de leurs festons ces victimes ornées
Des humains dans leurs flancs portent les destinées?
Non, non : chercher ainsi l'obscure vérité,
C'est usurper les droits de la Divinité.
Nos prêtres ne sont point ce qu'un vain peuple pense,
Notre crédulité fait toute leur science.

Ainsi la libre pensée du poète, se faisant jour par où elle peut, se glisse dans ses personnages, au risque d'en rompre l'unité. On reconnaît là l'auteur de l'*Épitre à Uranie*[1], où il mettait en balance les motifs de croire et de ne pas croire, et voyait pencher la balance du côté de l'incrédulité. Évidemment le nom de prêtre a pour le jeune poëte du temps de la Régence une signification qu'il n'avait pour aucun ancien, l'antiquité n'ayant jamais connu les persécutions théologiques ni les guerres dites religieuses.

Remarquons toutefois que, dans la pièce grecque, le chœur, organe du sens commun des opinions moyennes, faisait une objection analogue : « Jupiter et Apollon lisent dans les cœurs des mortels ; mais qu'un devin en sache plus que les autres hommes, voilà ce que rien ne prouve[2]. »

Et Jocaste, sans être du tout libre penseuse, mais occupée de rassurer OEdipe, et oppressée par un douloureux souvenir maternel, disait : « Crois-moi, laisse là ces inquiétudes, et sache que les choses humaines n'ont rien à voir avec l'art des devins. Je veux t'en donner une preuve bien simple : un oracle, dicté non certes par Apollon mais par ses ministres, prédit autrefois à Laïus que son destin était de périr par la main du fils qu'il aurait de moi. Et cependant on assure que ce sont des brigands étrangers qui l'ont tué dans un carrefour à trois voies... » — Et plus loin : « Eh ! que sert à l'homme de craindre, puisqu'il est le jouet de la Fortune, et

---

1. Ou à Julie (madame de Rupelmonde), 1722 ; — intitulée aussi *le Pour et le Contre*.
2. Vers 498 à 501.

qu'il ne peut lire dans l'avenir? Le mieux est de vivre au hasard, comme on peut[1]. »

Mais Jocaste revient bientôt à des sentiments de piété d'accord avec ceux des autres personnages du drame et avec les chants du chœur, expression de la pensée religieuse qui, même en présence de l'apparente iniquité d'une si cruelle vicissitude, se prosterne devant le mystère du Destin sans accuser les Dieux. D'ailleurs, combinaison merveilleusement dramatique, au moment même où elle se laisse aller à dire que l'art des devins est trompeur, le fait qu'elle cite à l'appui de sa défiance, jette dans l'esprit d'OEdipe un trait de lumière qui lui fait entrevoir avec terreur que le devin pourrait bien avoir dit la vérité.

Dans l'imitation de Voltaire, OEdipe, à ce trait de lumière horrible, accueille avidement les raisons de douter que Jocaste lui présente. Il s'écrie :

Ah! Dieux! s'il était vrai, quel serait mon bonheur!

Et Jocaste, par les faits mêmes qu'elle allègue pour le rassurer, le glace d'épouvante :

Oui, le Ciel me punit d'avoir trop écouté
D'un oracle imposteur la fausse obscurité :
Il m'en coûta mon fils. Oracles que j'abhorre !
Sans vos ordres, sans vous, mon fils vivrait encore !

---

1. Vers 707 à 716.

ŒDIPE.

Votre fils! par quel coup l'avez-vous donc perdu?
Quel oracle sur vous les Dieux ont-ils rendu?

JOCASTE.

Apprenez, apprenez, dans ce péril extrême,
Ce que j'aurais voulu me cacher à moi-même
Et d'un oracle faux ne vous alarmez plus.
Seigneur, vous le savez, j'eus un fils de Laïus.
Sur le sort de mon fils ma tendresse inquiète,
Consulta de nos Dieux la fameuse interprète [1].
Quelle fureur, hélas! de vouloir arracher
Des secrets que le Sort a voulu nous cacher!
Mais enfin j'étais mère, et pleine de faiblesse;
Je me jetai craintive aux pieds de la prêtresse;
Voici ses propres mots, j'ai dû les retenir,
Pardonnez si je tremble à ce seul souvenir :
« Ton fils tuera son père, et ce fils sacrilège,
Inceste et parricide.... » O Dieux! achèverai-je?

ŒDIPE.

Eh bien, madame?

JOCASTE.

   Enfin, seigneur, on me prédit
Que mon fils, que ce monstre, entrerait dans mon lit
Que je le recevrais, moi, seigneur, moi sa mère,
Dégouttant dans mes bras du meurtre de son père;
Et que, tous deux unis par ces liens affreux,
Je donnerais des fils à mon fils malheureux.
Vous vous troublez, seigneur, à ce récit funeste,
Vous craignez de m'entendre et d'écouter le reste.

ŒDIPE.

Ah! madame, achevez : dites, que fîtes-vous
De cet enfant, l'objet du céleste courroux?

1. La Pythie.

JOCASTE.

Je crus les Dieux, seigneur ; et, saintement cruelle,
J'étouffai pour mon fils mon amour maternelle.
En vain de cette amour l'impérieuse voix
S'opposait à nos Dieux et condamnait leurs lois ;
Il fallut dérober cette tendre victime
Au fatal ascendant qui l'entraînait au crime,
Et, pensant triompher des horreurs de son sort,
J'ordonnai par pitié qu'on lui donnât la mort.
O pitié criminelle autant que malheureuse !
O d'un oracle faux obscurité trompeuse !
Quel fruit me revient-il de mes barbares soins ?
Mon malheureux époux n'en expira pas moins ;
Dans le cours triomphant de ses destins prospères
Il fut assassiné par des mains étrangères :
Ce ne fut point son fils qui lui porta ces coups ;
Et j'ai perdu mon fils sans sauver mon époux !
Que cet exemple affreux puisse au moins vous instruire !
Bannissez cet effroi qu'un prêtre vous inspire ;
Profitez de ma faute, et calmez vos esprits.

ŒDIPE.

Après le grand secret que vous m'avez appris,
Il est juste à mon tour que ma reconnaissance
Fasse de mes destins l'horrible confidence.
Lorsque vous aurez su par ce triste entretien
Le rapport effrayant de votre sort au mien,
Peut-être ainsi que moi frémirez-vous de crainte....

C'est cette admirable scène, dite de la double confidence, que Voltaire doit entièrement à Sophocle, ainsi que la suite de cet acte et le dernier. Les interrogatoires, si à la mode aujourd'hui sur la scène et dans les romans, ont, dans ce quatrième acte et dans le cinquième, leur type et leur modèle, qu'ils n'ont jamais pu dépasser. D'ordinaire en effet le questionneur, et le coupable qu'on recherche, sont deux personnages différents ; ici, et surtout dans Sophocle, c'est l'interrogateur qui se serre lui-même dans l'engrenage et qui se met à la torture, étant à la fois le questionnaire et la victime.

Mais, pour s'acheminer à ces deux derniers actes fort beaux, Voltaire ne sut mettre dans les trois premiers que des remplissages assez malheureux. A Créon, l'adversaire naturel d'Œdipe, il substitue le personnage épisodique de Philoctète, qu'il suppose avoir dû jadis épouser Jocaste, projet qui n'a pas eu de suite. Ces anciennes amours, qui ne sont nullement liées à la situation d'Œdipe, ne servent qu'à occuper vainement la première moitié de la pièce. Ayant une fois introduit ce personnage, l'auteur fait son possible pour le relever ; mais cela est en dehors du sujet ; il représente cet ancien ami d'Hercule comme l'héritier de ses vertus et de sa magnanimité. Accusé faussement de la mort de Laïus, Philoctète refuse de se dérober au péril par la fuite :

Commandez que je meure et non pas que je fuie,

dit-il à Jocaste. Il refuse même de se justifier devant le peuple qui l'accuse :

La vertu s'avilit à se justifier.

Une sèche conversation entre ce voyageur passant par Thèbes, et son ancien ami Dimas qu'il rencontre par hasard, remplace mal l'exposition si émouvante de la tragédie de Sophocle; cette conversation se termine par deux ou trois vers qui tiennent lieu insuffisamment d'une ouverture si grandiose :

Œdipe en ces lieux va paraître;
Tout le peuple avec lui, conduit par le grand prêtre,
Vient des dieux irrités conjurer les rigueurs[1].

Dans Sophocle, le prêtre et le devin sont deux personnages : le second joue un rôle beaucoup plus important que le premier; Voltaire les a fondus ensemble et n'en a fait qu'un; il l'a appelé arbitrairement le *grand* prêtre, peut-être par un souvenir d'*Athalie*.

Avant lui déjà, Corneille, avait gâté la simplicité du chef-d'œuvre grec par un mélange d'intrigue politique et galante, avec *concetti* à la mode du temps :

Quelque ravage affreux qu'étale ici la peste,
L'absence aux vrais amants est encor plus funeste;

et en préludant aux dissertations de Polyeucte sur la Grâce par des objections à la Fatalité, qui évidemment dans sa pensée ne s'appliquaient pas moins à cette

---

1. Acte I, scène I.

même doctrine de la Grâce et de la Prédestination, âme du jansénisme, autre sorte de Fatalité :

> Quoi! la nécessité des vertus et des vices
> D'un astre impérieux doit suivre les caprices ?
> Et Delphes, malgré nous, conduit nos actions
> Au plus bizarre effet de ses prédictions?
> L'âme est donc toute esclave? une loi souveraine
> Vers le bien ou le mal incessamment l'entraîne,
> Et nous ne recevons ni crainte ni désir
> De cette liberté qui n'a rien à choisir ?
> Attachés sans relâche à cet ordre sublime [1],
> Vertueux sans mérite et vicieux sans crime,
> Qu'on massacre les rois, qu'on brise les autels,
> C'est la faute des Dieux et non pas des mortels?
> De toute la vertu sur la terre épandue
> Tout le prix à ces Dieux, toute la gloire est due.
> Ils agissent en nous, quand nous pensons agir;
> Alors qu'on délibère, on ne fait qu'obéir;
> Et notre volonté n'aime, hait, cherche, évite,
> Que suivant que d'en haut leur bras la précipite?
> D'un tel aveuglement daignez me dispenser;
> Le Ciel, juste à punir, juste à récompenser,
> Pour rendre aux actions leur peine ou leur salaire,
> Doit nous offrir son aide et puis nous laisser faire [2].

Ce dernier vers rappelle les fameuses discussions sur la Grâce efficace et la Grâce suffisante, immortalisées par les *Provinciales*. Ce sont des vers molinistes.

Voltaire à son tour, méconnaissant l'esprit hautement religieux du sujet antique, y mêle, comme nous venons de le voir, non plus les problèmes de

---

1. *Sublime*, c'est-à-dire imposé d'en haut : sens étymologique latin.
2. Acte III, scène v.

la Grâce, mais les saillies et les premières escarmouches de la libre pensée contre la théocratie et le sacerdoce. Le confident d'OEdipe lui dit, à la fin du second acte :

> Tandis que par vos soins vous pouvez tout apprendre,
> Quel besoin que le Ciel ici se fasse entendre ?
> Ces Dieux, dont le pontife a promis le secours,
> Dans leurs temples, seigneur, n'habitent pas toujours.
> On ne voit point leur bras si prodigue en miracles :
> Ces antres, ces trépieds, qui rendent leurs oracles,
> Ces organes d'airain que nos mains ont formés,
> Toujours d'un souffle pur ne sont pas animés.
> Ne nous endormons point sur la foi de leurs prêtres :
> Au pied du sanctuaire il est souvent des traîtres,
> Qui, nous asservissant sous un pouvoir sacré,
> Font parler les Destins, les font taire à leur gré.

Lorsque le grand prêtre, sur l'ordre d'OEdipe, fait connaître quel est le meurtrier de Laïus, et dit que ce meurtrier est OEdipe lui-même, celui-ci n'hésite pas à le traiter de « prêtre imposteur », et s'écrie :

> Voilà donc des autels quel est le privilège !
> Grâce à l'impunité, ta bouche sacrilège,
> Pour accuser ton Roi d'un forfait odieux,
> Abuse insolemment du commerce des Dieux !
> Tu crois que mon courroux doit respecter encore
> Le ministère saint que ta main déshonore.
> Traître, au pied des autels il faudrait t'immoler,
> A l'aspect de tes Dieux que ta voix fait parler [1].

La pièce se termine par un cri de révolte d'OEdipe, non contre le Destin, mais contre les Dieux :

---

1. Acte III, scène IV.

> Impitoyables Dieux ! mes crimes sont les vôtres,
> Et vous m'en punissez !...

et par un blasphème de Jocaste qui dit en se tuant :

> Au milieu des horreurs dont le Destin m'opprime,
> J'ai fait rougir les Dieux qui m'ont forcée au crime ;

trait de déclamation glacée, à la Sénèque, et qui s'éloigne autant de l'esprit religieux de Sophocle que de sa poésie simple et pathétique.

Ainsi partout Voltaire a cru devoir remplacer l'antique Fatalité par les Dieux et leurs interprètes ; accusant ceux-ci d'imposture ; et cependant la fin démontre qu'ils n'ont dit que la vérité : conception légère, manquant de force et de suite ; œuvre d'un esprit jeune, moins occupé de la justesse de l'ensemble que de l'éclat des morceaux brillants. S'il a trouvé quelques détails ingénieux, par exemple pour pallier l'invraisemblance fondamentale du sujet, quand Œdipe s'excuse de n'avoir adressé jamais la moindre question à Jocaste sur les circonstances de la mort de Laïus :

> Madame, jusqu'ici respectant vos douleurs,
> Je n'ai point rappelé le sujet de vos pleurs [1] ;

trop souvent les assaisonnements du goût français altèrent la simplicité du modèle grec. A l'âge où l'on ne doute de rien, Voltaire s'imagina avoir fait de

---

1. Acte I, scène III.

l'antique, ou du classique perfectionné. Tout bon régent de rhétorique chez les Jésuites composait sa tragédie latine ou française, et tout bon élève également, en prenant modèle sur ses maîtres. Ainsi fit le jeune Arouet. Au reste, chose singulière, *OEdipe* est mieux écrit qu'aucune de ses autres pièces.

Quant aux traits de libre pensée, observons la tactique et les stratagèmes que les nécessités du temps imposent à l'homme d'action. Il pousse une pointe en avant, puis il recule et se retire. Il lance des témérités, puis les désavoue, — en attendant qu'il trouve occasion de recommencer. — Ainsi, après avoir lancé par la bouche de Jocaste les deux vers sur les prêtres, il fait mine d'en atténuer le sens dans une Lettre en tête de la pièce imprimée : « Il y a, dit-il, des consciences timorées qui prétendent que je n'ai point de religion, parce que Jocaste se défie des oracles d'Apollon... » — Voyez-vous d'ici le malin sourire ?

Naviguant parmi les écueils, il est forcé de louvoyer. Est-ce sa faute ? Faut-il en accuser son caractère, ou les circonstances ? On y reconnaît, en tout cas, la marque de l'éducation qu'il a reçue.

Vous savez la légende selon laquelle, à la première représentation, l'auteur, frais échappé de la basoche, se hasarda sur la scène et s'amusa à porter la queue du grand prêtre, en riant et en gambadant. « Qui est donc ce gamin qui veut faire tomber la pièce ? dit la maréchale de Villars. — Madame, c'est l'auteur. » Là-dessus, la maréchale rit, demande qu'on le lui amène dans sa loge ; il vient, il plaît ; le voilà lancé.

Il dédie sa tragédie à Madame, duchesse d'Orléans, femme du Régent ; et, prenant pour la première fois au bas de cette dédicace le nom nouveau qu'il va immortaliser, signe : *Arouet de Voltaire*.

Il y avait dans cette œuvre « de quoi plaire à tous les partis : elle est pour et contre les prêtres ; on les attaque, mais ils triomphent au dénouement »[1]. Le succès fut très grand : quarante-cinq représentations de suite. C'était comme cent cinquante ou deux cents aujourd'hui. Le Régent donna au jeune poète, qu'il avait mis deux fois à la Bastille, une pension de deux mille francs ; sur quoi Arouet lui dit : « Je remercie Votre Altesse de vouloir bien se charger de ma nourriture ; mais je la prie de ne plus se charger de mon logement. »

En résumé, dans cette première pièce, le jeune auteur, quelle que soit déjà sa hardiesse d'esprit ou son vernis philosophique, n'a encore aucune théorie nouvelle sur la tragédie. Il se borne à prendre de la pièce grecque tout ce qu'il trouve beau, et à le franciser. Littérairement, il a limé cette œuvre plus qu'aucune autre ; politiquement, l'homme militant s'est annoncé.

1. Michelet, *Histoire de France*, tome XV, page 148.

On ne remarque non plus aucune nouveauté dramatique dans les deux suivantes, *Artémire*, donnée en 1720, et *Mariamne*, donnée en 1724. Il n'est resté de la première que ce vers :

> Soldats sous Alexandre, et rois après sa mort.

Artémire est l'épouse, innocente et persécutée, de Cassandre, un de ces soldats, mari cruel qu'elle n'aime point. — Cette pièce tomba. Il n'en reste que des fragments.

L'auteur utilisa le reste, quatre ans après, dans *Mariamne* : la scène entre Hérode et Mariamne, au quatrième acte, n'est autre que la scène entre Cassandre et Artémire. Cette troisième pièce, *Mariamne*, tomba comme la seconde. « A la première représentation (au dire de l'auteur, c'était la veille de la fête des Rois), Mariamne s'empoisonnait et mourait sur le théâtre ; au moment où elle prenait la coupe, quelqu'un dans le parterre se mit à crier : *la Reine boit !* C'en fut assez : les éclats de rire empêchèrent d'entendre la suite, une scène assez pathétique entre Mariamne mourante et le roi Hérode son mari. Et la pièce fut perdue. »

L'histoire est assez gentille ; le malheur est que la vraie date de la représentation de *Mariamne* fut le 6 mars 1724 ; or la fête des Rois est le 6 janvier. — Maintenant, a-t-on crié tout de même, le 6 mars : *la Reine boit ?* Cela n'est pas impossible ; mais voilà toujours au moins une petite circonstance inexacte : cela nous met en défiance pour le reste.

Mariamne, remaniée, eut plus de succès trente-neuf ans après, en 1763.

Dans ces trois premières tragédies, Voltaire suit les vieux errements classiques, et ne semble avoir idée de nulle autre chose. Mais le Français est de nature routinière et révolutionnaire tour à tour. Voltaire va maintenant chercher des voies nouvelles.

TROISIÈME LEÇON

AUTRES ESSAIS DRAMATIQUES DE VOLTAIRE :

IL CHERCHE DES VOIES NOUVELLES

Même avant son exil, le jeune poète avait reçu l'hospitalité, en 1721, chez lord Bolingbroke, dans la belle résidence de la Source du Loiret, et la conversation de cet éminent esprit avait commencé de l'initier aux idées anglaises. A peine arrivé en Angleterre, il se mit à apprendre la langue du pays, et, avec sa facilité naturelle, fut bientôt en état de suivre les théâtres. Imaginez quelle dut être la surprise de l'admirateur de Racine, lorsqu'il se trouva tout à coup en présence des drames de Shakspeare ! Ce mélange continuel du tragique et du bouffon, cette liberté sans limites, ces tableaux multipliés, cette rudesse et cette profondeur, ces élans lyriques et ces trivialités énormes ; les vers, la prose, alternant dans la même pièce : quel étonnement et quel scandale pour le disciple de Boileau et l'élève du Père Porée ! Cependant sa curiosité est excitée, son imagination mise en éveil ; il a été saisi par certaines choses ; il y revient, il y prend goût, tout en s'indignant et en protestant, à peu près comme font les Français en Espagne aux premières courses de taureaux : ensuite ils n'en manquent pas une.

Il a été très frappé de voir des sujets romains traités non avec la solennité classique, mais pour ainsi dire sans façons et avec un caractère de réalité vivante ; le peuple, le sénat, des combattants, des conjurés, mis sur la scène familièrement et parlant comme tout le monde. Il a beau se débattre, il est pris.

L'année même de son retour en France, il met sur le théâtre, au mois de décembre 1730, une tragédie qui a subi l'influence de cet esprit nouveau, *Brutus*, dont il a emprunté le sujet et quelques scènes au poète Lee [1]. En tête de l'œuvre imprimée, il place un *Discours à Mylord Bolingbroke sur la Tragédie*, où il dit que cette pièce a été commencée en Angleterre chez M. Falkener, — riche négociant, à qui, trois ans plus tard, il dédiera *Zaïre*, et adressera aussi un et deux *Discours* analogues. Il explique

---

[1]. Mort en 1692. Sa pièce de *Lucius Junius Brutus* est de 1681.

à lord Bolingbroke qu'en France on ne pourrait admettre, comme en Angleterre, des vers non rimés; qu'on ne saurait donc imiter chez nous les pièces anglaises par ce côté-là; qu'il aurait voulu du moins en transporter certaines beautés sur notre scène : car, si les pièces anglaises ont de grands défauts, elles ont en revanche « un grand mérite, celui de l'action. » C'est cela qu'il faut tâcher d'imiter... « Nous avons en France des tragédies estimées, qui sont plutôt des conversations qu'elles ne sont la représentation d'un événement... Notre délicatesse excessive nous force quelquefois à mettre en récit ce que nous voudrions exposer aux yeux. Nous craignons de hasarder sur la scène des spectacles nouveaux devant une nation accoutumée à tourner en ridicule tout ce qui n'est pas d'usage. » En outre, « les bancs qui sont sur le théâtre, destinés aux spectateurs, rétrécissent la scène et rendent toute action presque impraticable ».

Il renouvellera la même plainte dans sa Dissertation en tête de *Sémiramis*, et ailleurs encore, en citant Saint-Évremond : « Nos pièces, avait dit celui-ci, ne font pas une impression assez forte; ce qui doit former la pitié fait tout au plus de la tendresse; l'émotion tient lieu du saisissement; l'étonnement, de l'horreur; il manque à nos sentiments quelque chose d'assez profond. » Voltaire convient que Saint-Évremond « a mis le doigt dans la plaie secrète du théâtre français ». Et d'où venait ce manque de vigueur? « De ce petit esprit de galanterie, si cher aux courtisans et aux femmes. » Quand nos tragédies n'étaient pas des conversations galantes, elles étaient « de longs raisonnements politiques »... « Mais une autre raison encore empêchait qu'on ne déployât un grand pathétique sur la scène, et que l'action ne fût vraiment tragique : c'était la construction du théâtre et la mesquinerie du spectacle... Que pouvait-on faire sur une vingtaine de planches chargées de spectateurs? Quelle pompe, quel appareil pouvait parler aux yeux ? quelle grande action théâtrale pouvait être exécutée? quelle liberté pouvait avoir l'imagination du poète? Les pièces devaient être composées de longs récits; c'étaient des conversations plutôt qu'une action. Chaque comédien voulait briller par un long monologue ; ils rebutaient une pièce qui n'en avait point... Cette forme exclut toute action théâtrale, toute grande expression des passions, ces tableaux frappants des infortunes humaines, ces traits terribles et perçants qui arrachent le cœur ; on le touchait, il fallait le déchirer [1]. »

Il expose donc à lord Bolingbroke que plusieurs pièces renommées du théâtre anglais, la *Venise sauvée* d'Otway, le *Caton* d'Addison, le *Jules César* de Shakspeare, seraient impossibles en France. « Comment oserions-nous, sur nos théâtres, faire paraître,

---

1. *Des divers changements arrivés à l'Art tragique.*

par exemple (comme dans la pièce d'Addison), l'Ombre de Pompée, ou le Génie de Brutus, au milieu de tant de jeunes gens qui ne regardent jamais les choses les plus sérieuses que comme l'occasion de dire un bon mot? »

Après avoir ajouté à ces exemples tirés du théâtre anglais quelques autres tirés du théâtre athénien, pour en faire voir aussi, comme nous dirions, le romantisme, il continue en ces termes, qui commenceront à vous faire saisir son romantisme à lui, et dans quelles limites ce romantisme se restreint, mais comment il existe pourtant d'une manière incontestable, et assez hardie, eu égard à la timidité du goût littéraire de ce temps : « Je sais bien, dit-il, que les tragiques grecs, d'ailleurs supérieurs aux anglais, ont erré en prenant souvent l'horreur pour la terreur, et le dégoûtant et l'incroyable pour le tragique et le merveilleux. L'art était dans son enfance du temps d'Eschyle, comme à Londres du temps de Shakspeare; mais, parmi les grandes fautes des poètes grecs et même des vôtres, on trouve un vrai pathétique et de singulières beautés ; et, si quelques Français, qui ne connaissent les tragédies et les mœurs étrangères que par des traductions et sur des ouï-dire, les condamnent sans aucune restriction, ils sont, ce me semble, comme des aveugles qui assureraient qu'une rose ne peut avoir de couleurs vives, parce qu'ils en compteraient les épines à tâtons. Mais, si les Grecs et vous, vous passez les bornes de la bienséance, et si les Anglais surtout ont donné des spectacles effroyables, voulant en donner de terribles, nous autres Français, aussi scrupuleux que vous avez été téméraires, nous nous arrêtons trop, de peur de nous emporter ; et quelquefois nous n'arrivons pas au tragique, dans la crainte d'en passer les bornes. — Je suis bien loin de proposer que la scène devienne un lieu de carnage, comme elle l'est dans Shakspeare [1], et dans ses successeurs qui, n'ayant pas son génie, n'ont imité que ses défauts ; mais j'ose croire qu'il y a des situations qui ne paraissent encore que dégoûtantes et horribles aux Français, et qui, bien ménagées, représentées avec art, et surtout adoucies par le charme des beaux vers, pourraient nous faire une sorte de plaisir dont nous ne nous doutons pas.

> Il n'est point de serpent, ni de monstre odieux,
> Qui, par l'art imité, ne puisse plaire aux yeux [2].

» Du moins, que l'on me dise pourquoi il est permis à nos héros et à nos héroïnes de théâtre de se tuer, et qu'il leur est défendu de tuer personne. La scène est-elle moins ensanglantée par la mort d'Atalide qui se poignarde pour son amant, qu'elle ne le serait par le meurtre de César ?... »

Tel était en effet l'usage singulièrement arbitraire :

---

1. Dans *Hamlet*, par exemple, il n'y a pas moins de neuf morts, — sans compter le cimetière tout entier.
2. Boileau, *Art poétique*, chant III, vers 1 et 2.

se tuer en scène, cela ne choquait point la bienséance ; tuer un autre, la choquait. Le bon sens de Voltaire réclame à juste titre contre cette différence bizarre.

Cependant, quelque désir qu'il puisse avoir de tenter certaines innovations utiles et certains affranchissements nécessaires, soit dans la mise en scène, soit dans les pièces elles-mêmes, il ne démord pas encore, dans les œuvres qu'il avoue et qu'il signe, de la règle des trois unités, d'action, de temps et de lieu. Déjà, dans la préface d'*Œdipe*, il les avait défendues contre Houdard de La Motte ; ici encore, dans ce *Discours* en tête de *Brutus*, il les proclame comme « les règles fondamentales du théâtre ». Plus tard seulement, dans les pièces qu'il signera de noms supposés, et dans les préfaces de ces pièces, il sera plus hardi et secouera le joug.

S'il ose moins à visage découvert que sous le masque du pseudonyme, cela prouve les difficultés, les obstacles et les entraves qu'il rencontrait dans les opinions traditionnelles. Lui-même avait peine à s'en dégager, tâtait longuement le terrain avant de faire un pas, essayait de rattacher chaque innovation à la tradition.

Dans ce même *Discours* à Bolingbroke, il exprime le vœu qu'au lieu de s'astreindre à la règle antique de ne faire paraître sur le théâtre que trois interlocuteurs au plus, on puisse y introduire un plus grand nombre de personnages parlants, et déployer plus de spectacle. Il allègue sur ce point l'exemple de Racine au dernier acte d'*Athalie;* puis il ajoute : « Pour moi, j'avoue que ce n'a pas été sans quelque crainte que j'ai introduit sur la scène française le Sénat de Rome en robes rouges, allant aux opinions. » Il conclut ce point de sa dissertation par cette antithèse : « Les Anglais donnent beaucoup plus à l'action que nous ; ils parlent plus aux yeux ; les Français donnent plus à l'élégance, à l'harmonie, au charme des vers. Il est certain qu'il est plus difficile de bien écrire que de mettre sur le théâtre des assassinats, des roues, des potences, des sorciers, et des revenants. »

Ce dernier mot semble faire allusion non seulement à l'Ombre de Pompée et au Génie de Brutus, dans la pièce d'Addison, mais surtout au Spectre du roi Hamlet dans le drame de Shakspeare.[1] Voltaire cependant, l'ayant vu jouer à Londres, avait été frappé de l'effet de ce Spectre et en avait gardé un vif souvenir ; tellement qu'il essaya plusieurs fois de l'acclimater chez nous, d'abord dans sa tragédie d'*Ériphyle,* où l'on voyait paraître l'Ombre d'Amphiaraüs ; mais la pièce n'eut pas de succès ; ensuite dans *Sémiramis,* où il mit l'Ombre de Ninus, que nous retrouverons à sa date : ce sera l'occasion de nous expliquer sur le merveilleux dans Voltaire, et

---

1. Sans compter tous les Spectres de *Macbeth,* le défilé des rois futurs, et tous les Spectres de *Richard III,* les apparitions successives de ses nombreuses victimes.

de chercher pourquoi l'effet en est si pauvre et le succès si médiocre, au prix de l'effet saisissant du fantastique de Shakspeare.

Quant à la présente tragédie, elle procède, nous l'avons dit, non de Shakspeare, mais de Lee. Ce Brutus, condamnant à mort ses propres fils qui ont conspiré pour rétablir les rois, ouvre dans le théâtre de Voltaire la série des pièces politiques, qui continuera par *la Mort de César*, *Rome sauvée*, *Mahomet*, *le Triumvirat*. Pour l'œuvre dramatique en elle-même, elle est encore assez abstraite, et dans le goût français. De même que Corneille ne nous a montré qu'un seul des trois fils d'Horace, et qu'un seul des trois Curiaces, — simplification dont j'ai expliqué précédemment les raisons à la fois matérielles et esthétiques [1], — Voltaire aussi réduit ici les deux fils de Brutus à un seul.

Le dernier entretien de Brutus avec ce fils, qu'il admire, qu'il aime, qu'il pleure, et qu'il envoie néanmoins au supplice, est une scène touchante et qui ne manque pas de grandeur, bien qu'un peu apprêtée :

O Rome ! ô mon pays !
Proculus,... à la mort que l'on mène mon fils.
Lève-toi, triste objet d'horreur et de tendresse ;
Lève-toi, cher appui qu'espérait ma vieillesse ;

---

1. Voir *le Romantisme des Classiques*, 1re série, p. 181. — Paris, Calmann Lévy.

Viens embrasser ton père : il t'a dû condamner ;
Mais, s'il n'était Brutus, il t'allait pardonner.
Mes pleurs, en te parlant, inondent ton visage ;
Va, porte à ton supplice un plus mâle courage ;
Va, ne t'attendris pas, sois plus Romain que moi
Et que Rome t'admire en se vengeant de toi.

La rapidité du dénouement en achève l'effet. Un sénateur vient annoncer à Brutus que son ordre est exécuté.

LE SÉNATEUR

Seigneur,...

BRUTUS

Mon fils n'est plus ?

LE SÉNATEUR

C'en est fait, et mes yeux...

BRUTUS

Rome est libre : il suffit... Rendons grâces aux Dieux.

Et le rideau tombe. — Cyrano de Bergerac avait seul donné l'exemple d'une fin de tragédie aussi concise, aussi élégante de brièveté. C'est dans sa tragédie intitulée *la Mort d'Agrippine, veuve de Germanicus*. Tibère a ordonné le supplice de Livilla et de Séjan ; Nerva vient pour lui rendre compte de l'exécution, et semble se disposer à faire le grand récit qui est d'usage à la fin des tragédies...

NERVA

César,...

AUTRES ESSAIS DRAMATIQUES

TIBÈRE

Eh bien, Nerva?...

NERVA

J'ai vu la catastrophe
D'une femme sans peur, d'un soldat philosophe :
Et déjà les bourreaux qui les ont menacés...

TIBÈRE, *interrompant.*

Sont-ils morts? Tous les deux?

NERVA

Ils sont morts.

TIBÈRE

C'est assez.

Et la toile tombe. — Voltaire s'est rappelé peut-être cette brièveté piquante. La ressemblance est dans la forme; la différence est dans le fond. Cette brièveté, chez Cyrano, exprime avec vérité l'impatience du tyran cruel; dans le Brutus de Voltaire, l'amour farouche de la liberté.

Une banale intrigue d'amour, mêlée à cette tragédie glacée de solennité, n'aide pas à la réchauffer. Malgré l'appareil du Sénat en robes, c'est toujours le vieux moule français. Peut-être qu'autre chose n'était pas encore possible alors. Villemain dit ingénieusement, ayant loué l'exposition élevée et bien nouée : « Mais, après ce grave début d'une pièce patriotique, fallait-il retomber dans les fadeurs romanesques tant blâmées par Voltaire, et rencontrer tout d'abord un épisode d'amour? Cet épisode est lié artistement à la pièce : l'ambassadeur de Porsenna vient redemander la fille de Tarquin, restée dans Rome comme captive et comme ôtage. Elle est aimée du fils de Brutus ; elle devient le mauvais génie qui le force à conspirer. Tout cela est suivant la vérité du théâtre et n'a rien d'impossible en soi. Mais, je ne sais, Tite-Live offrait quelque chose de plus neuf et de plus vrai pour expliquer la conspiration des fils de Brutus : c'était le mécontentement et l'ennui que l'austérité d'une république naissante donnait à des jeunes gens alliés à la famille de Tarquin, accoutumés à vivre d'une façon royale et regrettant la liberté et le faste de leurs anciens plaisirs. Pour un peintre d'histoire et de nature comme Shakspeare, il y avait là, peut-être, le germe de grandes beautés [1]. »

Sans doute c'est là un aperçu neuf et charmant, inspiré à un vif esprit par la lecture de Shakspeare et de Walter Scott autant que de Tite-Live ; et peut-être Ponsard a-t-il profité de cette indication. Il a, en tout cas, réalisé cette idée dans le Sextus de sa *Lucrèce* ; mais, supposé que Voltaire eût trouvé cela, la question est de savoir si le public de son temps l'eût goûté. Les esprits les plus avancés alors, les plus amis des nouveautés, ne se fussent guère prêtés à celle-là ; un Grimm, par exemple,

---

1. *Cours de Littérature française ; tableau du* XVIIIe *siècle*, 1re partie, tome I, 9e leçon. — Paris, Didier, 1838.

qui, tout ami et enthousiaste admirateur qu'il était de Diderot et de ses tentatives dramatiques dans le sens de la réalité prise sur nature, proscrivait cependant le mélange du pathétique et du familier, jusqu'à ce que les pièces de Sedaine l'eussent converti. C'est à propos du drame de *Socrate*, où Voltaire, sous un double et triple masque, osera enfin hasarder d'être tout à fait romantique et réaliste, que Grimm protestera au nom de l'unité de ton, qu'il ajoutera encore de son autorité privée aux unités traditionnelles. Voilà les choses qu'il ne faut pas oublier, pour mesurer avec justesse les possibilités et les mérites des innovations même tempérées.

La pièce de *Brutus*, telle quelle, n'eut que peu de succès d'abord. L'acteur principal était insuffisant : Voltaire avait confié un peu inconsidérément le rôle de Brutus, ce Romain farouche, à un comédien nommé Sarrazin, excellent dans les rôles qui demandent de l'âme et de la sensibilité, mais peu capable de fermeté et de grandeur. Aux répétitions, la mollesse avec laquelle cet acteur disait son invocation au Dieu Mars, impatienta tellement l'auteur, qu'il l'interrompit brusquement : « Morbleu ! monsieur, souvenez-vous donc que vous êtes Brutus, le plus ferme de tous les consuls de Rome, et qu'il ne faut point parler au Dieu Mars comme si vous disiez : « Ah ! bonne Vierge, faites-moi gagner un lot de » cent francs à la loterie. »

Cette tragédie, animée d'un souffle républicain, ne

plut guère à une société aristocratique : Fréron la dénonça comme dangereuse pour la monarchie. A la reprise, en 1763, le succès au contraire fut très grand. Les idées avaient marché. Grimm pousse la louange jusqu'à l'enthousiasme : « Cela est aussi grand que Corneille quand il l'est véritablement, et aussi beau que Racine [1]. » — Disons, tout au plus, que c'est un assez bon pastiche de l'un et de l'autre.

Cependant M. Henri Blaze de Bury, qui n'est pas suspect, dit aussi : « Les autres pièces romaines de Voltaire se rattachent à la tradition pure et simple de Corneille et de Racine : *le Triumvirat*, *Rome sauvée ou Catilina*, sont de pâles imitations de *Cinna* et de *Britannicus*, moins encore peut-être ; ces Romains paradent et déclament, on dirait qu'ils posent d'avance pour *l'Enlèvement des Sabines* et le *Romulus* de David ; — le *Brutus* fait meilleure figure : vous trouvez là une action, des personnages : Brutus est un Romain du vieux Corneille, Tullia une princesse de Racine. Comme la vague qu'un rapide coup de vent soulève au sein d'une mer implacablement tranquille, ainsi dans ce cœur héroïque de justicier le sentiment paternel se dresse un instant pour disparaître aussitôt devant l'idée de patrie. Titus amoureux, éperdu entre sa passion et ses devoirs envers la République et la liberté de son pays, soutient

---

1. *Correspondance littéraire*, 1ᵉʳ avril 1763.

vaillamment l'intérêt né d'un conflit tragique ; et Tullia, superbe et tendre, — fier visage dont une larme adoucit l'orgueil, — semble se recommander à la fois et de Corneille et de Racine [1]. »

Quand cette tragédie fut encore reprise à l'époque de la Révolution, naturellement les dispositions du public lui devinrent de plus en plus favorables. Même on raconte que la censure de la Terreur y mit des variantes curieuses. Brutus dit, dans le texte de Voltaire :

> Arrêter un Romain sur de simples soupçons,
> C'est agir en tyrans, nous qui les punissons.

Cela pouvait donner matière à quelque allusion maligne contre le Comité de Salut public, qui emprisonnait tant de monde au nom de la Liberté ; on remplaça, dit-on [2], ces deux vers par les deux suivants, d'une poésie quelque peu argousine :

> Arrêter un Romain sur un simple soupçon
> Ne peut être permis qu'en révolution.

A dater de cette pièce, le théâtre de Voltaire va se développer comme un théâtre de transition, alternativement classique et romantique, où nous aurons à observer deux choses : premièrement les idées militantes auxquelles la fable dramatique sert d'organe et de véhicule ; deuxièmement, dans les pièces et dans

---

1. *Shakspeare et Voltaire.*
2. Villemain, *op. laud.*

les préfaces, les tentatives d'innovation, germes de celles qui constitueront la révolution romantique de notre siècle.

Victor Hugo, dans son livre sur Shakspeare [1], dit que le théâtre du xixe siècle « n'appartient à aucun système... Eschyle, c'est la concentration ; Shakspeare, c'est la dispersion : Eschyle a l'unité, Shakspeare l'ubiquité.... Il est aisé de voir, ajoute-t-il, que le théâtre contemporain a, bien ou mal, frayé sa voie propre entre l'unité grecque et l'ubiquité shakspearienne ». — Il me semble que cette formule pourrait, dans une certaine mesure s'appliquer déjà à Voltaire, élève de l'antiquité gréco-latine d'abord, ensuite disciple de l'Angleterre. Ce sont les efforts qu'il a faits pour frayer cette voie intermédiaire qui ont permis aux poètes du xixe siècle de la suivre et de l'élargir.

Plus récemment, un jeune et ingénieux critique, dissertant sur le même sujet que nous [2], écrivait ceci : « Avec des textes bien choisis, et à condition d'écarter ceux qui gêneraient, on pourra démontrer, également, que Voltaire a été classique et qu'il a été romantique ; qu'il a été rationaliste avec Descartes,

---

1. Pages 377 à 379. Paris, 1864, A. Lacroix, Verboeckhoven et Cie.

2. *Essai sur l'Esthétique de Descartes, étudiée dans les rapports de la doctrine cartésienne avec la littérature française au* xviie *siècle*, thèse pour le doctorat, soutenue devant la Faculté des Lettres de Paris, en mars 1882, par M. Émile Krantz. — Paris, Germer-Baillière.

et tout au contraire empirique avec Locke; on
alléguerait d'une part qu'il a révélé Shakspeare aux
Français avec un enthousiasme qui promettait une
révolution littéraire ; et d'autre part on opposerait
que, peu après, il a appelé « barbare » le même
Shakspeare, et qualifié ses chefs-d'œuvre de « farces
monstrueuses » [1]. Il a écrit des drames suivant la
formule de Diderot, mais aussi des tragédies suivant
la formule de Racine ; il a réclamé le droit de se
servir au théâtre d'un grand appareil pour frapper
les sens [2], d'y mettre la nature, le réel, *l'horreur*,
comme il dit [3] ; et il a aussi reproché aux Anglais
de frapper les sens plus que l'esprit, et de montrer
sur leur scène des choses naturelles, réelles et horribles [4] ».

1. Dans la préface de *l'Orphelin de la Chine*.

2. « J'ose être sûr que le sublime et le touchant portent un
coup plus sensible quand ils sont soutenus d'un appareil convenable, et qu'il faut frapper l'âme et les yeux à la fois. Ce
sera le partage des génies qui viendront après nous. J'aurai, du
moins, encouragé ceux qui me feront oublier. » — *Épître à
Madame de Pompadour*, préface de *Tancrède*. — Et Voltaire
ajoute, un peu plus loin : « Ces grands tableaux, que les anciens
regardaient comme la partie essentielle de la tragédie, peuvent
aisément nuire au théâtre de France, en le réduisant à n'être
presque qu'une vaine décoration ». *Ibid.*

3. « J'avoue que c'est mettre l'horreur sur le théâtre, et
Votre Majesté est bien persuadée qu'il ne faut pas que la
tragédie consiste uniquement dans une déclaration d'amour,
une jalousie et un mariage. — *Lettre au roi de Prusse sur
Mahomet*.

4. « Sans citer les injures qu'il adresse à Shakspeare et
qui sont bien connues, on trouve dans l'Épître dédicatoire
de *Zaïre* à M. Falkener, quelques vers écrits de sang-

5.

Il y aurait peut-être, je le crois, une distinction à faire, qui éclaircirait les choses, de telle sorte que l'on n'aurait besoin d'écarter aucun texte et qu'on ne serait gêné par aucun. Dans les œuvres qu'il signe, et dans les préfaces, épîtres dédicatoires ou dissertations dont il les accompagne, Voltaire, tout en proposant certaines innovations, reste le plus souvent attaché à la tradition classique, défend d'abord obstinément les trois unités contre Houdard de la Motte, et se montre fidèle élève du Père Porée. En revanche, dans les drames ou comédies qu'il fait jouer ou qu'il publie sous des pseudonymes, dans les préfaces ou les notes qu'il y joint, il est partisan plus décidé des innovations dramatiques et théâtrales, il combat pour elles. Classique ouvertement, quoiqu'avec certaines idées de réforme, il n'est vraiment hardi et singulièrement romantique que la visière

froid et qui font l'éloge de la simplicité classique, opposée à la complexité du drame anglais :

> Cette heureuse simplicité
> Fut un des plus dignes partages
> De la savante antiquité.
> Anglais, que cette nouveauté
> S'introduise dans vos usages :
> Sur votre théâtre, infecté
> D'horreurs, de gibets, de carnages,
> Mettez donc plus de vérité,
> Avec de plus nobles images.
> . . . .
> Travaillez pour les connaisseurs
> De tous les temps, de tous les âges !

baissée. Voilà, je pense, la distinction que l'on pourrait faire, et que, d'une manière générale sinon absolue, la suite de notre étude justifiera. Au reste, sa conversion se fera peu à peu et par intermittences : car son esprit, tout en oscillant sans cesse d'un pôle à l'autre, est, par nature, juste milieu.

Pour le moment, il n'en est encore qu'à chercher sa voie ; il s'essaye dans tous les genres : tragédie, comédie, opéra, et le reste. En 1725, il donne *l'Indiscret*, comédie en un acte, en vers. Il la dédie à la marquise de Prie. Malgré ce puissant patronage, la pièce n'a que six représentations. Cette comédie vint avant *Brutus* ; une autre vint après, en 1732 ; puis un opéra, et une nouvelle tragédie. La comédie était intitulée : *les Originaux*, ou *Monsieur du Cap-Vert*, en trois actes, en prose. Plus tard, elle changea de nom et s'appela tantôt *le Capitaine Boursoufle*, tantôt *le Comte de Boursoufle*, tantôt *le Grand Boursoufle*. Au reste, elle ne fut jamais représentée que sur un théâtre particulier. La même année, il donne la tragédie d'*Ériphyle*, dont j'ai dit tout à l'heure un mot et dont nous aurons à reparler à propos de *Sémiramis*, où il en repêcha quelques épaves ; puis l'opéra de *Samson*, en cinq actes. Je me contente de noter ces quatre pièces pour mémoire, afin de marquer la chaîne et la trame : la chaîne chronologique d'une part, de l'autre la variété de la trame dramatique, et, par l'une et l'autre, la prodigieuse activité du jeune auteur.

Mais c'est dans la tragédie seule qu'il perce. C'est donc là que nous allons le suivre. Nous le verrons imiter Shakspeare, tantôt sans l'avouer, tantôt en l'avouant, mais en prenant avec lui des airs de supériorité.

QUATRIEME LEÇON

ZAÏRE

I

A la date où nous sommes, Voltaire n'a encore réussi vraiment que dans *OEdipe*. Il a risqué trois autres tragédies, deux comédies, un opéra, sans succès réel. Il tâtonne encore et cherche sa voie ; il la trouve enfin, dans *Zaïre* (1732). La pièce est bien de lui, et bien française ; mais l'idée première évidemment lui est venue de l'*Othello* de Shakspeare, quoiqu'il se garde bien de l'avouer. Ses réticences sur ce point ont même un caractère particulier, qu'il importe d'analyser et de regarder d'un peu près.

Vous vous rappelez qu'il avait logé, pendant son exil en Angleterre, chez M. Falkener : il lui dédie *Zaïre*, en 1733 ; et, dans la longue *Épître dédicatoire*, en prose mêlée de vers, qui n'a pas moins de dix pages, il ne souffle mot de Shakspeare. Plus tard, M. Falkener étant devenu ambassadeur d'Angleterre près la Porte Ottomane, le poète lui adresse une nouvelle *Épître*, celle-ci en cinq pages, où il garde le même silence, et où il parle d'une traduction de *Zaïre* en anglais, sans paraître songer que les Anglais pourraient reconnaître dans le personnage d'Orosmane, qui tue par jalousie celle qu'il aime, un Othello francisé. On est déjà un peu étonné.

On l'est encore davantage quand on observe sur quel sujet roulent ces deux Épîtres : c'est, d'un bout à l'autre, sur le théâtre anglais et sur le théâtre français, sur leurs différences respectives, sur les points par où ils peuvent se rapprocher, et sur ceux par où ils ne le peuvent pas. Il semble que c'était le cas, ou jamais, d'examiner parallèlement *Othello* et *Zaïre*. Or il n'est fait nulle mention d'*Othello* dans la seconde Épître non plus que dans la première.

Mais voyons un peu le détail de cette double dissertation : car les assertions abstraites et résumées ne mettraient pas les choses sous vos yeux. Dans la première *Épître*, il fait d'abord l'éloge des négociants et du commerce. — Notons en passant que nous sommes en 1733 : la pièce de Sedaine, avec son commerçant, *le Philosophe sans le savoir*, n'arrivera qu'en 1765. — Voltaire parle ensuite de Virgile, qui, comme il le remarque, sut imiter Homère sans le piller,

> Et son émule se rendit,
> Sans se rendre son plagiaire.

Ne dirait-on pas ici que, dans son for intérieur, il pense à sa propre situation envers l'auteur d'*Othello* ? — Puis il fait l'éloge, non pas de Shakspeare, mais d'Addison ; c'est à propos de celui-ci qu'il dit :

> Polissez la rude action
> De vos Melpomènes sauvages.

Cependant il reconnaît, mais seulement d'une manière générale, une dette qu'il peut avoir contractée envers le théâtre anglais. Et en quoi consiste-t-elle? « C'est au théâtre anglais, dit-il, que je dois la hardiesse que j'ai eue, de mettre sur la scène les noms de nos rois et des anciennes familles du royaume. Il me paraît que cette nouveauté pourrait être la source d'un genre de tragédie qui nous est inconnu jusqu'ici, et dont nous avons besoin. Il se trouvera, sans doute, des génies heureux qui perfectionneront cette idée, dont *Zaïre* n'est qu'une faible ébauche. »

Il oublie que Corneille déjà avait mis sur la scène non seulement des sujets modernes et chevaleresques, *le Cid*, *Don Sanche d'Aragon*, *Pertharite*, mais des sujets nationaux français, par exemple dans *Attila*. Malheureusement le grand poète était déjà sur son déclin lorsqu'il conçut cette idée grandiose de mettre trois mondes aux prises, l'empire romain finissant, l'invasion des barbares, et le royaume de France naissant :

> Un grand destin commence, un grand destin s'achève [1],

Au nombre des personnages, se trouve la princesse Ildione, ainsi désignée : « Ildione, sœur de Méroüée [2] roi de France. » Corneille avait donc devancé Voltaire dans cette tentative ; et même, Alexandre Hardy et beaucoup d'autres avant lui y avaient devancé Corneille. Par conséquent, Voltaire n'avait pas besoin de reporter aux Anglais cette obligation, à moins que ce ne fût pour en omettre une autre plus réelle et plus présente. Ainsi, pas la moindre allusion à Shakspeare dans l'une ni dans l'autre de ces deux Épîtres.

Où et quand est-ce que notre auteur parle pour la première fois de Shakspeare ? C'est, si je ne me trompe, dans la dix-huitième de ses *Lettres sur les Anglais*, en 1734, dans l'intervalle des deux Épîtres dédicatoires dont dous venons de parler. Là, enfin, il semble le révéler à la France, quoique l'abbé Prévost l'eût fait déjà dans sa revue, *le Pour et le Contre;* là, Voltaire cite le grand monologue d'*Hamlet*, admirant ce « beau tableau », auprès duquel sa traduction n'est, dit-il, « qu'une faible estampe ». Pour permettre d'en mieux juger, il place en regard de

---

1. Chateaubriand reprit la même donnée dans le sixième chant des *Martyrs*, où l'on assiste à la dissolution du monde antique et à l'avènement de l'ère nouvelle. — Voir, sur l'*Attila* de Corneille, *le Romantisme des Classiques*, 1ʳᵉ série, p. 253. Paris, Calmann Lévy.

2. Méroüée, ou Mérovée.

son imitation en vers une traduction littérale en prose. « Faites grâce à la copie, ajoute-t-il, en faveur de l'original. » — Ensuite il cite un passage de Dryden, également avec éloge.

Au reste, il critique le théâtre anglais en général, à l'exception de quelques beaux morceaux de cette sorte ; pareillement, le théâtre espagnol ; et même le théâtre grec, du moins celui d'Euripide.

Après cela, il fait l'éloge d'Addison, et traduit un passage philosophique de son *Caton*, qui, au moment de se donner la mort, relit le *Phédon* de Platon pour s'affermir dans l'espérance d'une autre vie. L'auteur des *Lettres* trouve cependant cette tragédie assez faible dans son ensemble. Puis, il revient à Shakspeare à la fin, pour dire que les pièces de ce poète sont des « monstres brillants » ; et il conclut en ces termes : « Le génie poétique des Anglais ressemble jusqu'à présent à un arbre touffu planté par la Nature, jetant au hasard mille rameaux et croissant inégalement avec force. Il meurt si vous voulez forcer la nature et le tailler en arbre des jardins de Marly. »

N'était-ce pas pourtant ce qu'il avait fait, élaguant sans le dire Othello en Orosmane, et Desdémone en Zaïre ?

Pour dépister encore le lecteur français, qui d'ailleurs ne connaissait guère Shakspeare, il fit ajouter, dès l'année 1738, un petit *Avertissement* ainsi conçu : « Ceux qui aiment l'histoire littéraire seront bien aises de savoir comment cette pièce fut faite. Plusieurs dames avaient reproché à l'auteur qu'il n'y avait pas assez d'amour dans ses tragédies. Il leur répondit qu'il ne croyait pas que ce fût la véritable place de l'amour, mais que, puisqu'il leur fallait absolument des héros amoureux, il en ferait tout comme un autre. — La pièce fut achevée en vingt-deux jours ; elle eut un grand succès. On l'appelle, à Paris, *tragédie chrétienne*, et on l'a jouée fort souvent à la place de *Polyeucte*. »

Remarquez l'artifice de ces deux dernières lignes. Il est vrai que plusieurs personnages de la pièce sont chrétiens et parlent avec une éloquence poétique qui a une certaine couleur chrétienne ; mais de là à prétendre que *Zaïre* est une tragédie chrétienne, analogue à *Polyeucte*, il y a loin. Et, quant à la dernière assertion, d'ailleurs si ambigue, allez donc la vérifier !

Quoi qu'il en soit, le succès de *Zaïre* fut immense. Cette Française d'Orient charma les Françaises de Paris ; par conséquent les Français avec elles ; — et les Anglais eux-mêmes, s'il en faut croire l'auteur dans l'anecdote que voici. En 1742, il fit ajouter au petit Avertissement ci-dessus les lignes suivantes : « *Zaïre* a fourni, depuis peu, un événement singulier à Londres. Un gentilhomme anglais, nommé M. Bond, passionné pour les spectacles, avait fait traduire cette pièce, et, avant de la donner au théâtre public, il la fit jouer dans la grande salle des bâtiments d'York par ses amis. Il y représentait le rôle de Lusignan : il mourut sur le théâtre, au moment de la reconnaissance. — Les comédiens l'ont jouée depuis, avec succès. »

Prévost, dans sa revue littéraire, donne sur ce fait quelques détails curieux, qui ne concordent pas de tous points avec les lignes que nous venons de citer, du moins avec la dernière. Voici comment il s'exprime : « M. Bond, homme d'esprit et d'excellent goût, célèbre surtout par sa passion pour le théâtre, avait pris une inclination particulière pour la *Zaïre* de M. de Voltaire; et, ne se contentant point de la savoir par cœur en français, il avait engagé un des meilleurs poètes de Londres à la traduire dans la langue du pays. Son dessein était de la faire représenter sur le théâtre de Drury-Lane. Il employa pendant plus de deux ans tous ses soins et ceux de ses amis pour la faire accepter aux directeurs de ce théâtre; mais on ne sait pour quelles raisons ils s'obstinèrent à la rejeter, ni pourquoi elle a été annoncée vingt fois depuis deux ans sans qu'on fût plus avancé dans l'exécution. Enfin M. Bond, n'espérant plus la faire paraître sur un théâtre régulier, prit le parti de la représenter lui-même avec quelques amateurs, dans une grande salle de concerts, dont on obtint l'usage en la louant aussi cher pour une soirée qu'un autre bâtiment serait loué pour une année entière. Les rôles furent distribués, et toute la ville avertie de l'entreprise qu'on avait formée pour lui plaire. M. Bond, qui n'avait pas moins de soixante ans, choisit le rôle de Lusignan, comme le plus convenable à ses talents et à son âge. Il n'épargna ni soins ni dépenses pour se mettre en état de le jouer avec distinction, et l'on ajoute, à l'honneur de sa générosité et de son désintéressement, qu'il abandonna tout le profit du spectacle au poète traducteur de la pièce. Le jour arrivé, jamais assemblée n'avait été si brillante et si nombreuse. Le premier acte s'exécute avec l'applaudissement de tous les spectateurs. On attendait Lusignan : il paraît, et tous les cœurs commencent à s'émouvoir... M. Bond se livre tellement à la force de son imagination et à l'impétuosité de ses sentiments que, trop faible pour soutenir tant d'agitation, il tombe sans connaissance au moment qu'il reconnaît sa fille. On se figura d'abord que c'était un évanouissement contrefait, et tout le monde admirait l'art avec lequel il imitait la nature. Cependant la longueur de cette situation commençait à fatiguer les spectateurs. Châtillon, Zaïre et Nérestan l'avertirent tout bas qu'il était temps d'y mettre fin. Il ouvre un moment les yeux ; mais, les fermant aussitôt, il retombe dans son fauteuil sans prononcer une parole ; il étend les bras, et ce mouvement fut le dernier de sa vie. »

La suite, que j'abrège un peu, peint bien le caractère anglais. Le spectacle ayant été interrompu par un accident si funeste, on ne laissa point de promettre à l'assemblée qu'il serait renouvelé le lendemain. La foule y fut prodigieuse. Un intime ami de M. Bond, qui avait joué la veille le rôle d'Osmin, se chargea de celui de Lusignan, et commença la représentation par un petit speech de circonstance : « Celui auquel j'entreprends de succéder, quoique je me reconnaisse bien inférieur à lui par le talent, vous fut enlevé hier au milieu des applaudissements dont vous récompensiez son mérite et son zèle. Il voulait vous plaire ; il n'a mal réussi que pour lui-même. J'aurais à craindre le même destin si le zèle seul pouvait m'y exposer. Mais, pour être capable d'une fin si glorieuse, il faut un talent qui me manque. Ainsi, chose singulière, c'est ma faiblesse qui me sauvera. Il fallait être aussi fort que M. Bond pour faiblir au point que vous avez vu, aussi plein de vie et de sentiment pour perdre si subitement l'un et l'autre. »

Voilà comme le *humour* anglais se met partout. Au reste, la verve française fait parfois de même, — chez madame de Sévigné par exemple, à propos de la répression cruelle des Bretons révoltés, et de ce « violon » qui a « commencé la danse », c'est-à-dire qui a été pendu le premier. Elle est indignée cependant ; mais le jeu de son imagination et de sa plume lui donne l'apparence de l'insensibilité.

Voltaire eût sans doute été satisfait du jeu énergique de M. Bond, lui qui, à Cirey et à Ferney, jouait aussi le rôle de Lusignan « avec une sorte de frénésie », à ce que conte madame Du Châtelet.

Prévost ne dit pas du tout qu'après ces représentations dans une salle de concerts, *Zaïre* ait été jouée sur un théâtre proprement dit par des comédiens de profession; c'est sur ce point que Voltaire paraît avoir arrangé l'histoire. S'il faut l'en croire, la pièce aurait donc été représentée ensuite par de vrais comédiens, à telles enseignes que le traducteur et les acteurs anglais, trouvant la pièce française un peu douceâtre, y mêlèrent, à ce qu'il dit, des traits de vigueur étranges. A la fin de sa seconde épître à Falkener, il en donne cet échantillon, vrai ou faux : « Quand Orosmane, dans la traduction anglaise, vient annoncer à Zaïre qu'il croit ne la plus aimer, Zaïre lui répond en se roulant par terre. Le sultan n'est point ému de la voir dans cette posture ridicule; et, le moment d'après, il est tout étonné que Zaïre pleure ! Il lui dit : *Zaïre, vous pleurez !* Il aurait dû lui dire auparavant : *Zaïre, vous vous roulez par terre !* »

Par toutes ces anecdotes Voltaire veut évidemment entraîner la pensée du lecteur loin du souvenir d'*Othello*, l'attirer et la concentrer sur sa pièce comme sur une œuvre entièrement originale, qui ne doit rien à personne. Eh ! le moyen d'aller s'imaginer qu'on aurait joué sur le théâtre anglais une tragédie prise d'un drame anglais ?

Or, ce pourrait bien être justement la raison pour laquelle, selon le témoignage de Prévost, *Zaïre* n'arriva jamais, en effet, à y être représentée. Le témoignage de Voltaire est suspect, celui de Prévost ne l'est point.

II

Zaïre, au surplus, n'est pas une imitation proprement dite. Quoique la première idée vienne de Shakspeare, la pièce est pourtant bien française. Formée d'éléments divers, dont quelques-uns n'étaient pas nouveaux, cependant elle est nouvelle, et porte bien la marque de l'auteur et du temps...
 La scène est au sérail de Jérusalem, à l'époque de saint Louis et de sa croisade. Orosmane, un sultan comme on en voit peu, libéral et sensible, s'est épris d'une des jeunes captives que la guerre lui a données. Ce vainqueur est plein de respect autant que d'amour, à peu près de même que le Pyrrhus de Racine à l'égard d'Andromaque. Aimé d'elle comme elle est aimée de lui, il ne songe qu'à l'épouser ; et elle y a consenti, quand tout à coup elle apprend qu'elle est chrétienne, fille de Lusignan,

prince du sang des rois de Jérusalem, vaincu et détrôné par Orosmane. Aussitôt, chose un peu étrange, elle sacrifie son amour à cette Foi, si nouvelle en son cœur, et si peu enracinée, qu'elle ressemble à l'indifférence philosophique [1].

Orosmane ne pouvant deviner les raisons d'un changement si soudain dans les sentiments de Zaïre, et elle ne les révélant point (on ne sait pas pourquoi, mais c'est à cela que tient la pièce), il se méprend sur la fausse apparence d'une lettre interceptée [2], et, se croyant trompé pour un autre, tue Zaïre, comme Othello tue Desdémone; et puis se tue lui-même, encore comme Othello, quand il connaît son erreur.

C'est donc la jalousie et ses fureurs qui remplissent la seconde partie de la pièce; la première rayonne d'amour, et est animée d'un souffle généreux et galant. Ce ne sont pas seulement les chevaliers français, c'est le sultan aussi qui se pique de galanterie et de magnanimité. Un des captifs, qui a été relâché par lui sur parole pour

---

1. J'eusse été près du Gange esclave des faux dieux,
   Chrétienne dans Paris, musulmane en ces lieux;

réflexion un peu surprenante sur les lèvres d'une petite fille élevée dans un harem.

2. Cette lettre, réminiscence de *Bajazet*, remplace le mouchoir de Desdémone, moyen trop peu noble au gré de la Melpomène française. Nous retrouverons encore dans *Tancrède* ce moyen très faible.

aller chercher la rançon de dix de ses compagnons d'armes, revient rapportant en effet la rançon de tous, excepté la sienne, et dit à Orosmane :

> J'arrache des chrétiens à leur prison funeste ;
> Je remplis mes serments, mon honneur, mon devoir ;
> Il me suffit : je viens me mettre en ton pouvoir ;
> Je me rends prisonnier, et demeure en otage.

Et Orosmane lui répond :

> Chrétien, je suis content de ton noble courage ;
> Mais ton orgueil ici se serait-il flatté
> D'effacer Orosmane en générosité ?
> Reprends ta liberté, remporte tes richesses ;
> A l'or de ces rançons joins mes justes largesses :
> Au lieu de dix chrétiens que je dus t'accorder,
> Je t'en veux donner cent ; tu peux les demander :
> Qu'ils aillent sur tes pas apprendre à ta patrie
> Qu'il est quelques vertus au fond de la Syrie...

Deux exceptions seulement à cette grâce sont commandées à Orosmane ; l'une concerne Lusignan : cet ancien roi sera retenu en captivité parce que les prétendants en liberté sont dangereux :

> Il est du sang français qui régnait à Solyme ;
> On sait son droit au trône, et ce droit est un crime :
> Du Destin qui fait tout, tel est l'arrêt cruel :
> Si j'eusse été vaincu, je serais criminel.
> Lusignan dans les fers finira sa carrière,
> Et jamais du soleil ne verra la lumière.

Il ajoute que Zaïre non plus ne saurait être rachetée ; mais c'est par une autre raison :

> Pour Zaïre, crois-moi, sans que ton cœur s'offense,
> Elle n'est pas d'un prix qui soit en ta puissance ;
> Tes chevaliers français et tous leurs souverains
> S'uniraient vainement pour l'ôter de mes mains.
> Tu peux partir.

Nérestan essaye en vain d'insister ; Orosmane lui ferme la bouche :

> Sors, et que le Soleil levé sur mes États
> Demain près du Jourdain ne te retrouve pas.

Nérestan ne peut qu'obéir et sort. Orosmane aussitôt ordonne de tout préparer pour son mariage avec Zaïre. Celle-ci se sert de son amour et de son ascendant sur le sultan pour solliciter et obtenir la mise en liberté de Lusignan. Le vieillard est tiré de sa prison et se retrouve avec attendrissement au milieu des siens. Il s'informe de ses enfants qui lui ont été enlevés au sac de Césarée : il apprend que deux de ses fils ont péri avec leur mère ; un autre, de quatre ans, et une fille au berceau, ont survécu, emportés à Jérusalem par les Sarrazins vainqueurs. Une croix que Zaïre porte en bracelet fait reconnaître à Lusignan sa fille[1] ; une cicatrice à la poitrine de Nérestan lui découvre son fils.

Voltaire, dans son théâtre, a un peu abusé du procédé des reconnaissances. Racine, au contraire,

---

[1]. Notons ici le premier emploi de « la croix de ma mère ! » dont le théâtre a tant abusé depuis.

n'en a pas usé : car on ne peut guère compter
pour telle celle du dénouement d'*Athalie*. Corneille
n'a employé ce moyen qu'une seule fois : c'est dans
Héraclius: Crébillon a mis des reconnaissances dans
presque toutes ses pièces.

A peine Lusignan a-t-il goûté la joie de retrouver
ses enfants, qu'il se demande avec inquiétude si,
élevés par les musulmans, ils ne l'ont pas été dans
la religion de leurs vainqueurs :

O Dieu qui me la rends, me la rends-tu chrétienne?

La joie du père a été courte : il apprend que sa
fille a été élevée dans la Foi musulmane ; sa douleur
éclate en accents pathétiques :

Mon Dieu, j'ai combattu soixante ans pour ta gloire ;
J'ai vu tomber ton temple et périr ta mémoire ;
Dans un cachot affreux abandonné vingt ans,
Mes larmes t'imploraient pour mes tristes enfants :
Et, lorsque ma famille est par toi réunie,
Quand je trouve une fille, elle est ton ennemie !
Je suis bien malheureux !... C'est ton père, c'est moi,
C'est ma seule prison qui t'a ravi ta Foi,
Ma fille! tendre objet de mes dernières peines ;
Songe au moins, songe au sang qui coule dans tes veines :
C'est le sang de vingt rois, tous chrétiens comme moi ;
C'est le sang des héros, défenseurs de ma Loi ;
C'est le sang des martyrs... O fille encor trop chère !
Connais-tu ton destin? Sais-tu quelle est ta mère?
Sais-tu bien qu'à l'instant que son flanc mit au jour
Ce triste et dernier fruit d'un malheureux amour,
Je la vis massacrer par la main forcenée,
Par la main des brigands à qui tu t'es donnée?
Tes frères, ces martyrs égorgés à mes yeux,

> T'ouvrent leurs bras sanglants, tendus du haut des cieux :
> Ton Dieu que tu trahis, ton Dieu que tu blasphèmes,
> Pour toi, pour l'univers, est mort en ces lieux mêmes ;
> En ces lieux où mon bras le servit tant de fois,
> En ces lieux où son sang te parle par ma voix.
> Vois ces murs, vois ce temple envahi par tes maîtres :
> Tout annonce le Dieu qu'ont vengé tes ancêtres.
> Tourne les yeux, sa tombe est près de ce palais :
> C'est ici la montagne où, lavant nos forfaits,
> Il voulut expirer sous les coups de l'impie.
> C'est là que de sa tombe il rappela sa vie.
> Tu ne saurais marcher dans cet auguste lieu,
> Tu n'y peux faire un pas, sans y trouver ton Dieu ;
> Et tu n'y peux rester sans renier ton père,
> Ton honneur qui te parle, et ton Dieu qui t'éclaire.
> Je te vois dans mes bras et pleurer et frémir,
> Sur ton front pâlissant Dieu met le repentir :
> Je vois la vérité dans ton cœur descendue ;
> Je retrouve ma fille après l'avoir perdue,
> Et je reprends ma gloire et ma félicité
> En dérobant mon sang à l'infidélité [1].

C'est peut-être la plus belle page du théâtre de Voltaire, la plus touchante à coup sûr pour un public chrétien, la plus éloquente pour tous dès qu'on se place dans la situation. Et remarquons qu'elle est, à elle seule, le germe de tout *le Génie du Christianisme*, et le spécimen du procédé, abusivement développé par Chateaubriand, mais employé ici avec discrétion et avec goût. — On peut en rapprocher les vers qui se trouvent à la fin d'*Alzire*, sur le pardon des injures. — Et cependant ne serait-ce pas ce beau discours de Lusignan qui, au dire de l'abbé Galiani, fit aux Napolitains l'ef-

1. A la religion des Infidèles.

fet d'un sermon? L'abbé écrit de Naples à madame d'Épinay[1] : « Nous avons ici, depuis huit jours, une troupe de comédiens français, événement bien singulier et bien neuf pour les Napolitains..... Ils ont voulu donner *Mahomet* de Voltaire ; la police les en a empêchés... Alors ils ont donné *Zaïre*, qui a très bien réussi, à cela près que les Napolitains l'ont trouvée trop dévote et, dans des endroits, trop ressemblante à une mission. »

De même que Zaïre a sauvé son père en le faisant mettre en liberté, Lusignan a sauvé sa fille en la faisant rentrer au giron de sa Foi.

A cette couleur française et chrétienne, se mêle avec non moins d'adresse la couleur orientale. Ce n'est, à la vérité, que l'Orient de *Bajazet* et de *Mithridate*; cependant l'intention au moins, sinon la réalité, va un peu plus loin. L'auteur écrit, le 27 mai 1732, à son ami Cideville : « La scène sera dans un lieu bien singulier (le sérail); l'action se passera entre des Turcs et des Chrétiens ; je peindrai leurs mœurs autant qu'il me sera possible ; et je tâcherai de jeter dans cet ouvrage tout ce que la Religion chrétienne semble avoir de plus pathétique et de plus intéressant, et tout ce que l'amour a de plus tendre et de plus cruel[2]. »

1. Le 16 janvier 1773.
2. Lorsque la pièce est imprimée, Voltaire y met pour épigraphe : *Est etiam crudelis amor*, « L'amour aussi a sa cruauté. »

Le même jour, il écrit à Formont : « Tout le monde me reproche ici que je ne mets point d'amour dans mes pièces. Ils en auront, cette fois-ci, je vous jure, et ce ne sera pas de la galanterie. Je veux qu'il n'y ait rien de si turc, de si chrétien, de si amoureux, de si tendre, de si furieux... Ou je suis fort trompé, ou ce sera la pièce la plus singulière que nous ayons au théâtre. Les noms de Montmorency, de Saint Louis, de Saladin, de Jésus[1], et de Mahomet[2] s'y trouveront ; on y parlera de la Seine et du Jourdain, de Paris et de Jérusalem ; on aimera, on baptisera, on tuera... »

Il écrit encore au même, le 25 juin : « J'ai enfin osé traiter l'amour ; mais ce n'est pas l'amour galant et français ; mon amoureux n'est pas un jeune abbé à la toilette d'une bégueule ; c'est le plus passionné, le plus fier, le plus tendre, le plus généreux, le plus justement jaloux, le plus cruel et le plus malheureux de tous les hommes. »

Si, à vrai dire, l'auteur n'a pas toujours réussi autant qu'il s'en flatte à s'affranchir du ton de la galanterie de son temps, du moins il a su fondre

---

1. Ce nom même ne s'y trouve point ; mais le Christ est en effet le sujet de quelques-uns des beaux vers que nous venons de citer.

2. Le nom de Mahomet ne se trouve pas non plus dans la pièce ; mais le mahométisme effectivement y fait antithèse au christianisme.

ensemble la passion avec la galanterie. Et c'est ce que Lessing aurait dû reconnaître[1].

Quant au style, certes il n'est pas toujours de bon aloi : trop souvent il sent les vers latins de collège, composés à grand renfort d'épithètes, de synonymes et de périphrases; mais, de temps à autre, l'adroit disciple de Racine rencontre l'inspiration et l'harmonie du maître; par exemple, dans la réponse de Zaïre à Fatime, au premier acte. Celle-ci, sa compagne de captivité, vient de lui dire :

A la loi musulmane à jamais asservie,
Vous allez des Chrétiens devenir l'ennemie,
Vous allez épouser leur superbe vainqueur?

ZAÏRE

Qui lui refuserait le présent de son cœur?
De toute ma faiblesse il faut que je convienne :
Peut-être sans l'amour j'aurais été chrétienne,
Peut-être qu'à ta Loi j'aurais sacrifié;
Mais Orosmane m'aime, et j'ai tout oublié :
Je ne vois qu'Orosmane, et mon âme enivrée
Se remplit du bonheur de s'en voir adorée.
Mets-toi devant les yeux sa grâce, ses exploits;
Songe à ce bras puissant, vainqueur de tant de rois,
A cet aimable front que la gloire environne;
Je ne te parle pas du sceptre qu'il me donne;
Non, la reconnaissance est un faible retour;
Un tribut offensant, trop peu fait pour l'amour;
Mon cœur aime Orosmane, et non son diadème;
Chère Fatime, en lui, je n'aime que lui-même.
Peut-être j'en crois trop un penchant si flatteur,

1. Voir la *Dramaturgie de Hambourg*, seizième Soirée

Mais, si le Ciel, sur lui déployant sa rigueur,
Aux fers que j'ai portés eût condamné sa vie,
Si le Ciel sous mes lois eût rangé la Syrie,
Ou mon amour me trompe, ou Zaïre aujourd'hui
Pour l'élever à soi descendrait jusqu'à lui.

Ce sont les idées de *Bérénice*, et c'en est presque aussi le style. Vous avez admiré tout à l'heure, dans le même goût, la belle tirade de Lusignan, que Voltaire se plaisait à jouer avec un pathétique sublime et un zèle chrétien endiablé.

Bref, l'amour, l'honneur, la patrie; la Religion, le souffle des Croisades, l'Orient et la France; la passion tour à tour magnanime et furieuse; l'amant tuant l'amante innocente, et se tuant lui-même lorsqu'il est détrompé; tant de brillant, tant d'éloquence, des couleurs si nouvelles et si variées; avec cela une actrice dont la voix allait au cœur; c'est de quoi expliquer le succès, l'enthousiasme du public. Tout le monde fut enivré; l'auteur aussi. *Zaïre* est bien, à tout prendre, un des deux chefs-d'œuvre dramatiques de Voltaire, — « la pièce enchanteresse », comme la nommait Rousseau [1], prétendant tirer de cela même un argument pour sa thèse contre les spectacles, qui, selon lui, développent les passions loin de les corriger, et principale-

---

1. ... « Les femmes n'ont pu se lasser de courir à cette pièce enchanteresse, et d'y faire courir les hommes... » — *Lettre de J.-J. Rousseau, citoyen de Genève, à M. d'Alembert* (sur les Spectacles), 1758.

ment celle de l'amour. — Le poëte, tout bien compté, a eu le droit de dire : « *Zaïre* est la première pièce de théâtre dans laquelle j'ai osé m'abandonner à toute la sensibilité de mon cœur. »

Que l'intrigue soit romanesque et faible, nous ne dirons certes pas : Peu importe ! — mais nous dirons : Cela ne détruit pas le charme.

L'auteur était jeune, accueilli, aimé, courant de château en château, selon les mœurs du temps, tantôt chez la maréchale de Villars, tantôt chez madame de la Popelinière, tantôt chez madame de Bernières et chez plusieurs autres qu'on entrevoit en lisant sa *Correspondance* ; il était dans l'âge où tout vient à nous. « C'est dans cette atmosphère de femmes, dit Michelet, dans cet air chaud d'art et d'amour, qu'il trouva une perle, la première chose humaine qu'il eût pu faire encore... La pièce n'est pas forte, mais charmante : juste au point du public, juste au point des acteurs, de l'actrice qui fit Zaïre. » C'était mademoiselle Gaussin ; sa voix était touchante, et elle savait pleurer.

En résumé, il est incontestable d'une part que la première idée du drame, qui perce dans ce vers d'Orosmane :

Je ne suis pas jaloux... Si je l'étais jamais !...

et qui éclate dans la catastrophe vient de l'*Othello* de Shakspeare, qui lui-même, d'ailleurs, l'avait prise de Giraldi Cinthio et de beaucoup d'autres; cependant il n'en reste pas moins vrai que *Zaïre* est bien de Voltaire, par ses défauts comme par ses qualités.

Racine, à dater d'*Andromaque,* avait trouvé un art nouveau, très différent de celui de Corneille; Voltaire, à dater de *Zaïre,* trouva sinon un art nouveau complet, du moins des procédés et des effets qui préparèrent l'art de notre siècle, par la greffe du génie anglais sur l'esprit français, par la diversité extrême des sujets, par un certain coloris inconnu jusqu'alors, dont les contemporains furent éblouis, et qui, s'il n'est pas toujours très fin ni très juste, est autre assurément que celui de ses deux illustres devanciers.

Si, à la réflexion et à la lecture, on s'aperçoit que la composition de *Zaïre* est artificielle et peu solide, à la représentation on subit le charme ou le prestige.

Mais il faut reconnaître, en terminant, que le drame de Shakspeare, malgré quelques détails grossiers, est d'une vérité autrement profonde, puisée aux sources de la nature humaine et de la vie, l'âme et les sens. Desdémone, emportée à la fois par la sympathie généreuse et par la passion sans frein, se sauvant de chez son père avec le Maure, n'a certainement pas la décence et la dignité de Zaïre ; mais, en revanche, combien elle est vivante, orageuse, et femme ! Et comme cette faute, qui ouvre le drame, en rend vraisemblable la péripétie, la crédule jalousie du Maure ! comme elle contient en germe le dénouement, et, si cruel qu'il soit, le justifie ! Ainsi, la jalousie d'Othello étant bien mieux expliquée [1], l'intérêt qui s'attache à lui et à sa victime est bien plus poignant. On peut donc dire que, par cela même qu'il y a plus de naturel, il y a plus d'art. Soit rapide instinct du génie qui dérobe le feu du ciel dans un éclair et crée des hommes en se jouant, soit combinaison plus puissante, fruit de méditations plus profondes à la suite de l'observation d'autrui et de soi-même, cet art qui, cachant son secret, nous transporte et nous bouleverse, c'est l'art supérieur, n'en doutons pas.

---

1.   Une épouse si chère
Peut tromper son époux ayant trompé son père.
                                        Ducis, *Othello*.

CINQUIÈME LEÇON

ADÉLAÏDE DU GUESCLIN

LA MORT DE CÉSAR

Voltaire et Shakspéare

Depuis le succès de *Zaïre*, les sujets nationaux n'effrayaient plus Voltaire. Il se mit à bâtir très vite et à écrire très faiblement *Adélaïde du Guesclin*. Il pensait que ce nom cher à la France, avec ceux de Vendôme, de Nemours, de Coucy, ne pouvait manquer d'enlever le public, comme ceux de Saint Louis, de Lusignan, de Châtillon, dans la précédente pièce. Mais des noms ne suffisent point : il eût fallu dans cette nouvelle tragédie une action plus claire et plus forte, et un meilleur style.

Si la prose de Voltaire est excellente, ses vers tragiques sont de moins bon aloi : bourrés de remplissages vulgaires. C'est apparemment à cela que s'appliquent ces paroles de Victor Hugo : « Je range les tragédies de Voltaire parmi les œuvres les plus informes que l'esprit humain ait jamais produites. Si Voltaire n'était pas, à côté de cela, un des plus beaux génies de l'humanité, s'il n'avait pas produit, entre autres grands résultats, le résultat admirable de l'adoucissement des mœurs, il serait au niveau de Campistron. »

Lui en effet qui dans sa prose nette et dépouillée, pareille au bon vin de Bordeaux, ne se laisse que très rarement aller à la déclamation, y tombe à chaque instant dans ses vers tragiques. Là, son style n'est, le plus souvent, « qu'un Auvernat fumeux »[1]. A l'exception de quelques pages dans chaque pièce, l'ensemble de cette versification est au-dessous du médiocre ; cela est bâclé à coups de faux synonymes, d'épithètes oiseuses, de périphrases ridicules et obscures. On a peine à se figurer comment de la même plume a pu sortir une prose si excellente, si précise, si finement colorée, et d'autre part une versification si lâche, si incorrecte, si « informe » effectivement, le mot n'est pas trop fort. On pourrait lui retourner ce qu'il a dit quelque part de Corneille : « Celui qui faisait des vers si sublimes, n'est plus le même en prose[2] ».

---

[1]. Un laquais effronté m'apporte un rouge-bord
D'un Auvernat fumeux qui, mêlé de Lignage,
Se vendait chez Crenet pour vin de l'Hermitage,
Et qui, rouge et vermeil, mais fade et doucereux,
N'avait rien qu'un goût plat et qu'un déboire affreux.
        BOILEAU, *Satire III*, vers 72 *et suivants*.

[2]. Dans les *Commentaires sur Corneille*, à propos de l'Épître dédicatoire de *Cinna* à M. de Montauron.

Quels vers que ceux par lesquels s'ouvre cette
pièce ! — La scène est à Lille, du temps de la guerre
des Anglais contre Charles VII, à l'époque où ceux-ci
d'un côté et la maison de Bourgogne de l'autre lui
disputaient le trône de France.

SCÈNE PREMIÈRE

LE SIRE DE COUCY, ADÉLAÏDE.

COUCY.

Digne sang de Guesclin, vous qu'on voit aujourd'hui
Le charme des Français dont il était l'appui,...

Cette pauvre antithèse est pour nous faire entendre que Bertrand du Guesclin est mort, et qu'il a laissé une fille très belle, Adélaïde, ici présente et à qui l'on parle,

Souffrez qu'en arrivant dans ce séjour d'alarmes...

Traduction : Lille assiégée,

Je dérobe un moment au tumulte des armes...

je vienne causer avec vous entre deux combats...

Écoutez-moi. Voyez *d'un œil mieux éclairci*
Les desseins, la conduite, et le cœur de Coucy ;
Et que votre vertu cesse de méconnaitre
L'âme d'un vrai soldat, digne de vous peut-être.

ADÉLAÏDE.

Je sais quel est Coucy : sa noble intégrité
Sur ses lèvres toujours plaça la vérité...

Voilà les dix premiers vers. Presque tout le reste est à l'avenant [1].

Même dans les pièces plus soignées, *Zaïre, Mahomet, Mérope, Sémiramis*, la versification des tragédies de Voltaire est de cette sorte. Ainsi, dans *Mahomet*, dès la première scène :

Les flambeaux de la haine entre nous allumés
Jamais *des mains du temps* ne seront *consumés*.

Et au cinquième acte, scène IV :

De *ses jours pleins d'appas* détestable ennemi.

Dans *Mérope*, acte II, scène VI :

Mais, malgré tous mes soins, votre lente vengeance
A bien mal secondé ma prompte vigilance.

Déjà, au premier acte de la même pièce, scène II :

Hélas ! que peut pour vous ma triste vigilance ?

Et dans la scène V :

Va, dérobe surtout ta vue à sa fureur.

Ta vue, c'est-à-dire ton aspect, ta personne, toi.

---

1. Voir l'*Appendice II*, à la fin du volume.

Dans *Sémiramis*, acte II, scène première, écoutez ces quatre vers :

> Sémiramis troublée a semblé, quelques jours,
> *Des soins* de son empire abandonner *le cours*;
> Et j'ai tremblé qu'Assur, en ces jours de tristesse,
> *Du palais* effrayé n'accablât *la faiblesse*.

Cela paraît signifier : J'ai tremblé qu'Assur, en ce désarroi, profitant du trouble de la Reine, ne s'emparât du palais et du trône.

Et, dans *Alzire*, acte II, scène VI :

> Hélas! nos citoyens enchaînés en ces lieux
> Servent à cimenter cet asile odieux !

On entend difficilement ce que veut dire ce Péruvien : c'est, je crois, que lui et ses compagnons d'esclavage sont employés à fortifier les murs mêmes de la ville où on les retient captifs.

Revenons à la première scène d'*Adélaïde*. Vendôme dit au sire de Coucy :

> Brave et prudent Coucy, crois-tu qu'Adélaïde
> Dans son cœur amolli partagerait mes feux.[1]?

Aujourd'hui cette phraséologie nous paraît affreuse ; en ce temps-là on croyait, comme Voltaire, que c'était la même langue que celle de Racine. En apparence, à n'y regarder pas de près, c'est quelquefois le même moule ; en réalité, ce n'est qu'un

---

1. Acte II, scène VII.

surmoulage fruste, pareil à ceux des petits gâcheurs piémontais. Certains procédés y sont contrefaits, par exemple l'emploi de ces périphrases abstraites. Mais, si cela rappelle Racine, c'est plus souvent par les défauts que par les qualités.

N'ayant pas dessein de vous arrêter longtemps à cette « faible *Adélaïde* », comme l'appelle Michelet, j'en indiquerai seulement le sujet en quelques mots. La guerre civile a jeté Vendôme et Nemours dans des partis opposés : Nemours est resté fidèle à la France, Vendôme est l'allié de l'Angleterre. Unis malgré ces discordes politiques, les deux frères sont séparés par une rivalité d'amour : l'un et l'autre aiment Adélaïde. Vendôme a eu occasion de lui sauver la vie ; mais la fille de Bertrand du Guesclin, gardant pieusement la mémoire de son père, ne saurait accueillir l'hommage d'un chevalier félon qui combat contre sa patrie : elle repousse donc Vendôme ; elle aime Nemours. De cette donnée, résulte un imbroglio plus ou moins tragique. La jalousie, bouleversant l'âme de Vendôme, fait de ce héros magnanime un fratricide ; il étouffe la voix du sang et ordonne la mort de son frère, rival préféré.

Ce rôle passionné de Vendôme paraît avoir été calqué sur celui de Ladislas dans le *Venceslas* de Rotrou. Le désintéressement généreux de Coucy ressemble aussi infiniment à celui du duc dans la même pièce.

Tout est combiné pour amener deux coups de théâtre, qui ont le tort de venir un peu tard : le premier, au cinquième acte, scène III, lorsque Vendôme, entendant le signal du canon, croit que l'on a exécuté son ordre fratricide ; le second, quand il voit reparaître son frère, sauvé par Coucy, qui a pris sur lui d'enfreindre son ordre, pour lui épargner un crime.

Le fond de la pièce est tiré des annales de Bretagne, les noms seuls sont changés. En 1387, un duc de Bretagne, commanda au seigneur de Bavalan d'assassiner le connétable de Clisson. Bavalan, le lendemain, dit au duc qu'il avait exécuté son ordre : le duc, voyant alors toute l'horreur de son crime, s'abandonna au plus violent désespoir. Bavalan le laissa quelque temps sentir sa faute. Enfin il lui apprit qu'il l'avait aimé assez pour lui désobéir.

« J'avais, dit Voltaire, ajusté cette histoire au théâtre comme j'avais pu, sous des noms supposés. Elle fut sifflée dès le premier acte ; les sifflets redoublèrent au second, quand on vit arriver le duc de Nemours blessé et le bras en écharpe [1]. Ce fut bien pis quand on entendit, au cinquième, le signal que

---

1. Ce bras en écharpe parut manquer à la dignité tragique telle qu'on l'entendait alors. « Il était permis aux héros tragiques de mourir sur le théâtre, mais non pas d'y paraître le bras en écharpe : cela sentait, disait-on, l'Hôpital ou les Invalides. » — Saint-Marc Girardin, *Cours de Littérature dramatique*, tome II. — A rapprocher du *mouchoir* de Desdémone, ci-dessus p. 99, note 2.

le duc de Vendôme avait ordonné (le coup de canon). — Et, lorsqu'à la fin Vendôme dit : « Es-tu content, Coucy ? » plusieurs bons plaisants crièrent : *Couci, couci*. — Vous jugez bien que je ne m'obstinai pas contre cette belle réception. » — Il ajoute qu'il donna, quelques années après, la même tragédie, en l'intitulant *le Duc de Foix*; mais qu'il l'affaiblit beaucoup, « par respect pour le ridicule ». « Cette pièce, devenue plus mauvaise, réussit assez. Et j'oubliai entièrement celle qui valait mieux. »

La vérité est qu'il lui plaît, pour sauver son amour-propre, de présenter ainsi les choses; mais regardons-les un peu. D'abord ce n'est pas seulement « quelques années après », c'est dix-huit ans plus tard, qu'il présente la pièce subrepticement, sous un nouveau titre : *le Duc de Foix*[1]. Ensuite, s'il ne l'a pas rendue plus forte, il l'a cependant modifiée. Et puis, ce qu'il ne dit pas, peut-être faute d'y avoir pris garde, c'est que, dans la première pièce, cet hémistiche « Es-tu content, Coucy ? » est précédé d'un vers prononcé par Vendôme parlant de lui-même et disant, comme une épitaphe :

> Bon Français, meilleur frère, ami, sujet fidèle...

---

1. L'année précédente, 1751, il l'avait déjà fait représenter chez le Roi de Prusse et par les frères du Roi, sous un autre titre : *le Duc d'Alençon*, en trois actes seulement : et les rôles de femmes en avaient été ôtés, Adélaïde elle-même. Cela me rappelle le temps où mes camarades et moi, en pension, nous trouvions moyen de jouer *le Cid* sans Chimène, *le Misanthrope* sans Célimène, et *le Mariage forcé* sans Dorimène.

peut-être que cela commença d'égayer la représentation ; et l'hémistiche qui vient après donna aux bons plaisants dont on parle l'occasion de s'amuser tout à fait, en répondant : *Couci, couci,* — si tant est que le fait soit vrai : car notre auteur est sujet à caution et ne se fait pas faute, nous l'avons vu déjà, d'inventer des histoires. Cette réponse au mot *Es-tu content, Coucy ?* prouverait, en tout cas, que le public l'était médiocrement. Geoffroy, qui n'aime point Voltaire, fait une réplique assez aigre à tout ce petit récit un peu fantaisiste sur les sifflets du premier acte, les sifflets du second, les sifflets ou ricanements du cinquième. « On avait sifflé, dit le critique, ce qui méritait de l'être : la rage et l'infamie de Vendôme; le coup de canon, charlatanisme théâtral, qui depuis a fait la fortune d'un drame de Sedaine; la mauvaise gasconnade, *Es-tu content, Coucy ?* comme si c'était en effet une grande prouesse de ne pas tuer son frère et de ne pas lui ravir sa femme[1] ! »

Voltaire eut beau remanier plusieurs fois cette tragédie, il ne parvint jamais à en faire une bonne pièce. Toujours est-il qu'à la reprise d'*Adélaïde* elle-même, trente et un ans après, en 1765, ni le bras en écharpe, ni le coup de canon, ni *Es-tu content, Coucy ?* n'étonnèrent plus le public. Sur la foi du

---

1. Geoffroy, 20 thermidor, an x.

nom de Voltaire devenu illustre, il applaudit ce qu'il avait sifflé. Il est vrai qu'au bout de trente et un ans ce n'était plus le même public.

Schiller, dans *la Fiancée de Messine*, a représenté, comme l'auteur d'*Adélaïde du Guesclin*, les transports de la jalousie poussés jusqu'au fratricide [1].

II

En 1735, Voltaire fait une tentative nouvelle de tragédie mi-partie classique, mi-partie romantique, dans le genre de *Brutus*. L'influence du théâtre anglais, déjà sensible dans cette pièce, apparaît plus marquée dans *la Mort de César*, drame croisé de romain et d'anglais, traduction et réduction du *Julius Cæsar* de Shakspeare [2]. Il avait été vivement frappé des beautés de ce grand drame, qui cependant lui semblait informe, démesuré. Il en retrancha une bonne partie, oubliant ce qu'il avait dit si bien, d'un grand chêne qu'on ébrancherait pour le façon-

[1]. Voir le rapprochement des deux pièces dans Saint-Marc Girardin, *Cours de Littérature dramatique*, tome II.

[2]. Le *Julius Cæsar* de Shakspeare est de 1602. *Antoine et Cléopâtre*, puis *Coriolan*, ne vinrent qu'ensuite. Le poète anglais tira ces trois pièces de Plutarque, traduit par Amyot et retraduit en anglais par Thomas North.

ner en arbre des jardins de Marly. Il n'en prit que la première moitié. Ainsi plus tard Casimir Delavigne, d'un seul épisode de *Richard III*, fera sa pièce des *Enfants d'Édouard*. Chaque drame de Shakspeare est plus qu'un chêne, c'est une forêt. Voltaire réduisit le *Julius Cæsar* à une tragédie en trois actes, dans laquelle il essaya d'être shakspearien et cornélien tout ensemble, et de renouveler par ce mélange le type romain de convention que Corneille s'était fait d'après Senèque et Lucain, peut-être aussi d'après Balzac [1]. Ayant peint le premier Brutus dans la tragédie qui porte ce nom, il voulut peindre le second dans celle-ci. Dans l'une, le père faisait exécuter ses fils, qui avaient essayé de rétablir les rois ; dans l'autre, le fils tue son père, qui a voulu se faire roi lui-même ; Voltaire adopte la tradition qui fait de Brutus le fils de César : il compte que cela lui fournira des oppositions plus dramatiques. La scène où Brutus apprend de César lui-même qu'il est son fils suit immédiatement celle où il a juré d'être son meurtrier ; ce qui amène une situation nouvelle ; mais cette combinaison, pour être ingénieuse, manque de grandeur. Elle pouvait plaire au Père Porée, au Père Tournemine ; mais c'est un

---

1. Fénelon, dans sa *Lettre à l'Académie* : « Il me semble, dit-il, qu'on a donné souvent aux Romains un discours trop fastueux. Je ne trouve point de proportion entre l'emphase avec laquelle Auguste parle dans la tragédie de *Cinna*, et la modeste simplicité avec laquelle Suétone le dépeint. » — Grimm, dans sa *Correspondance littéraire*, a touché aussi ce point finement.

peu menu ; cela sent sa tragédie de rhétorique. Les Jésuites et leurs élèves sont gens d'esprit, mais n'ont pas le sentiment du grand. Shakspeare y va plus largement, voit et frappe de plus haut, à grands coups de cognée, et ne se perd pas dans ces petites habiletés.

Cette fois, Voltaire croit devoir ne pas dissimuler la source ; un *avertissement* daté de 1736 et qui est censé de l'abbé de la Marre, mais évidemment dicté ou inspiré et revu par Voltaire lui-même, dit ce qui suit : « Il y a près de huit années que plusieurs personnes prièrent l'auteur de *la Henriade* de leur faire connaître le génie et le goût du théâtre anglais. Il traduisit en vers une scène du *Jules César* de Shakspeare, dans laquelle Antoine expose aux yeux du peuple romain le corps sanglant de César. Cette scène anglaise passe pour un des morceaux les plus frappants et les plus pathétiques qu'on ait jamais mis sur aucun théâtre. Le peuple romain, conduit de la haine à la pitié et à la vengeance par la harangue d'Antoine, est un spectacle digne de tous ceux qui aiment véritablement la tragédie. — Les amis de M. de V..... le prièrent de donner une traduction du reste de la pièce. Mais c'était une entreprise impossible [1]. Shakspeare, père de la tragédie anglaise, est aussi le père de la barbarie qui y règne. Son génie sublime, sans culture et sans

1. De nos jours, Auguste Barbier, l'auteur des *Iambes*, a traduit en vers le *Jules César* de Shakspeare.

goût, a fait un chaos du théâtre qu'il a créé[1]. Ses pièces sont des monstres, dans lesquels il y a des parties qui sont des chefs-d'œuvre de la nature. Sa tragédie intitulée *la Mort de César*[2] commence par son triomphe au Capitole, et finit par la mort de Brutus et de Cassius à la bataille de Philippes. On assassine César sur le théâtre. On voit des sénateurs bouffonner avec la lie du peuple. C'est un mélange de ce que le tragique a de plus terrible et de ce que la farce a de plus bas. Je ne fais que répéter ici ce que j'ai souvent ouï dire à celui dont je donne l'ouvrage au public. — Il se détermina, pour satisfaire ses amis, à faire un *Jules César* qui, sans ressembler à celui de Shakspeare, fût pourtant tout entier dans le goût anglais. — On dit que c'est la première pièce (parmi celles qui méritent d'être connues) où l'on n'ait point introduit de femmes... »

Tels sont les principaux traits de l'Avertissement, qui a l'air de dire toute la vérité, mais qui ne dit pas formellement et nettement que Voltaire a fait passer dans sa pièce cette belle scène d'Antoine; « silence d'autant plus significatif que cette scène capitale se

---

1. Assertion très inexacte, de toute façon. Shakspeare est plutôt le démiurge qui est venu faire la lumière et mettre l'ordre dans ce chaos. Voltaire, plus justement dans un autre passage (*Essai sur les Mœurs*, chapitre CLXXIX), dit que Shakspeare dégrossit le théâtre barbare de sa nation. Voir les belles études de M. Alfred Mézières sur *Shakspeare, ses Œuvres, et ses Critiques*. — Paris, Charpentier, 1860.

2. Non ; mais *Julius Cæsar*.

trouve écartée comme à dessein de la traduction en vers blancs que Voltaire donna par la suite. Reste à savoir, pour constituer le plagiat, si Voltaire se comporta de manière à duper son public en lui offrant comme œuvre originale et « pièce de sa façon » ce qui n'était qu'imitation, arrangement, adaptation [1]. » En effet, une trentaine d'années après, en 1764, dans son *Commentaire sur Corneille*, à l'occasion de *Cinna* et sous prétexte de rapprocher la conspiration contre Auguste et la conspiration contre César, il traduit, très perfidement, la pièce de Shakspeare; mais il n'en traduit que le commencement, et s'arrête tout juste avant la grande scène d'Antoine, pour ne pas avoir à la donner telle que Shakspeare l'avait faite, et pour qu'on ne puisse pas la comparer à celle qu'il en a tirée précédemment sans le dire. Conduite analogue à celle qu'il avait tenue à l'égard d'*Othello* à propos de *Zaïre* [2].

Esquissée en Angleterre dès l'année 1726, achevée à Paris en 1731, jouée deux ans après à l'hôtel Sassenage, ensuite en 1735 par les élèves du col-

[1]. H. Blaze de Bury, *Shakspeare et Voltaire*, 15 août 1873, *Revue des Deux Mondes*, très bel article sur ce que l'éminent critique appelle spirituellement l'Histoire des Variations de Voltaire à l'égard de Shakspeare. Aimant l'un, mais adorant l'autre, il n'a pu s'empêcher de venger celui-ci des injures de celui-là, avec une verve étincelante que l'on pourrait nommer la *furia* de la justice.

[2]. Voir ci-dessus, pages 87 à 97.

lège d'Harcourt (aujourd'hui lycée Saint-Louis), et, seulement huit ans plus tard, à la Comédie-Française, cette tragédie y eut peu de succès : sept représentations en tout. Cependant elle fut reprise, de loin en loin. Une tragédie sans personnages de femmes peut être de mise dans un collège ou dans un couvent [1] ; mais elle n'a guère de chance de réussite devant un public parisien.

Outre l'Avertissement dont nous venons de citer quelques lignes, il y a une Préface en date de la même année 1736, où l'auteur dit : « Il est aisé d'apercevoir dans la tragédie de *la Mort de César* le génie et le caractère des écrivains anglais, aussi bien que celui du peuple romain. On y voit cet amour dominant de la liberté, et ces hardiesses, que les auteurs français ont rarement. »

Par dessus cet Avertissement et cette Préface, il y a une *Lettre de M. Algarotti à M. l'abbé Franchini, Envoyé de Florence à Paris, sur la tragédie de Jules César, par M. de Voltaire*, lettre probablement inspirée ou même fournie toute faite comme l'Avertissement attribué à l'abbé de la Marre. « M. de Voltaire, y est-il dit, a imité en quelques endroits Shakspeare, poète anglais, qui a réuni dans la

---

1. En 1748, cette pièce sans femmes fut jouée au couvent des Visitandines de Beaune par les jeunes demoiselles pensionnaires, pour la fête de la Prieure, cousine de madame Du Châtelet. Voltaire, à cette occasion, composa un Prologue en vers, qu'une jeune pensionnaire récita. Il est parmi ses *Poésies* ; il n'offre rien de remarquable.

même pièce les puérilités les plus ridicules et les morceaux les plus sublimes. Il en a fait le même usage que Virgile faisait des ouvrages d'Ennius : il a imité de l'auteur anglais les deux dernières scènes [1], qui sont les plus beaux modèles d'éloquence qu'il y ait au théâtre.

Quum flueret lutulentus, erat quod tollere velles [2]. »

Le dernier trait est un peu fort. Vous savez le mot prêté à Virgile, qui « trouvait parfois de l'or et des perles dans le fumier d'Ennius ». Il ne me paraît guère vraisemblable que Virgile, dont la modestie égalait le génie, ait jamais parlé en ces termes d'un grand poète son devancier ; mais, appliquée de Voltaire à Shakspeare, l'image est singulièrement outrecuidante.

Notre auteur a donc essayé de faire du Shakspeare et du Corneille en même temps. S'il n'a pas le mouvement prodigieux de l'un, ni sa réalité vivante, il a parfois assez bien imité l'élévation et la majesté de l'auteur de *Cinna* ; par exemple, dans ces paroles de Brutus à César :

---

1. Les deux dernières scènes, non de la pièce de Shakspeare, mais de la pièce française dont on parle. Je n'oserais dire que cette ambiguïté soit calculée, mais elle existe.

2. Quand il coulait boueux, on y trouvait à prendre.
HORACE, *Satires*, I IV, 11.

> Oui, que César soit grand, mais que Rome soit libre.
> . . . .
> Qu'importe que son nom commande à l'univers
> Et qu'on l'appelle reine, alors qu'elle est aux fers [1] ?

Et de même dans ce qu'il dit à Cassius pour désapprouver le suicide de Caton, qui avait refusé de s'associer au meurtre de César :

> Si Caton m'avait cru, plus juste en sa furie,
> Sur César expirant il eût perdu la vie.
> Mais il tourna sur soi ses innocentes mains ;
> Sa mort fut inutile au bonheur des humains :
> Faisant tout pour la gloire, il ne fit rien pour Rome.
> Et c'est la seule faute où tomba ce grand homme [2].

Ou bien encore dans ce que dit Brutus, de Cicéron le brillant orateur, le politique faible et mobile :

> Cicéron, qui d'un traître [3] a puni l'insolence,
> Ne sert la liberté que par son éloquence ;
> Hardi dans le Sénat, faible dans le danger,
> Fait pour haranguer Rome, et non pour la venger.
> Laissons à l'orateur qui charme sa patrie
> Le soin de nous louer, quand nous l'aurons servie.

Et la fin de son discours aux conjurés :

> Jurez donc avec moi, jurez sur cette épée,
> Par le sang de Caton, par celui de Pompée,
> Par les mânes sacrés de tous ces vrais Romains
> Qui dans les champs d'Afrique ont fini leurs destins,

---

1. Acte I, scène III.
2. Acte II, scène IV.
3. Catilina.

> Jurez par tous les Dieux vengeurs de la patrie,
> Que César sous vos coups va terminer sa vie [1].

Observons que, dans *Cinna*, la scène de la conjuration n'est qu'en récit : elle s'est passée derrière le théâtre, Cinna vient la raconter à Émilie et lui en redire les discours ; ici, au contraire, la conjuration est sur le théâtre et presque en action ; c'est un progrès par rapport à Corneille. — Mais non par rapport à Shakspeare ; chez lui tout est en action : l'histoire entière se déroule et revit à nos yeux, plus claire qu'elle n'exista ; car les détails oiseux sont élagués, et ceux qui ont une signification sont rassemblés dans le foyer optique du drame.

La scène entre César et Brutus, qui vient ensuite dans la pièce de Voltaire, cette scène que j'annonçais il y a un instant, entre le père et le fils, est d'un assez bel effet, malgré les réserves que nous avons dû faire sur la conception en elle-même [2]. César essaye d'attendrir Brutus, mais vainement, même lorsqu'il lui révèle quels liens du sang les unissent l'un à l'autre. Brutus reste inflexible. « Que me reproches-tu ? lui dit César. Et Brutus lui répond : »

> Ta funeste bonté, qui fait aimer tes fers
> Et qui n'est qu'un appât pour tromper l'univers…

César alors le prend entre ses bras, pour l'émou-

---

1. Acte II, scène IV.

2. M. François Coppée semble l'avoir imitée dans *Severo Torelli*, ou bien s'est rencontré avec Voltaire.

voir, mais sans parvenir à ébranler sa fermeté
farouche :

> Mon fils... Quoi! je te tiens muet entre mes bras!
> La nature t'étonne et ne t'attendrit pas !
>
> BRUTUS
>
> O sort épouvantable et qui me désespère !
> O serments! ô patrie ! ô Rome toujours chère !...
> Etc.

Assurément la scène est faite avec art. Cependant,
encore une fois, elle est plus ingénieuse que vraiment grande. Villemain a raison d'affirmer que cette
conception rétrécit le drame. Comparant la pièce de
Voltaire à celle de Shakspeare, il trouve chez le poète
anglais bien plus de vérité et de naturel. « Le
drame de Shakspeare, conçu avec une liberté sans
limites, fait admirablement comprendre les causes
— et l'inutilité — du meurtre de César. Ces plé-
béiens oisifs, de la première scène, nous préparent
à ce peuple de Rome entraîné par Antoine après
avoir applaudi Brutus, et plus touché du testament
de César que de la liberté. Depuis le jeune esclave
réveillé de son paisible sommeil par les insomnies de
Brutus, jusqu'au poète Cinna massacré dans la rue
pour une ressemblance de nom, chaque incident,
chaque personnage, est un trait de la vie humaine
dans les révolutions. Le costume, le langage antique,
est souvent altéré, par ignorance ; mais la nature,
toujours devinée. — Voltaire fait autrement : il

transforme l'histoire, il invente au delà : ce vague soupçon que Brutus était fils de César devient le nœud même et l'intérêt dominant de son drame ; la grande lutte du Sénat contre l'Empire se cache dans un parricide [1]. »

A tout prendre, sa tragédie n'est qu'un bel assaut de discours. Les vers sont plus fermes et plus serrés que ceux de la plupart de ses autres pièces, excepté l'*OEdipe*. Historiquement, le sujet est à peine effleuré. « C'est une sorte de dialogue théâtral entre deux entêtés, finissant par un coup de poignard, qui d'ailleurs ne résout rien [2]. »

L'auteur a cru, sans doute, donner à son œuvre un caractère de majesté sévère en n'y mettant aucun personnage de femme. Shakspeare n'a pas craint, lui, de mettre dans sa vaste fresque une ou deux femmes : et justement celles des deux adversaires. Celle de Brutus, Portia, digne d'un tel mari, et vraie fille de Caton, est une noble et délicate figure, qui certes n'ôte rien à la sévérité du drame historique en ses parties les plus hautes. L'autre, femme d'un ambitieux corrompu, est ce qu'elle doit être, et fait contraste, comme il convient.

La plèbe romaine est mise en mouvement par le grand Will, auteur, acteur et chef de troupe, avec

---

[1]. XVIII° *siècle*, 9° leçon. Voir sur cette leçon telle que Villemain la prononça, les pages étincelantes de M. Legouvé, *Soixante ans de souvenirs*, 1re partie, p. 117 à 120. — Paris, Hetzel, 1883.

[2]. H. Blaze de Bury, *op. laud.*

une puissance aisée. C'est le *mob* anglais, saisi sur le vif, en ses flux et reflux tempétueux. Je ne connais que Meyerbeer, après Shakspeare, qui sache remuer ainsi les masses sur la scène et donner l'impression vraie des passions populaires ou des fanatismes collectifs. Shakspeare y sait ajouter les emportements contradictoires, puérils et tragiques en même temps. Comme ce prodigieux discours d'Antoine aux citoyens les fait passer habilement de la haine à la commisération, et les retourne par degrés! Voltaire, quelque frappé qu'il fût de ce discours, l'a affaibli en l'émondant, et en a figé la sève. De même il a réduit à presque rien les interruptions et les répliques du peuple, si vivantes dans l'auteur anglais, si passionnées, si mobiles d'un extrême à l'autre.

Mais surtout, dans la pièce telle que Voltaire l'a étriquée, ce discours d'Antoine a le tort de se trouver hors du cadre de l'action, et d'arriver quand la pièce est finie. Ce n'est plus qu'un beau hors-d'œuvre. Au contraire dans le drame de Shakspeare, qui se déploie sans être gêné par rien, cet épisode se trouve au milieu même du sujet, qui n'est pas seulement la mort de César, mais aussi la mort de la Liberté. « Combien plus originale dans Shakspeare, cette hypocrite modération de l'orateur, qui fait éclater des cris de mort sans en proférer aucun, et qui précipite ce peuple qu'elle a l'air de retenir! Voltaire n'a donc pas corrigé Shakspeare, comme on le disait; peut-être même, dans l'impatience de son goût délicat et moqueur, n'en a-t-il pas senti toutes les beautés ; du moins ne les a-t-il pas reproduites. — Toutefois cette étude fortifia son génie.[1] »

L'abbé Desfontaines, à propos de cette pièce, attaqua à la fois Voltaire et Shakspeare. Voltaire, qui voulait d'abord le ménager plutôt que l'exciter, lui répondit indirectement dans une lettre adressée à l'abbé Asselin, ami de Desfontaines. Un rapprochement se fit par les soins d'Asselin entre le poète attaqué et le critique, qui dans le passé lui avait été favorable. Desfontaines consentit à quelques atténuations de ce qu'il avait publié ; et Voltaire aussitôt lui écrivit, par manière d'explication : « Ma tragédie est étrangère à notre théâtre... La dernière scène et quelques morceaux traduits mot pour mot de Shakspeare ouvrent une assez large carrière à votre goût... La France n'est pas le seul pays où l'on fasse des tragédies... Notre théâtre est vide d'action et de grands intérêts... Si vous aviez vu la scène de Shakspeare, telle que je l'ai vue, et telle que je l'ai à peu près traduite, nos déclarations d'amour et nos confidents vous paraîtraient de pauvres choses auprès. »

Voltaire, malgré toutes ses restrictions, admirait sincèrement Shakspeare. En même temps que son humeur s'était d'abord assombrie dans les brumes

---

1. Villemain, XVIIIᵉ *siècle*, 9ᵉ leçon.

du ciel de l'Angleterre, son esprit avait été ébloui de l'intensité de pensée de cette race anglo-saxonne : double impression qui avait éclaté en antithèse dans ces vers pleins d'enthousiasme :

> Le soleil des Anglais, c'est le feu du génie !
> C'est l'amour de la gloire et de l'humanité,
> Celui de la patrie et de la liberté !
>
> . . . .
> . . . .
>
> Le feu que Prométhée au ciel avait surpris
> N'est point dans les climats, il est dans les esprits !
> Le Nord n'en éteint point les flammes immortelles... [1].

Cette seconde éducation de Voltaire, chez les Anglais, l'avait lancé bien au delà de sa première éducation chez les Jésuites, et rendu demi-romantique, autant que sa nature propre et le goût français de ce temps le permettaient. Desfontaines, au contraire, quoiqu'il sût un peu l'anglais, était réfractaire à un génie si différent du nôtre. Voltaire le scandalisait lorsqu'il cherchait à introduire sur notre théâtre un peu de ce génie exotique, et qu'il frayait la voie à des innovations plus hardies et plus téméraires encore. Stendhal a bien senti cela quand il a dit : « Voltaire a été combattu par les Fréron et les Desfontaines comme étant romantique. Et voyez la rapidité de notre victoire : aujourd'hui, nous citons Voltaire en exemple du genre classique [2]. »

---

1. *Poésies diverses.*
2. *Racine et Shakspeare.*

Tout, en effet, a tellement marché, que Voltaire, qui dépassait son siècle, a été vite dépassé par le nôtre. Singulière vicissitude : Voltaire n'est aujourd'hui qu'un faux classique, et n'est pas un vrai romantique.

Mais, si ses tragédies ont beaucoup baissé dans l'opinion de notre temps, ne perdons pas de vue que c'est, comme le dit Stendhal, en raison même de sa victoire, et parce que la révolution dramatique qu'il avait commencée s'est achevée. Nous devons donc sans cesse, si nous voulons être équitables, faire effort d'imagination pour nous replacer en arrière de notre siècle et de ce que nous avons vu accomplir ou tenter par les poètes dramatiques de nos jours. Plus nous continuerons à étudier dans cet esprit le théâtre du poète philosophe, plus nous serons obligés de reconnaître qu'il a contribué à préparer la révolution littéraire aussi bien que la révolution politique et sociale.

SIXIÈME LEÇON

ALZIRE, OU LES AMÉRICAINS

Alzire, aïeule d'Atala.

Voltaire, toujours désireux de varier ses sujets et ses cadres, traversa l'Atlantique. La conquête du Nouveau Monde lui inspira *Alzire, ou les Américains*.

Les premières lignes de La Harpe sur cette pièce sont curieuses, comme spécimen du goût d'une époque où, à propos de tout, on croyait devoir faire de l'éloquence : « Le talent de Voltaire, dit-il, prenait de jour en jour un essor plus élevé et plus hardi. Il voulait conduire Melpomène dans des routes qu'elle n'eût pas encore fréquentées; et ce fut lui qui, le premier parmi nous, lui ouvrit le Nouveau Monde. L'Amérique offrait à la cupidité les sources de l'or; elles furent pour lui celles de la gloire. Le Potose devint le théâtre des conquêtes du génie. Mais, bien différentes de celles de l'ambition, qui n'y avaient porté que le ravage, les siennes en furent une espèce d'expiation. Elles furent un hommage solennel aux droits de l'humanité, que les premières avaient si cruellement outragés... »

Quel pathos, pour dire que Voltaire le premier introduisait sur la scène un sujet de pièce américain ! — Le premier ? Non ; pas tout à fait. Un certain Ferrier avait fait jouer, en 1702, une tragédie de *Montézume*, qui n'avait pas eu de succès et qui ne fut pas imprimée. A la vérité, cela ne compte guère. Voilà pour les pièces de théâtre. Mais l'auteur de *Manon Lescaut* avait placé dans les déserts de l'Amérique les dernières scènes de son roman. Or, *Alzire* est de 1736, *Manon* est de 1732.

C'est de la mort de Manon et de la tragédie d'*Alzire* que part toute une veine nouvelle de notre littérature moderne. L'auteur d'*Atala* imitera, dans les funérailles de son héroïne, celles de Manon, et, croyant peut-être les surpasser en forçant la couleur, restera infiniment au-dessous pour la justesse et l'émotion vraie.

Alzire, comme *Zaïre* et comme *Tancrède*, est déjà en quelque sorte un drame romantique ; mais chacune de ces trois pièces est, à coup sûr, une tragédie romanesque. C'est le genre dominant, le type habituel, de notre auteur. Ainsi qu'il le dit lui-même dans l'Épître dédicatoire à madame Du Châtelet, « *Alzire* n'est qu'un roman mis en action et en vers ».

Le coloris chrétien de *Zaïre* ayant réussi, le poète donna la même teinte à *Alzire*, se proposant, dit-il avec plus ou moins de sincérité, « de faire voir combien le véritable esprit de Religion l'emporte sur les vertus de la Nature... La Religion du chrétien véritable est de regarder tous les hommes comme ses frères, de leur faire du bien et de leur pardonner le mal. Tel est Guzman au moment de sa mort, tel Alvarez dans le cours de sa vie. »

L'auteur du *Génie du Christianisme*, cherchant de côté et d'autre des illustrations à sa thèse, admire tant qu'il peut le caractère de Guzman. Ayant fait de l'Iphigénie de Racine le type de « la fille chrétienne », il lui faut un pendant, « le fils chrétien ». Faute de mieux, il prend Guzman, qui, selon lui, « est un jeune homme passionné dont la Religion combat et subjugue les penchants »[1]. Assertion en l'air, à peine fondée sur la première

---

[1] *Subjuguer des penchants!* On serait tenté de croire que ces détails d'analyse littéraire et morale écrits avec tant de négligence, sont des notes fournies à l'auteur du *Génie du Christianisme* soit par madame de Beaumont, soit par quelque autre personne dévouée recueillant pour lui des matériaux qu'il n'aurait même pas pris la peine de revoir. Une telle incohérence d'images peut-elle être de la plume de Chateaubriand ?

scène de la pièce et sur la première du quatrième acte, qui ne prouvent guère en ce sens, mais spécieusement sur les quatre fameux vers du dénouement :

> Des Dieux que nous servons connais la différence :
> Les tiens t'ont commandé le meurtre et la vengeance ;
> Et le mien, quand ton bras vient de m'assassiner,
> M'ordonne de te plaindre et de te pardonner.

Paroles prises de François de Guise, et dont, avant Voltaire, un autre poète, l'Anglais Rowe, dans sa tragédie de *Tamerlan*, avait déjà fait usage. Ces beaux vers, dans un dernier acte d'ailleurs très touchant, contribuèrent fort au succès.

La pièce a des intentions de couleur locale, quelquefois bien singulièrement réalisées. La scène est au Pérou, « dans la ville de *Los Reyes* ; autrement dit *Lima* ». Le poète veut nous peindre une Péruvienne, son héroïne, et nous la décrit ainsi, au physique et au moral :

> La grossière Nature, en formant ses appas,
> Lui laisse un cœur sauvage et fait pour ces climats [1].

On est un peu surpris ensuite quand cette sauvagesse, qui à la vérité est du sang des rois péruviens, s'exprime comme une demoiselle de Saint-Cyr ayant appris par cœur *Polyeucte* et *Bérénice*. Il est vrai encore que son père et elle se sont laissé convertir à la Foi chrétienne..

---

1. Acte. I, scène VI.

> Pour le vrai Dieu, Montèze a quitté ses faux dieux.
> Lui-même de sa fille a dessillé les yeux.
> De tout ce Nouveau Monde Alzire est le modèle...

Le père, plus politique que patriote, veut la forcer de fléchir sa fierté devant les vainqueurs et d'épouser don Guzman, gouverneur espagnol du Pérou. Il l'avait pourtant promise à un autre; mais, comme on croit que ce fiancé a été tué dans un combat, il pense que sa parole est dégagée. Alzire, malgré les volontés d'un père, entend demeurer fidèle à ce mort. Le gouverneur, mal accueilli, lui en fait un reproche galant, qui se termine par ce vers :

> Et ce cœur est jaloux des pleurs que vous versez.

Alzire lui répond, non moins galamment :

> Ayez moins de colère et moins de jalousie.
> Un rival au tombeau doit causer peu d'envie.
> Je l'aimai, je l'avoue, et tel fut mon devoir :
> De ce monde opprimé Zamore était l'espoir ;
> Sa foi me fut promise, il eut pour moi des charmes,
> Il m'aima : son trépas me coûte encor des larmes.
> Vous, loin d'oser ici condamner ma douleur,
> Jugez de ma constance et connaissez mon cœur ;
> Et, quittant avec moi cette fierté cruelle,
> Méritez, s'il se peut, un cœur aussi fidèle. [1]

Nous trouvons, nous, que don Guzman n'est pas si cruel, ni si fier ; et que, si Alzire a « un cœur sauvage », ses discours ne le sont point trop. La couleur locale, pour être dans l'intention du poète,

---

1. Acte I, scène

ne se trouve guère dans les expressions de son héroïne, ni dans le style des autres personnages. Le Péruvien Zamore, le héros bien-aimé, qui n'a point péri comme on le croyait, et qui a été seulement fait prisonnier, s'exprime en périodes oratoires ; il dit à ses compagnons de captivité :

> Illustres compagnons de mon funeste sort,
> N'obtiendrons-nous jamais la vengeance ou la mort...?

Tout en voulant faire du nouveau, le poète a la mémoire pleine de Corneille et de Racine, et se laisse aller aux réminiscences. Ainsi, Alzire, que l'on a contrainte à la fin d'épouser Guzman, voyant reparaître Zamore, qu'elle n'a jamais cessé d'aimer, se trouve dans la même situation que Pauline à l'égard de Sévère, et d'autre part se livre à des antithèses qui rappellent les stances du Cid :

> Zamore, tu m'es cher, je t'aime, je le doi ;
> Mais, après mes serments, je ne puis être à toi !
> Toi, Guzman, dont je suis l'épouse et la victime,
> Je ne puis être à toi, cruel, après ton crime.
> Qui des deux osera se venger aujourd'hui ?
> Qui percera ce cœur que l'on arrache à lui ? —
> Toujours infortunée, et toujours criminelle,
> Perfide envers Zamore, à Guzman infidèle,
> Qui me délivrera, par un trépas heureux,
> De la nécessité de vous trahir tous deux [1] ?

C'est le même thème oratoire que celui de Rodrigue :

1. Acte III, scène v.

> Des deux côtés mon mal est infini,
> O Dieu ! l'étrange peine !

Mais ces *concetti*, déjà un peu étranges dans la bouche d'un héros castillan du xie siècle, ne le sont-ils pas encore plus sur les lèvres d'une Péruvienne demi-sauvage? Ici, d'ailleurs, tout est bien plus factice et bien plus artificiellement balancé. Et l'imitation, tirée de force, est une circonstance aggravante.

La pièce tout entière est plus brillante que solide, peu fondée en raison : imbroglio très faiblement noué. On dirait que l'action flotte dans le vague des périphrases. La fin du quatrième acte est une espèce d'escamotage. Mais, malgré tant de défauts, la pièce avait pour elle ce qu'on appelle la beauté du diable : elle éblouissait.

Zamore propose à Alzire de fuir avec lui [1] :

> Mais oses-tu me suivre ?
> Sans trône, sans secours, au comble du malheur,
> Je n'ai plus à t'offrir qu'un désert et mon cœur.
> Autrefois à tes pieds j'ai mis un diadème...

ALZIRE

> Ah ! qu'était-il sans toi ? Qu'ai-je aimé que toi-même ?
> Et qu'est-ce auprès de toi que ce vil univers ?
> Mon âme va te suivre au fond de tes déserts [2]...

Son âme, rien de plus. Car, bien que mariée

---

1. Comme Hernani à doña Sol.
2. Acte IV, scène iv.

contre son gré, Alzire est une personne bien élevée, qui demeurera fidèle au devoir.

> Je vais seule en ces lieux où l'horreur me consume
> Languir dans les regrets, sécher dans l'amertume,
> Mourir dans le remords d'avoir trahi ma foi,
> D'être au pouvoir d'un autre et de brûler pour toi !
> Pars, emporte avec toi mon bonheur et ma vie ;
> Laisse-moi les horreurs du devoir qui me lie :
> J'ai mon amant ensemble et ma gloire à sauver ;
> Tous deux me sont sacrés, je les veux conserver.

En vain cet amant lui remontre que ce n'est pas aux Dieux de ses pères, aux Divinités péruviennes, qu'elle a fait la promesse d'appartenir à don Guzman ; Alzire répond avec noblesse :

> J'ai promis, il suffit : il n'importe à quel Dieu.

Sans vouloir déprécier les quatre vers que nous avons cités sur le pardon des injures, on peut dire que celui-ci les égale pour le moins en délicatesse morale.

De même que, dans *Zaïre*, les mœurs et les vertus chrétiennes faisaient contraste aux mœurs et vertus musulmanes, celles-ci étant presque mises en balance avec celles-là [1], de même ici la vertu chrétienne fait antithèse à la vertu naturelle, et le poète philosophe, quoi qu'il en dise dans son Épître

---

1. Orosmane, acte I, scène IV :

Chrétien, je suis content de ton noble courage ;
Mais ton orgueil ici serait il flatté
D'effacer Orosmane en générosité ?...
    Etc.

dédicatoire, les tient en équilibre ou à peu près. Disons, si vous voulez, que, la Péruvienne étant devenue chrétienne (aïeule d'Atala), sa vertu naturelle et sauvageonne semble ainsi s'être comme achevée et rendue plus parfaite aux yeux d'un public français. C'est une des habiletés poétiques de Voltaire. Qu'après cela il convienne à l'auteur du *Génie du Christianisme* de prendre au mot l'Épître dédicatoire, il y a apparence cependant qu'ici comme dans *Zaïre*, si Voltaire s'est teint des couleurs chrétiennes, c'était surtout par mœurs oratoires et dramatiques. Ailleurs il est chrétien plus réellement[1].

Ici, comme dans *OEdipe* et dans *Zaïre*, il a su mettre de quoi contenter tout le monde, les chrétiens et les philosophes. Ceux-ci pouvaient se plaire à la tirade d'Alzire pour le suicide :

O Ciel, anéantis ma fatale existence...
Quoi ! ce Dieu que je sers me laisse sans secours !
Il défend à mes mains d'attenter sur mes jours !
Ah ! j'ai quitté des Dieux dont la bonté facile
Me permettait la mort, la mort, mon seul asile !
Eh ! quel crime est-ce donc, devant ce Dieu jaloux,
De hâter un moment qu'il nous prépare à tous ?
Quoi ! du calice amer d'un malheur si durable
Faut-il boire à longs traits la lie insupportable ?
Ce corps vil et mortel est-il donc si sacré,
Que l'esprit qui le meut ne le quitte à son gré[2] ?

1. Voir ci-dessus, pages 31 et 32.
2. L'auteur, dans l'édition de 1736, avait mis à ces vers la note suivante, qu'il supprima dès 1738 : « Cette plainte et ce

Chateaubriand ne veut pas voir cette balance. Écartant et dissimulant tout ce qui contrarie son entreprise, il supprime dans l'analyse d'*Alzire*, comme dans celle de l'*Iphigénie* d'Euripide, l'un des deux côtés du sujet, celui qui gêne et ruine sa thèse. Il trouve en somme que cette pièce d'*Alzire*, « malgré le peu de vraisemblance des mœurs, est une tragédie fort attachante. On y plane, dit-il, au milieu de ces régions de la morale chrétienne, qui, s'élevant au-dessus de la morale vulgaire, est d'elle-même une divine poésie. [1] »

Comme on sent que ce virtuose fait des fioritures, n'importe lesquelles, sur son thème, et enfile des phrases, en guise de pensées ! Voltaire fait du christianisme poétique ; mais Chateaubriand, du christianisme politique. Littérairement, toutefois, le romanesque hybride de la pièce de Voltaire laissera dans son esprit une vive impression. Lorsqu'il se sauvera en Amérique pour fuir la Révolution, à la recherche non comme il le prétend d'un passage au pôle nord, mais d'impressions poétiques et d'effets littéraires, il retrouvera dans sa mémoire la fille du chef sauvage, amoureuse du prisonnier, lui donnant les moyens de fuir, et enfin se laissant convertir à la religion de celui qu'elle aime. Bref,

---

doute sont dans la bouche d'une chrétienne nouvelle. » — On peut rapprocher de cette tirade les vers analogues qu'on lit dans *l'Orphelin de la Chine*, acte V, scène v. Voir plus loin page 261.

1. Chap. IV.

Alzire et Zamore, baptisés de noms nouveaux, deviendront Atala et Chactas, et ne seront pas moins artificiels.

Il est facile de louer cette tragédie dans une certaine mesure ; il est plus facile encore de la critiquer. Geoffroy ne s'en est pas fait faute, et la résume ridiculement : « Un Sauvage péruvien, errant dans les bois, vient chercher sa maîtresse près de la ville des Espagnols ; » on le fait prisonnier. « Délivré par grâce, il apprend que sa maîtresse est mariée au gouverneur. » Là-dessus, il se laisse emporter par la colère : on le remet en prison. « La femme du gouverneur procure la liberté à ce prisonnier, qui est son amant ; il s'en sert pour assassiner le mari. Et, ce qui est le comble du merveilleux, le mari assassiné pardonne pieusement à l'assassin, et, quoique Espagnol, lui cède sa femme. »

Cette sorte de miracle, auquel le poète donne pour principe la charité chrétienne, aurait dû incliner le critique à l'indulgence. Mais point du tout. Il conclut que « c'est un amas de folies plus comiques que tragiques ; qu'il fallait que Voltaire fût sorcier pour faire admirer cela ; que sa magie était dans son style ; mais bien plus dans la disposition des spectateurs, blasés sur le bon sens et avides d'idées nouvelles. Cette opposition des mœurs sauvages avec celles des peuples civilisés paraissait alors piquante,

— quoiqu'on l'eût déjà présentée, bien plus heureusement, dans une farce intitulée : *Arlequin sauvage* ».

On pourrait croire d'après ces paroles que le drame de Voltaire avait quelque ressemblance avec *Arlequin sauvage*. Il n'en est rien [1].

En admettant que Voltaire ait connu cette petite pièce et s'en soit souvenu, ce ne serait que dans le joli conte en prose intitulé *le Huron ou l'Ingénu* qu'on pourrait en trouver quelque réminiscence.

Pour conclure, il y a dans *Alzire* une certaine nouveauté, mi-partie romanesque, mi-partie dramatique, du brillant et du mouvement, et une sorte de prestige ; un assez grand nombre de vers à effet, étant admis le style théâtral du temps ; mais un nombre plus grand encore d'assez mauvais, même pour l'époque. La pièce, à tout prendre, est endiablée, comme un drame d'Alexandre Dumas. Au émoignage de M. H. Blaze de Bury, *Alzire*, en Allemagne, passe pour la plus complète des créations théâtrales de Voltaire.

La même année que ses *Américains*, il fit jouer une comédie en cinq actes, en vers de dix syllabes, *l'Enfant prodigue* ; et, publiant cette pièce deux ans après, y mit une Préface, où nous rencontrerons la théorie romantique. Nous la rapprocherons d'un passage de la Préface de *Cromwell*. Ce sera dans une leçon spécialement consacrée aux comédies.

---

1. Voir *l'Appendice III* à la fin du volume.

SEPTIÈME LEÇON

LE FANATISME
OU MAHOMET LE PROPHÈTE

Après *Alzire* et avant *Mahomet*, Voltaire donna la tragédie de *Zulime* et l'opéra de *Pandore*, — dont je ne dirai que deux mots.

Zulime est aussi un roman en vers et en dialogue. Sujet tiré de l'histoire des Maures. Est-ce encore le Maure de Venise qui a conduit de ce côté l'imagination du poète ?

Zulime, fille d'un chef africain, — on ne dit pas si elle est négresse [1], — s'est enamourée d'un

---

[1]. L'auteur cependant, parlant de ce projet de pièce, dit : « Le trait est noir ! »

prisonnier espagnol, qu'elle enlève. Elle ignore qu'il en aime une autre, avec laquelle il est uni. Lui, se laisse faire volontiers : il s'agit de la liberté, et peut-être de la vie. Mais, échappé à ce péril, il se hâte d'échapper aussi à l'Africaine, et à la bigamie. Zulime abandonnée se tue. Et son mot de la fin est le meilleur. Arrachant le poignard à sa rivale, elle s'écrie :

C'est à moi de mourir, puisque c'est toi qu'on aime !

Mais cela n'empêche pas le cinquième acte d'être froid, de l'aveu même de l'auteur : « Froid cinquième acte, vous dis-je [1]. » *Zulime*, qu'il appela aussi *Fanime*, est à peu près le sujet de *Bajazet*, continué par celui d'*Ariane*, avec répétition du prisonnier d'*Alzire*, rappelant les aventures réelles de Cervantes et celles de Regnard ; le tout extrêmement faible, et sans intérêt.

Quant à l'opéra de *Pandore*, c'est au fond à peu près le même sujet que celui de Pygmalion et Galatée. Prométhée a formé Pandore, et l'aime et ne peut en être aimé :

Quoi! ai formé ton cœur, et tu n'es pas sensible [2]!

---

1. Lettre à d'Argental, 15 juin 1761.
2. Acte I, scène I.

Au deuxième acte, quand le rideau se lève, « Pandore inanimée est sur une estrade »... A la fin, la statue s'anime, — pour le malheur de Prométhée, et pour le nôtre : car elle ouvre la boîte fatale, et le genre humain est perdu. — C'est le pendant de la légende d'Adam et Ève. Aussi Voltaire, en plaisantant, appelait-il sa pièce *le Péché originel*.

I

Nous arrivons à *Mahomet*.

La liste des personnages est curieuse, singulièrement bariolée :

MAHOMET.
ZOPIRE, sheik ou *shérif* de la Mecque

Bizarre dénomination : on dirait qu'on a sous les yeux une adaptation d'une pièce anglaise.

OMAR, lieutenant de Mahomet.
SÉIDE,
PALMYRE, } esclaves de Mahomet.
PHANOR, *sénateur* de la Mecque.

TROUPE DE MECQUOIS.
TROUPE DE MUSULMANS.

La scène est à la Mecque.

Quel assemblage de titres étranges ! ce *shérif* de la Mecque, et du Sénat, comme il se nomme lui-même à la scène IV, lorsqu'il dit à Omar :

> Tu veux que du Sénat le shérif infidèle
> Encense un imposteur et couronne un rebelle !...

Puis ce *sénateur*, — « du sénat d'Ismaël » comme on le dit plus loin. Quel mélange de dénominations hétéroclites !

Si le lieu général de la scène est la Mecque, le lieu particulier change plusieurs fois, mais sans qu'on en soit averti autrement que par le texte même. Au premier acte, ce doit être un vestibule quelconque, à la mode classique, mais apparemment un vestibule oriental ; c'est bien le moins. Au second, il faut absolument que ce soit la prison où est enfermée Palmyre, puisqu'au lever du rideau elle dit à Séide :

> Dans ma prison cruelle est-ce un dieu qui te guide ?
> Mes maux sont-ils finis ? te revois-je, Séide ?...

Et cependant, lorsque Mahomet fait son entrée à la scène III du même acte, ce ne doit pas être dans la prison : nous voici donc revenus au vestibule, — à moins d'admettre, chose peu vraisemblable, que la prison elle-même ne fût autre que ce vestibule banal, tenant lieu des diverses parties d'un palais, et de la Mecque tout entière. — Voltaire abandonne donc les unités, après les avoir si obstinément défendues.

Mahomet fut, pendant un siècle, une des pièces les plus admirées ; aujourd'hui il est bien passé de mode.

Ce n'est pas seulement parce que l'auteur a faussé étrangement l'histoire, c'est que son héros n'est guère plus vrai humainement qu'historiquement [1].

Le poète se faisait de grandes illusions sur son œuvre. Au moment où elle était sur le métier, il se préoccupait de savoir « comment une pièce d'un genre si nouveau et si hasardé réussirait auprès de nos galants Français ». Il écrivait à Cideville : « Heureux celui qui trouve une veine nouvelle dans cette mine du théâtre, si longtemps fouillée et retournée ! Je ne vous ai point envoyé *Zulime* ; je crois pouvoir mieux faire, et qu'en effet *Mahomet* vaut mieux. » — « Il est tout neuf, » écrit-il d'autre part à d'Argental.

Il n'est, en effet, que trop neuf, ce Mahomet, ce chef de l'Islam, représenté purement et simplement comme un imposteur effronté. Avec cela, très maladroit : il se pose lui-même en faux prophète. Un oracle ayant promis l'empire du monde à l'envoyé d'en-haut qui pénétrera dans la Mecque sans coup férir, Mahomet dit qu'il veut tirer parti de cette superstition :

Je viens mettre à profit les erreurs de la terre.

Qu'il fasse une telle confidence à son lieutenant, passe encore, quoique cela déjà ne soit pas d'un politique ; mais il la fait aussi à son ennemi déclaré,

---

[1]. Voir, sur le Mahomet réel, le livre de M. Barthélemy Saint-Hilaire, *Mahomet et le Coran*, 1865. — Et Edmond Scherer, *Études sur la Littérature contemporaine*, 3ᵉ série ; où il presse en un bel article les trois volumes de Sprenger.

Zopire, vieux patriote, qui, voyant poindre dès la jeunesse sa criminelle ambition, le fit bannir. Voilà l'homme qu'il choisit pour lui confesser toute sa fausseté.

Il veut le gagner, direz-vous ? — Mais comment le gagnera-t-il en l'indignant? Il commence par faire à Zopire un petit cours d'histoire universelle, sur le thème *Humanum paucis vivit genus* ; autrement dit : « C'est pour les hommes providentiels que le genre humain tout entier est fait [1] »; et prétend, par ces considérations, l'amener à la conclusion suivante :

> Il faut un nouveau Dieu pour l'aveugle univers.

Son dessein est donc d'abolir tous les dieux antérieurs et de se mettre à leur place.

Mais de quel droit? répond, un peu naïvement, le vertueux Zopire. Et Mahomet de répliquer avec emphase :

> Du droit qu'un esprit vaste et ferme en ses desseins
> A sur l'esprit grossier des vulgaires humains.

Ce profond politique propose donc à un homme dont il a éprouvé à ses dépens l'honnêteté et la clairvoyance, de prêter les mains à son entreprise d'usurpation politique et religieuse, de l'aider à abuser les peuples :

> Il faut m'aider à tromper l'univers.

Quel prophète a jamais parlé ainsi? — excepté

---

[1] « Le peuple, aveugle et faible, est né pour les grands hommes, » dit Omar, qui est son écho. — Acte I, scène IV.

le Prophète de Scribe dans l'opéra qui porte ce titre ; mais c'est que l'étroite conception de Scribe procède précisément de cette pièce de Voltaire.

Les prophètes peuvent tromper le monde; mais ils se trompent eux-mêmes tout les premiers. Ceux qui se trouvent avoir fondé des religions ne savaient pas qu'ils les fondaient, et sont morts sans l'avoir su, à peu près de même que Christophe Colomb mourut sans se douter qu'il avait trouvé l'Amérique, et sans y avoir jamais songé. S'ils pouvaient revenir au monde longtemps après, ils seraient quelquefois bien étonnés de tout ce qu'on a mis sous leur nom. Les religions, comme les épopées, se font toutes seules dans l'imagination des hommes : ceux qui créent les mythes ne se doutent guère plus de ce qu'ils font, que les madrépores et les coraux construisant incessamment sous l'Océan Pacifique les continents futurs. Les génies religieux sont réellement presque aussi inconscients que les foules dont ils ont reçu d'abord les vagues effluves, les suggestions indéterminées, — qu'ils leur renvoient à leur tour répercutées et grossies. Leur imagination frappée n'a de puissance que par leur sincérité ; c'est leur émotion qui est contagieuse et qui se communique. — Voltaire n'avait point l'esprit ouvert de ce côté. Mahomet tel qu'il le conçoit et le présente dans sa pièce, « c'est, dit-il, Tartuffe les armes à la main ». — Mais, répond très bien Géruzez, « Tartuffe ne se bat point; Tartuffe ne fonde pas de religion ; il se sert de celle qu'il trouve établie ; il y fonde son industrie et ses bénéfices ; il se garde bien des entreprises qui demandent du dévouement et qui exposent à des sacrifices. Mahomet, tel que le peint Voltaire, loin de convaincre et de conquérir la moitié du monde, n'aurait pas entraîné à sa suite un seul chamelier, ni dominé la moindre des bourgades de l'Asie [1]. »

Voltaire, qui eut de grandes parties de l'historien dans *Charles XII* et dans l'*Essai sur les Mœurs*, n'était point doué du sens des choses religieuses et des imaginations populaires. Cet enfant de Paris, l'esprit fait comme il l'avait, ne pouvait pas plus croire aux hallucinations sincères de Mahomet, conducteur de chameaux, conversant avec l'ange Gabriel, qu'à celles de Jeanne d'Arc, la bergère, écoutant les voix célestes de Sainte Claire et de Sainte Marguerite. Pour lui comme pour tous les philosophes de son temps (excepté peut-être Rousseau) tout fondateur de religion était un fourbe. Point de vue étroit et faux. La fourberie n'a jamais rien fondé ; et, quand elle s'introduit dans une religion établie, elle y met un germe délétère qui se développe tôt ou tard. Un imposteur, un faux prophète, ne saurait conquérir une moitié du monde ; tandis qu'au contraire une grande partie du genre humain peut fort bien être

---

[1]. Notice au *Théâtre choisi de Voltaire*. Paris, Hachette, 1876.

conquise par le sentiment sublime d'un être ingénu et pur ; et cela non seulement de son vivant, mais après sa mort : son esprit, comme un germe nouveau d'une fécondité infinie, pousse dans le vieux et riche onds de la morale universelle élaborée pendant des siècles par celui de l'humanité.

Il n'y a que la foi qui crée, et qui enfante des sociétés nouvelles. Les augures du temps de Cicéron, qui ne pouvaient s'entre-regarder sans rire, étaient les ministres d'une religion vieillie.

« Tartuffe les armes à la main ! » — « Tartuffe le Grand ! » dit encore l'auteur. — Mais est-ce que Tartuffe dévoile ses desseins à tout le monde ? est-ce que Tartuffe prend des confidents ? Laurent n'est pas du tout son confident. Mahomet en a deux pour un, Omar et Zopire. Mais pourquoi, au fond ? parce que l'auteur, trouvant son exposition trop longue, l'a divisée en deux morceaux : Mahomet sert le premier à son lieutenant, qui est là pour cela, mais qui déjà doit tout savoir ; et le second, à son ennemi intraitable. Cela ne se tient donc pas mieux au point de vue dramatique qu'au point de vue historique.

Parlerons-nous de la composition et de la construction ? Quel imbroglio romanesque ! plus artificiel même que celui de *Zaïre*, avec lequel il a pourtant quelque analogie. Ici comme là, un frère et une sœur ont été faits prisonniers ; mais ici, chose difficile à admettre, ils ignorent qu'ils sont frère et sœur. Ici comme là, le vainqueur, épris de sa captive, en est jaloux ; il l'a fait élever dès l'enfance dans une sorte de harem-couvent. Elle le révère avec effroi :

> Mahomet a formé mes premiers sentiments,
> Et ses femmes *en paix* guidaient mes faibles ans ;
> Leur demeure est un temple où ces femmes sacrées
> Lèvent au ciel des mains de leur maître adorées...

Quoique Voltaire ait si souvent raillé Corneille et Racine mettant sur la scène des Sertorius et des Mithridate amoureux, il nous fait voir un Mahomet non seulement tendant un piège à celle qu'il aime pour éprouver ses sentiments secrets, comme Mithridate à Monime, ou Harpagon à Marianne, mais il fait parler le chef de l'Islam à peu près comme Arnolphe jaloux d'Agnès :

> Quoi ! je suis, malgré moi, confident de sa flamme !
> Quoi ! sa naïveté, confondant ma fureur,
> Enfonce innocemment le poignard dans mon cœur [1] !

Sur combien d'invraisemblances la fable est bâtie ! Ce Séide et cette Palmyre, enlevés à Zopire dans un combat, et ignorant qu'il est leur père, et qu'ils sont frère et sœur ! cela afin que Mahomet, qui les a élevés près de lui, puisse faire luire aux yeux de Séide l'espoir d'un mariage (qui serait un inceste) et abuser de son ascendant sur ce jeune

---

1. *Mahomet*, acte III, scène IV.

homme pour le pousser à un assassinat qui se trouvera être un parricide. Zopire mourant prie pour ses enfants, les embrasse et leur pardonne : scène assez pathétique, imitée d'un drame anglais, *le Marchand de Londres* [1]. Mahomet a eu soin d'empoisonner Séide avant son crime, et de préparer ainsi une vraie jonglerie en guise de dénouement : jonglerie du reste admissible, étant donné le sujet tel que l'auteur l'a conçu, et d'un effet prestigieux.

ACTE V.

SCÈNE IV.

OMAR, MAHOMET ET SA SUITE, *d'un côté;*
SÉIDE, ET LE PEUPLE, *de l'autre;*
PALMYRE, *au milieu.*

SÉIDE, *un poignard à la main, mais déjà affaibli par le poison.*

Peuple, vengez mon père, et courez à ce traître !

---

[1]. Le titre, en anglais, est *Arden Feversham*. L'auteur est Lillo, que Diderot a loué et imité. L'abbé Prévost, dans sa revue littéraire *le Pour et le Contre*, avait traduit quelques scènes de cette pièce. En 1751, Clément, de Genève, celui que Voltaire appelait Clément *Maraud*, en donna une traduction complète, qui fut publiée à Paris, sous la dénomination de tragédie bourgeoise. C'était dix ans après le *Mahomet* de notre poète, qui ne fut sans doute pas satisfait de voir révéler une des sources auxquelles il avait puisé.

MAHOMET

Peuple né pour me suivre, écoutez votre maître !

SÉIDE

N'écoutez point ce monstre, et suivez-moi... Grands Dieux !
Quel nuage épaissi se répand sur mes yeux !
Il avance, il chancelle.
Frappons... Ciel ! je me meurs...

MAHOMET

Je triomphe.

PALMYRE, *courant à Séide.*

Ah ! mon frère,
N'auras-tu pu verser que le sang de ton père ?

SÉIDE

Avançons... Je ne puis... Quel dieu vient m'accabler ?
Il tombe entre les bras des siens.

MAHOMET

Ainsi tout téméraire à mes yeux doit trembler.
Incrédules esprits, qu'un zèle aveugle inspire,
Qui m'osez blasphémer, et qui vengez Zopire,
Ce seul bras que la Terre apprit à redouter,
Ce bras peut vous punir d'avoir osé douter.
Dieu qui m'a confié sa parole et sa foudre,
Si je me veux venger, va vous réduire en poudre.
Malheureux ! connaissez son prophète et sa Loi,
Et que ce Dieu soit juge entre Séide et moi :
De nous deux, à l'instant, que le coupable expire.

Et Séide tombe. Et Mahomet de s'écrier :

Aux vengeances des Cieux reconnaissez mes droits !

Quant à Palmyre, pour échapper à Mahomet, elle

se jette sur le poignard de son frère, et meurt après lui.

Mahomet est donc déçu dans son amour, comme il l'a été dans la tentative qu'il a faite pour gagner Zopire à ses desseins. D'un côté comme de l'autre, voilà un habile stratégiste !

Comment l'auteur, homme de tant d'esprit, a-t-il pu se fourvoyer à ce point ? comment s'est-il si étrangement abusé que de dire : « Je n'ai pas prétendu seulement mettre une action vraie sur la scène, mais des mœurs vraies, faire penser les hommes comme ils pensent dans les circonstances où ils se trouvent... » ?

Fausse au point de vue historique, et d'une construction dramatique si faible, la pièce du moins littérairement se soutient-elle ? Les contemporains en admiraient le style ; aujourd'hui il nous paraît tour à tour emphatique et plat. Que dites-vous de ces vers, où l'auteur cependant a voulu mettre l'âme de son œuvre ?

> O superstition, tes rigueurs inflexibles
> Privent d'humanité les cœurs les plus sensibles !

Et de ceux-ci ?

> Et ma reconnaissance et ma religion,
> Tout ce que les humains ont de plus respectable,
> M'inspira des forfaits le plus abominable.

Il y a un trop grand nombre de vers de cette sorte ; d'autres bourrés de périphrases ridicules.

Quelques-uns seulement sont d'un tour heureux et facile ; ceux-ci, par exemple, que prononce Omar au commencement du cinquième acte :

> Et ce reste importun de la sédition
> N'est qu'un bruit passager des flots après l'orage,
> Dont le courroux mourant frappe encor le rivage
> Quand la sérénité règne aux plaines du ciel.

Mais les deux premiers de la même tirade !

> Zopire est expirant, et ce peuple éperdu,
> Levait déjà son front dans la poudre abattu...

Les imitations de Racine sont fréquentes dans *Mahomet* comme dans toutes les pièces de Voltaire. La réminiscence la plus frappante est au troisième acte, scène VI, lorsque Mahomet, armant le bras de Séide contre Zopire, fait entendre des accents fanatiques analogues à ceux de Joad distribuant des armes à ses lévites pour assassiner la reine Athalie dans le temple. Vous avez encore dans l'oreille le clairon de fureur du grand prêtre :

> Dans l'infidèle sang baignez-vous sans horreur ;
> Frappez et Tyriens e même Israélites !
> Ne descendez-vous pas de ces fameux Lévites
> Qui, lorsqu'au dieu du Nil le volage Israël
> Rendit dans le désert un culte criminel,
> De leurs plus chers parents saintement homicides,
> Consacrèrent leurs mains dans le sang des perfides,
> Et par ce noble exploit vous acquirent l'honneur
> D'être seuls employés aux autels du Seigneur... [1] ?

---

1. Congregati que sunt ad eum omnes filii Levi, quibus aït : « Dicit Dominus, Deus Israël : Ponat vir gladium super femur suum,... et occidat unusquisque fratrem, et amicum, et

Et de même Mahomet dit à Séide, en lui mettant devant les yeux l'exemple d'Ibrahim[1] prêt à frapper son fils pour obéir au Ciel :

> Si la Mecque est sacrée, en savez-vous la cause ?
> Ibrahim y naquit, et sa cendre y repose ;
> Ibrahim, dont le bras docile à l'Eternel,
> Traîna son fils unique aux marches de l'autel,
> Étouffant pour son Dieu le cri de la nature.
> Et, quand ce Dieu par vous veut venger son injure,
> Quand je demande un sang à lui seul adressé,
> Quand Dieu vous a choisi, vous avez balancé !...

Mais Joad est un fanatique sincère ; voilà en quoi il est bien supérieur, dramatiquement, et littérairement aussi, au faux prophète du poète philosophe. Le fanatisme est plus théâtral et plus émouvant, lorsqu'il est de bonne foi, que la scélératesse hypocrite et le charlatanisme grossier. Un supérieur de couvent comme le Père Bourgoing, excitant sincèrement au meurtre par des passages de la Bible un jeune moine comme Jacques Clément n'est pas moins horrible sans doute, mais à coup sûr est plus tragique qu'un fourbe maladroit tel que celui-ci essayant d'entraîner dans ses mauvais desseins l'hon-

---

proximum suum. » Fecerunt que filii Levi juxta sermonem Moïsis. — « Et les enfants de Lévi s'étant tous assemblés autour de lui, il leur dit : Voici ce que dit le Seigneur, Dieu d'Israël : Que chaque homme mette son épée à son côté,.., et que chacun tue son frère, son ami, et celui qui lui est le plus proche. — Les enfants de Lévi firent ce que Moïse avait ordonné. » — *Exod.* chap. XXXII, versets 26, 27 et 28.

1. Autrement dit, Abraham.

nète Zopire, lui offrant pour ébranler sa fermeté de lui rendre ses enfants, qu'il croyait perdus depuis quinze années, et même de devenir son gendre ; puis employant la religion et l'amour pour exalter l'imagination du jeune Séide et lui faire tuer son père par l'appât d'une double récompense : la jeune fille qu'il aime et le Ciel.

Quant aux formes de la versification, le poète, innovant parfois avec une hardiesse assez grande pour le temps, ose, lorsqu'il le faut, supprimer l'hémistiche et en donner l'équivalent par deux césures, comme dans ce vers :

Qui l'a fait roi ? qui l'a couronné ? — La victoire[1].

Cela était remarquable alors, et semblait une licence téméraire. On ne le remarque plus aujourd'hui que l'on a dépassé ces hardiesses jusqu'à l'insanité[2].

A tout prendre, la versification et le style de cette tragédie sont très faibles. Grimm cependant en fait l'éloge, mais tire de cet éloge même une autre critique : c'est que le style jure avec le sujet. « Pour trancher le mot sur le plus bel ouvrage du Théâtre-Français, sur *Mahomet*, croyez-vous qu'un homme de goût, dans l'acception rigide du terme, puisse

---

1. Acte Ier, scène IV.
2. On fait gloire à présent de supprimer, et sans aucune signification, toute césure quelconque. On fait même tomber le milieu du vers au milieu d'un mot. J'ai vu Victor Hugo s'en fâcher tout rouge, quelques mois seulement avant sa mort.

entendre sans peine des Arabes, c'est-à-dire une troupe de brigands et de pâtres, subjugués par le fanatisme le plus aveugle et le plus barbare, parler une langue pleine d'harmonie, de grâce et de charme, une langue dont le choix d'expressions, la pureté et la noblesse supposent un peuple policé depuis plusieurs siècles, et chez qui la culture des arts et des talents de l'esprit a été poussée à un haut degré de perfection ? Ne demandera-t-il pas que l'âpreté de la langue réponde à l'âpreté des mœurs ? Cette âpreté ne consistera pas dans un langage incorrect et barbare, mais dans je ne sais quoi de sauvage, d'agreste et d'inculte, dans un caractère d'étrangeté que l'homme de génie peut seul trouver, et dont notre petit goût léché, peigné, frisé, ne se doute seulement pas [1]. »

En effet il n'y a guère de couleur orientale dans *Mahomet*. La couleur, si couleur il y a, n'est que philosophique. Des choses qui à présent paraissent déclamatoires faisaient alors un grand effet : par exemple, ces vers que le lieutenant de Mahomet dit à Zopire :

Ne sais-tu pas encore, homme faible et superbe,
Que l'insecte insensible enseveli sous l'herbe
Et l'aigle impérieux qui plane au haut du ciel
Rentrent dans le néant aux yeux de l'Éternel ?
Les mortels sont égaux : ce n'est point la naissance,
C'est la seule vertu qui fait leur différence.

1. *Correspondance littéraire, philosophique et critique*, 15 février 1770.

Il est de ces esprits favorisés des cieux
Qui sont tout par eux-même et rien par leurs aïeux.
Tel est l'homme, en un mot, que j'ai choisi pour maître ;
Lui seul dans l'univers a mérité de l'être :
Tout mortel à sa loi doit un jour obéir,
Et j'ai donné l'exemple aux siècles à venir [1].

Toutes sortes de sentences, aujourd'hui fanées et passées, mais alors neuves et brillantes, ravissaient le public autant que l'auteur. Ni l'un ni l'autre ne prenaient garde, enivrés qu'ils étaient par ces pensées révolutionnaires, que la vérité philosophique est une chose et que la vérité dramatique en est une autre. Un esprit de réforme et de protestation, dans une société vieillie, se faisait jour par où il pouvait, éclatait de toutes parts. Chaque pièce était un assaut : le poète philosophe donnait le branle et enlevait les spectateurs.

II

Le titre primitif, modifié depuis, retourné ou abrégé, était : *Le Fanatisme, ou Mahomet le Prophète*. Aujourd'hui que, par la victoire de Voltaire et de la philosophie, le fanatisme a vu décroître son empire, ceux qui le regrettent peuvent essayer de

---

1. Acte I, scène IV.

ridiculiser ou d'interpréter faussement la célèbre formule *Écrasons l'infâme!* mais, nous autres, ne perdons pas de vue que, vingt-cinq ans encore après cette pièce, le pasteur Rochette fut conduit au supplice pour avoir contrevenu aux règlements de Louis XIV contre les Huguenots, et, avec lui, trois gentilshommes coupables d'avoir voulu le sauver ; n'oublions pas qu'un mois après cette quadruple exécution, eut lieu celle de Calas (1762) ; n'oublions pas les horribles histoires des Sirven (1764 à 1769), des La Barre (1766), des Montbailly (1770). Bien des choses, qui maintenant nous font l'effet de vieilles phrases, étaient alors des coups hardis, portés à des réalités cruelles. C'est à ce point de vue qu'il faut considérer cette tragédie du *Fanatisme*.

Aussi, après l'avoir conçue et composée, n'était-ce pas une entreprise toute simple que de la faire représenter. Ce ne fut pas du premier coup que l'auteur parvint à dresser cette nouvelle machine de guerre. L'ancien élève des Jésuites avait retenu de ses maîtres certaines habiletés stratégiques. Nous allons le voir manœuvrer. Il risque d'abord cette tragédie à Lille, en 1741 ; puis, l'année suivante, il essaye de la faire jouer à Paris. Crébillon, censeur en même temps qu'auteur dramatique, refuse d'approuver la pièce, qu'il trouve dangereuse. Voltaire alors s'avise d'un bon tour : il parvient à la faire approuver par le Pape, en la lui dédiant. Rien de plus curieux que les compliments dont l'un et l'autre font assaut. Voltaire, d'abord, écrit au Saint-Père une petite lettre en italien, dont voici la traduction :

« Très Saint Père,

» Votre Sainteté voudra bien pardonner la liberté que prend un des plus humbles, mais l'un des plus grands admirateurs de la vertu, de consacrer au Chef de la véritable Religion un écrit contre le fondateur d'une religion fausse et barbare.

» A qui pourrais-je plus convenablement adresser la satire de la cruauté et des erreurs d'un faux prophète, qu'au Vicaire et à l'imitateur d'un Dieu de paix et de vérité ?

» Que Votre Sainteté daigne permettre que je mette à ses pieds et le livre et l'auteur. J'ose lui demander sa protection pour l'un, et sa bénédiction pour l'autre.

» C'est avec ces sentiments d'une profonde vénération que je me prosterne et que je baise vos pieds sacrés.

» Paris, 7 auguste 1745. »

La réponse du Saint-Père n'est pas moins aimable. Je n'en citerai que le premier alinéa, traduit également d'italien en français :

« Benoit XIV, pape,

A SON CHER FILS

SALUT ET BÉNÉDICTION APOSTOLIQUE [1].

» Il y a quelques semaines qu'on me présenta de votre part votre admirable tragédie de *Mahomet*, que j'ai lue avec un très grand plaisir.

» Le cardinal Passionei me donna ensuite en votre nom le beau poème de *Fontenoy*.

» M. Leprotti m'a communiqué votre *distique* pour mon portrait [2].

» Et le cardinal Valenti me remit hier votre lettre du 17 auguste.

» Chacune de ces marques de bonté mériterait un remerciement particulier, mais vous voudrez bien que j'unisse ces différentes attentions, pour vous en rendre des actions de grâces générales.

» Vous ne devez pas douter de l'estime singulière que m'inspire un mérite aussi reconnu que le vôtre...., » etc.

Avec cette réponse le Saint-Père envoie au cher fils très *dévoué* ou très *dévot*, — l'italien, comme le latin, n'a qu'un seul mot pour ces deux choses, — son portrait, et plusieurs médailles ; ce dont

---

1. Ces deux premières lignes seules sont en latin.
2. *Lambertinus hic est, Romæ decus et pater Orbis,*
Qui mundum scriptis docuit, virtutibus ornat.

Voltaire le remercie, encore en italien ; — je cite seulement les trois premières lignes, et les deux dernières :

« Les traits de Votre Sainteté ne sont pas mieux exprimés dans les médailles dont Elle m'a gratifié par une bonté toute particulière, que ceux de son esprit et de son caractère dans la Lettre dont Elle a daigné m'honorer.

. . . .

» C'est avec les sentiments de la plus profonde vénération et de la plus vive gratitude que je baise vos pieds sacrés. »

Puis, riant comme un diable, il écrit à un de ses amis : « Je compte être évêque ; — *in partibus infidelium* ! attendu que c'est mon véritable diocèse. »

En publiant cette bénédiction apostolique, il narguait la censure de Crébillon. D'Alembert, chargé après lui d'examiner la pièce, avait jugé qu'elle devait être jouée ; mais Crébillon, revenant à la charge, avait réussi à la faire interdire après la troisième représentation, en soutenant que « c'était un ouvrage très dangereux, fait pour former des Ravaillac et des Jacques Clément », par l'exemple de Séide. Au contraire, répliquait Voltaire, c'était contre les Ravaillac et les Jacques Clément que l'ouvrage était dirigé, puisque l'objet de cette tragédie était de faire voir à quels excès le fanatisme religieux emporte les âmes.

Mais, de cette réplique, se pouvait tirer la conséquence, que ce n'était donc pas la religion musulmane seule qui développait le fanatisme. Apparemment on trouva périlleux, sans le dire, que l'auteur donnât lieu d'envisager une telle hypothèse et ouvrît les yeux du public de ce côté-là. Aussi la pièce demeura-t-elle interdite. Et Voltaire ne le pardonna jamais à Crébillon.

Neuf ans après, on la reprit, avec un succès auquel n'avait nui ni l'interdiction du censeur, ni l'approbation du Pape. Les idées, d'ailleurs, pendant ces neuf ans, avaient marché. La lutte entre la philosophie libérale et l'orthodoxie persécutrice était devenue de plus en plus vive. La gloire de Voltaire allait croissant par les obstacles qu'on lui créait. Il exerçait sur les imaginations une sorte de fascination analogue à celle de son héros. La pièce plut par ses défauts autant que par ses qualités. Jean-Jacques fut ravi de l'emphase dont elle abondait. Puis toute l'époque révolutionnaire s'en nourrit, comme de Jean-Jacques lui-même. Bonaparte, le jacobin, saura par cœur son faux prophète, son faux libérateur, et s'en souviendra plus d'une fois dans les tirades de ses proclamations aux peuples qu'il ira soi-disant délivrer. Il est tel passage de la tragédie où l'on croit l'entendre. Lorsque, par exemple, Zopire, une sorte de Championnet, reproche à ce restaurateur de religion de ne relever les autels que pour s'y introniser, le grand charlatan lui répond :

> Oui, je connais ton peuple, il a besoin d'erreur ;
> Ou véritable, ou faux, mon culte et nécessaire..... [1]

Le fond des proclamations du faux prophète au peuple de la Mecque, telles que les leur transmet son lieutenant Omar, son âme damnée, sera celui dse manifestes de Bonaparte aux peuples de l'Italie, de l'Illyrie, de la Suisse, de la Confédératoin du Rhin. Lorsqu'il viendra les asservir, ce sera toujours en disant qu'il leur apporte la liberté ; il ne fera que paraphraser ces vers de la tragédie :

OMAR

> Au Conseil assemblé
> L'esprit de Mahomet par ma bouche a parlé :
> « Ce favori du Dieu qui préside aux batailles,
> Ce grand homme, ai-je dit, est né dans nos murailles ;
> Il s'est rendu des rois le maître et le soutien ;
> Et vous lui refusez le rang de citoyen !
> Vient-il vous enchaîner, vous perdre, vous détruire ?
> Il vient vous protéger ! mais surtout vous instruire ;
> Il vient dans vos cœurs même établir son pouvoir. » [2]

Je pourrais multiplier les exemples des traces laissées dans les esprits par cette tragédie aujourd'hui démodée, mais qui mordit sur le public jusqu'au premier quart de notre siècle. Le nom d'un

1. Acte II, scène v.
2. Acte II, scène I.

de ses personnages a passé dans la langue : pour signifier un sectateur fanatique, on dit *un Séide*. Il faut donc bien que, parmi tout ce faux, il y ait eu quelques parties de vérité. Et c'est sans doute à ces parties que la pièce doit d'avoir vécu et brillé plus de quatre-vingts ans. Sans vérité historique, le héros a quelques moments de vérité humaine : ce n'est pas un fondateur de religion ; mais c'est le conquérant, qui se sert de la superstition comme d'un instrument de règne. Faux en tant que prophète disant à son lieutenant et à son adversaire qu'il se moque du monde et qu'il les prie de l'y aider, il est vrai en tant que politique sans scrupules, entièrement dépourvu de sens moral, comme un Frédéric ou un Bonaparte.

Voltaire, stratégiste avant tout, mêlait tout cela ensemble, et n'avait peut-être pas tort en vue de l'objet qu'il se proposait.

Les contemporains de l'auteur ne distinguaient pas en lui, comme nous, le poète et l'homme d'action : ils le suivaient en l'admirant, enivrés du bruit de ses coups, et ils combattaient avec lui. Cette pièce était une sorte de pamphlet par personnages, contre les fondateurs de religion considérés comme artisans de superstition, de fanatisme et de cruauté. Le manque de vérité historique du principal personnage, l'emphase théâtrale des déclamations, un pathétique plus apparent que réel, étaient peut-être les conditions nécessaires de la portée militante de l'œuvre.

Cette tragédie était un combat. C'est à ce point de vue que nous devons la prendre, et elle est une démonstration de ce qui a été dit dans la première leçon : ce que nous ôterons au poëte dramatique, nous devrons pour être justes le restituer à l'homme d'action [1].

Aux répétitions de ses pièces, ce combattant était d'une impatience nerveuse, parfois terrible. Un jour, dans *Mahomet*, un acteur assez faible, nommé Le Grand, qui jouait le rôle d'Omar, s'attira une rude apostrophe. Au second acte, pour peindre l'effet d'épouvante et de tremblement produit sur les chefs de la Mecque par l'arrivée du prophète vainqueur, Omar prononce ces deux vers :

Mahomet marche en maître, et l'olive à la main ;
La trêve est publiée ; et le voici lui-même.

Au lieu d'y mettre la majesté nécessaire, le pauvre homme les prononça si platement, que Voltaire, l'interrompant, avec une froideur sarcastique : « Oui, oui, Mahomet arrive, c'est comme si l'on disait : *Rangez-vous, v'là la vache !* »

Concluons, après toutes nos restrictions et nos critiques, que *Mahomet*, à son heure, parut une très belle tragédie, mais surtout fut une action

---

[1]. Le dessin de Charlet, avec sa légende, n'est pas une plaisanterie dénuée de sens. Un vieux grognard et un jeune conscrit causent ensemble, et celui-ci demande à l'autre ce que c'est que Voltaire. — « Voltaire ? un troupier fini. Ceux qui disent du mal de lui sont des infirmes. »

utile et un bon combat. Ne soyons pas ingrats parce que la mode littéraire a changé. Qui sait quelle mine feront dans cent ans d'ici quelques-unes de nos pièces admirées aujourd'hui?

N'oublions pas le jugement prononcé par un Vauvenargues de notre temps sur le théâtre du xviiie siècle en général et sur celui de Voltaire en particulier : « Le théâtre, à cette époque, n'a pas été seulement un amusement pour les oisifs, un plaisir distingué pour les hommes de goût ; il est entré hardiment dans l'action ; il a été le Journal, la Revue de ce temps ; il a prêté son retentissement aux idées qui devaient détruire un monde et en créer un nouveau. Aujourd'hui, ce théâtre nous paraît plein d'exagérations, de lieux communs, de déclamations insupportables ; mais ce qui maintenant nous semble usé était neuf alors : ces banalités morales qui nous fatiguent sont les maximes mêmes sur lesquelles notre société repose. On éprouve, en le lisant, une double impression : comme littérateur, on est excédé par cette exagération continuelle de la pensée et du style ; comme historien, on est extrêmement attaché par la lutte de l'opinion contre les institutions régnantes, lutte dont on connaît la fin. — La lutte est autour de ces trois principes : liberté politique, tolérance religieuse, égalité [1]... »

---

1. Ernest Bersot, *le Théâtre et la Philosophie au* xviiie *siècle*, à propos du livre de M. Léon Fontaine portant ce titre:

Tout ce que le poète a perdu en se sacrifiant lui-même à sa cause, nous devons le restituer en admiration et en gratitude au vaillant lutteur. Il fut le héros et le stratégiste d'une guerre que personne n'osait engager et sans laquelle nous serions encore dans la servitude.

Voltaire, après Descartes et Bayle, a restauré en France le règne de la Raison. Il a battu monnaie à l'effigie de cette souveraine du monde moderne, divisant et sous-divisant le lingot d'or en mille et mille pièces et piécettes de sens commun, plus propres à la circulation et à l'usage.

Ce démon du xviiie siècle était chargé d'une fière besogne, qui était de remettre le sens commun sur ses pieds. Il l'a fait. Ce n'est pas que ce sens commun, quand il va tout seul, ne soit un petit grossier, j'en conviens ; mais pourtant c'est le sens commun, et il est de très grande maison, et on ne fait pas grand'chose de solide sans ce puissant charpentier [1]. »

---

1. X. Doudan, *Lettres*, 1862.

HUITIÈME LEÇON

MÉROPE.

Étant donné la complexion naturelle, si l'on peut ainsi dire, de l'esprit de Voltaire, Parisien et monarchiste, et sa double éducation, française et anglaise, nous en étudions les effets dans les alternances de ses tragédies, tour à tour classiques et romantiques; les limites de ce romantisme, et la raison de ces limites. C'est que l'auteur dramatique, même s'il sent vivement le besoin d'innover et quelque envie qu'il en ait, se trouve bien forcé de tenir compte du goût de ses contemporains, sans lesquels il ne peut rien, et de s'y accommoder dans une certaine mesure. Même, pour arriver à le modifier, il doit s'y conformer d'abord, loin de le heurter ou de l'alarmer; bref, lui faire quelques concessions, quelques sacrifices, se plier à lui pour s'en emparer.

Dans la Préface d'une de ses comédies, imitée de l'anglais [1], Voltaire s'exprime ainsi : « Nous sommes (nous autres Français) entre deux théâtres, — bien différents l'un de l'autre, — l'espagnol et l'anglais. Dans le premier, on représente Jésus-Christ, et des possédés et des diables ; dans le second, des cabarets, — et quelque chose de pis... »

Placé entre ces deux extrêmes, d'une part le théâtre espagnol avec ses légendes religieuses, *autos sacramentales*, qui continuent les Mystères du moyen âge, d'autre part le théâtre anglais qui plonge à fond dans la réalité vivante et parfois dans les trivialités énormes ; avec cela poussé par un instinct qui ne lui permet pas de rester immobile, Voltaire sent la nécessité de renouveler la scène française, et va cherchant de tous côtés les éléments de cette rénovation. Il oscille sans cesse de l'un à l'autre pôle ; et, par moments, revient toucher terre dans l'antiquité, essayant de lutter avec les poètes grecs, comme ont fait Corneille et Racine. Son admiration même pour ces deux illustres devanciers lui conseille, dans l'intérêt de sa propre gloire, de chercher à faire autrement que l'un et que l'autre : seul moyen de les égaler peut-être, et, qui sait ? de les surpasser. Telle est du moins sa secrète espérance. Et certains disciples idolâtres affirmeront qu'elle a été réalisée.

Nous étudierons maintenant un double exemple

---

1. *La Prude*, 1747.

de ces tentatives alternées et de ces procédés mixtes : *Mérope* et *Sémiramis*. La première de ces deux pièces, croisée de grec et d'italien (d'Euripide et de Maffei), est, à dire vrai, pseudo-classique ; la seconde, de grec et d'anglais (d'Eschyle et de Shakspeare), peut être nommée pseudo-romantique. Notre étude va consister à décomposer ces mélanges. Nous prendrons aujourd'hui *Mérope*, et mercredi prochain *Sémiramis*.

La tragédie de *Mérope* passait pour un des trois chefs-d'œuvre dramatiques de Voltaire ; c'était, en tout cas, un de ses trois plus grands succès au théâtre : les deux autres étaient *Zaïre* et *Tancrède*. — *Œdipe*, *Alzire*, *Mahomet*, et *Sémiramis*, ne venaient qu'après ces trois-là pour le retentissement. A présent, *Mérope* a beaucoup pâli, et n'obtient plus qu'un succès d'estime.

L'amour est absent de cette pièce, excepté l'amour maternel : *crimen amoris abest*, dit l'épigraphe, qui croit devoir en prévenir le lecteur. L'absence de toute passion amoureuse dans une tragédie, — nous l'avons vu déjà pour *la Mort de César*, — n'est pas, dans notre pays, une chance de succès durable. L'amour maternel cependant, s'il est le plus pur et le plus désintéressé de tous les amours, n'en est pas le moins passionné.

Euripide avait traité ce sujet, sous le titre de *Cresphonte* ; sa pièce est perdue. Mais l'argument, ou sommaire, en a été conservé dans une des fables mythologiques attribuées au grammairien Hygin, du premier siècle de notre ère. Avec cela, une cinquantaine de vers de la tragédie ont été sauvés par les citations dispersées dans quelques autres écrivains.

En 1595, un Italien, le comte Torelli, qui fut ambassadeur et poète, tenta de reconstruire la pièce à l'aide de ce bref canevas et de ces rares vestiges : sa tentative fut couronnée de succès.

Cela n'empêcha pas son compatriote le marquis Scipione Maffei de renouveler l'entreprise, en 1713, et avec un succès plus grand encore. L'amour d'une mère qui menace la vie de son fils en croyant le venger, intéressa vivement le public, non seulement en Italie, mais dans toute l'Europe : la pièce eut, en peu d'années, une soixantaine d'éditions. Elle fut traduite en Angleterre par Pope, et en France par Fréret. Cela attira l'attention de Voltaire, qui se servit de l'œuvre de Maffei et essaya de la surpasser. Alfieri, de son côté, l'essaya aussi, moins heureusement [1].

---

1. Richelieu avait fait jouer une Mérope, intitulée *Téléphonte*, sur le théâtre de son palais, le Palais-Cardinal, aujourd'hui Palais-Royal. Ce théâtre, le premier théâtre régulier qui ait été construit en France (jusque-là, on avait joué où l'on avait pu, dans des granges, ou des jeux-de-paume, ou des salles-des-gardes, etc., et primitivement dans les églises, puis sur des échafauds en plein air dans les places publiques); ce théâtre, disons-nous, n'était point situé au même endroit que le Théâtre-Français de nos jours; il était dans l'aile oppo-

La tragédie d'Euripide, telle qu'on l'entrevoit dans l'argument d'Hygin, est fort simple. Le génie grec, qui ne cherche point les effets de surprise, sait émouvoir par le jeu seul des passions et des sentiments naturels. Cresphonte, roi de Messénie, a été tué avec ses fils par Polyphonte, qui a pris sa veuve et son trône. Un seul des fils, Téléphonte, a échappé au massacre. Mérope, sa mère, l'a confié tout enfant aux soins d'un ami qui habite l'Élide. Devenu grand, il retourne à Messène, sous un autre nom, et annonce à Polyphonte qu'il a tué le fils de Mérope : car, pour un compatriote d'Ulysse, la vengeance est plus douce lorsqu'elle est assaisonnée de ruse. Le tyran lui fait bon accueil. Mérope, apprenant l'arrivée de cet étranger qui se vante d'avoir tué Téléphonte, va le frapper pour venger son fils, et le tuerait si elle n'était retenue par le vieillard qui a élevé ce fils et qui le reconnaît. La mère et le fils n'ont pas de peine à abattre le tyran, qui n'a aucune raison de se défier d'eux.

Maffei crut devoir compliquer ce sujet tout uni,

---

sée du Palais, au-dessus de la galerie des Proues (encore existantes), du côté de la rue de Valois.

Après Richelieu et avant Voltaire, La Grange-Chancel avait traité le même sujet, transporté en Égypte, sous le titre d'*Amasis*. Là, Mérope s'appelle Nitocris ; elle menace le tyran de la vengeance de son fils ; le tyran rit de la menace et lui dit qu'il a prévenu les coups de ce vengeur en le tuant. « Non, je ne le crois point, » dit-elle tout en pâlissant ; et Amasis lui répond par ce vers très heureux :

« Si vous n'en croyez rien, d'où vient que vous pleurez ? »

et inventa des incidents sans vraisemblance. Voltaire à son tour, n'ayant guère le sentiment de la simplicité antique, chercha des surprises dans le goût moderne, et, à l'exemple de Maffei, tout en s'imaginant le corriger, substitua au développement régulier de l'action une série de coups de théâtre. Ce point a été parfaitement touché par Lessing dans sa *Dramaturgie de Hambourg*, et par M. Mézières dans l'excellente *Introduction* qu'il a mise à cet ouvrage [1]. « Bien loin de perfectionner le sujet de *Mérope*, Voltaire le dénature en croyant le rendre plus dramatique. Dans sa pièce, ce n'est pas en connaissance de cause, avec une intention arrêtée et tragique, qu'Égisthe [2] se rend à Messène : Égisthe ne sait même pas qui il est : on lui a caché le secret de sa naissance ; il se croit le fils d'un paysan ; c'est simplement l'ardeur de la jeunesse, un vague désir d'exercer son courage, qui lui ont fait quitter sa retraite pour courir le monde ; c'est le hasard, et non sa volonté, qui le conduit au lieu où réside sa mère, où son père assassiné attend un vengeur. C'est encore le hasard, un cadavre trouvé sur une grande route, une armure ensanglantée, qui le fait prendre pour l'assassin d'Égisthe. Mérope va le frapper, sur un simple soupçon ; elle n'a pas pour le

---

[1]. Lessing, *Dramaturgie de Hambourg*, traduction d'Ed. de Suckau, revue et annotée par L. Crouslé, — *Introduction* par Alfred Mézières. — Paris, Didier, 1885, nouvelle édition.

[2]. C'est le nom que Voltaire donne à Téléphonte.

punir, comme dans la fable d'Hygin, l'horrible certitude que lui donne l'aveu du meurtrier, le prix qu'il réclame lui-même de son crime. D'ailleurs elle n'agit pas dans le premier mouvement de la colère ; c'est après réflexion, de propos délibéré, de sang-froid, qu'elle va, de sa propre main, assassiner un jeune homme qui lui avait d'abord inspiré de la sympathie, et dont le crime n'est pas prouvé. Ces changements donnent quelque chose d'odieux à l'action de Mérope, qui paraissait, au contraire, naturelle dans Hygin. La mère d'Égisthe paraît même d'autant plus cruelle à ce moment que, dans les scènes précédentes, le poëte dramatique lui attribue des sentiments plus doux. Et Lessing a raison de dire : « Elle a perdu son fils ; soit ! qu'elle fasse, dans le premier emportement, ce qu'elle voudra du meurtrier, je le lui pardonne : elle est femme et mère... Mais, madame, un jeune homme qui, peu auparavant, vous intéressait si fort, chez lequel vous reconnaissiez tant de marques de droiture et de vertu, parce qu'on trouve chez lui une vieille armure que votre fils avait coutume de porter, vouloir l'immoler de votre propre main comme le meurtrier de votre fils, sur le tombeau de son père ! Appeler pour cela à votre secours gardes du corps et prêtres ! Oh fi ! madame ! Ou je me trompe fort, ou vous auriez été sifflée dans Athènes. » La très juste critique de Lessing fait voir clairement tout ce que Voltaire a perdu à s'écarter de la fable antique, tout ce qu'il a sacrifié au vain plaisir de surprendre les spectateurs par la reconnaissance d'Égisthe, plaisir que les anciens eussent considéré comme un moyen inférieur d'exciter l'intérêt. — « Les Grecs n'eussent pas moins blâmé l'invraisemblance du dénouement de *Mérope*, admirablement préparé dans la fable d'Hygin par l'erreur de Polyphonte, qui, non seulement, ne connaissant pas Égisthe, ne songe pas à se défier de lui, mais qui, le prenant pour le meurtrier d'Égisthe, lui accorde sa confiance ; tandis que, dans la pièce de Voltaire, on s'étonne que Polyphonte ne s'entoure pas de plus de précautions contre un jeune homme dont il connaît la naissance, les droits, les griefs, et qui, avant de le frapper, l'a menacé de sa vengeance. Ce n'était pas la peine de nous présenter l'usurpateur de Messène comme un tyran très soupçonneux et très éclairé sur ses intérêts, pour démentir ce caractère à la fin de la tragédie. »

Malgré tant de défauts incontestables, le succès était assuré par la situation principale : une mère, voulant venger son fils qu'elle croit avoir été tué, lève le poignard sur un jeune homme qu'elle prend pour le meurtrier et qui est ce fils même. On arrête son bras, fort à point, comme celui d'Abraham.

« Ce coup de théâtre, dit Geoffroy, exige une combinaison qui réussit rarement : il faut que Narbas se trouve à point nommé en état d'arrêter le poignard de Mérope ; un pareil effet du hasard ne peut être imité avec précision : si Narbas arrive trop tard, Mérope est obligée d'attendre, et, s'il arrive trop tôt, il faut qu'il attende Mérope ; il en résulte pour les deux acteurs une gêne, un embarras, qui nuit au naturel de l'action, et refroidit la scène. Lorsque je vis jouer *Mérope* il y a cinq ans, ce fut Mérope qui attendit Narbas ; ce qui fit presque rire les spectateurs. Cette fois-ci, c'est Narbas qui a attendu Mérope. »

Tout cela peut être amusant, mais paraît arrangé, sinon inventé. Le critique, d'ailleurs, ne prend pas garde qu'en visant Voltaire, il atteint Euripide. « C'est, dit-il, dans l'explosion et le choc des passions qu'il faut chercher les coups de théâtre, et non pas dans des tours et des prestiges de joueur de gobelets. » Puis, averti peut-être par quelque lecteur ami des anciens que ce coup de théâtre était d'Euripide, avait été loué par Aristote, et excitait, au rapport de Plutarque, les acclamations enthousiastes du public athénien, Geoffroy essaye de se rattraper dans un autre feuilleton en disant que sans doute cette situation « était mieux amenée, mieux motivée, et beaucoup mieux exécutée, qu'elle ne l'est dans la pièce de Voltaire ». Supposition entièrement gratuite et arbitraire : car il paraît bien que le coup de théâtre dont parle Plutarque était absolument le même, et soulevait toujours les applaudissements, plus de cinq cents ans après la mort d'Euripide. « Voyez, dit cet historien, quels mouvements, quelle agitation, excite dans tous les spectateurs la vue de cette mère désespérée, qui, levant le poignard sur son fils, qu'elle croit être l'assassin, s'écrie : « Tu n'échapperas pas au coup mortel que je vais te porter ! » Il n'y a personne qui ne soit suspendu à cette action terrible, et qui ne redoute que la fureur de la mère n'ait son effet avant l'arrivée du vieillard qui vient lui arrêter le bras... » Ainsi le témoignage de Plutarque confirme la louange d'Aristote. Ce que Geoffroy critique en termes si rudes est donc précisément la scène que l'auteur de la *Poétique*, le plus grand génie parmi les critiques et philosophes grecs, d'accord avec tout le peuple d'Athènes, admirait si fort dans l'œuvre de celui qu'il a qualifié « le plus tragique »[1] des poètes.

Ce qui est vrai d'une manière générale et que Geoffroy eût pu faire remarquer en l'appliquant aux tragédies de Voltaire, c'est que l'influence du théâtre espagnol s'étant fait sentir au nôtre avant celle du théâtre grec, a développé chez la plupart de nos auteurs et dans notre public un amour des complications, bien différent de la simplicité d'action si goûtée des Athéniens.

La pièce de Voltaire plut aux Parisiens par ces complications mêmes, et par ces surprises[2]. Elle fut reçue avec enthousiasme, peut-être aussi grâce à l'ac-

---

1. Τραγικώτατος.

2. Grimm nous dit, cependant, que madame Du Châtelet ne l'aimait pas beaucoup.

trice qui jouait le principal rôle, stylée au surplus par Voltaire lui-même. C'était mademoiselle Dumesnil. Elle avait les dons naturels; il lui apprit à s'en servir et à les développer. Un jour qu'en la faisant répéter, il lui indiquait le ton un peu vivement : — « Mais, monsieur, lui dit-elle, pour crier comme cela il faudrait avoir le diable au corps. — Eh! oui, mademoiselle, c'est le diable au corps qu'il faut avoir, pour bien jouer la tragédie[1] ! »

1. Quant à l'acteur qui jouait Polyphonte, il était extrêmement faible. C'était un nommé Paulin. « Il jouait dans la tragédie les tyrans, et dans la comédie les paysans. Ces deux emplois, dit Grimm, sont réunis à la Comédie : c'est joindre les deux extrêmes : l'oppresseur et les opprimés. Il était paysan passable, et mauvais tyran ; son jeu était lourd et sans intelligence. Il avait la voix forte, et c'est ce qui séduisit M. de Voltaire, qui espérait en faire quelque chose, et qui disait : « Laissez-moi faire, je vous élève un tyran à la brochette, » dont vous serez contents. » Mais le tyran ne répondit pas à son attente, et Paulin resta mauvais. Pendant qu'on répétait *Mérope*, M. de Voltaire accablait les acteurs de corrections, suivant son usage. Un jour, ayant passé la nuit à revoir sa pièce, il réveille son laquais à trois heures du matin, et lui donne une correction à porter à Paulin. Le domestique représente que c'est heure indue, que M. Paulin dort, et qu'il ne pourra pas entrer chez lui. — *Va, cours*, lui répond gravement M. de Voltaire, *les tyrans ne dorment jamais.* » — *Correspondance littéraire*, 15 janvier 1770.

La même *Correspondance* donne précédemment, — 15 novembre 1766, — les détails suivants sur une autre *Mérope* : « Clément, de Genève, que M. de Voltaire appelait Clément Maraud pour le distinguer de Clément Marot, a fait, il y a une vingtaine d'années (par conséquent vers 1746 et trois ans environ après la pièce de Voltaire), une tragédie de *Mérope*, qui n'a jamais été jouée. Il a publié un cahier de vers et de pièces fugitives, où l'on remarque le penchant du maraud pour la satire... »

Ce qui étonne le plus aujourd'hui quand on lit la pièce, c'est que les contemporains n'en admirèrent pas seulement les situations, mais aussi le style, qui nous paraît si pauvre, si lâche, si négligé, — à l'exception de quelques passages où, au travers des périphrases à la mode du temps, on trouve plus de soin, d'accent et de force ; par exemple, lorsque Polyphonte propose à Mérope, si elle veut conserver son trône, de l'épouser, lui qui est sur le point de s'en emparer :

. . . .
Je me connais ; je sais que, blanchi sous les armes,
Ce front triste et sévère a pour vous peu de charmes ;
Je sais que vos appas, encor dans leur printemps,
Pourraient s'effaroucher de l'hiver de mes ans ;
Mais la raison d'État connaît peu ces caprices ;
Et de ce front guerrier les nobles cicatrices
Ne peuvent se couvrir que du bandeau des rois :
Je veux le sceptre, et vous, pour prix de mes exploits.
N'en croyez pas, madame, un orgueil téméraire [1].
Vous êtes de nos rois et la fille et la mère ;
Mais l'État veut un maître, et vous devez songer
Que, pour garder vos droits, il les faut partager.

MÉROPE

Le Ciel, qui m'accabla du poids de sa disgrâce,
Ne m'a point préparée à ce comble d'audace.
Sujet de mon époux, vous m'osez proposer
De trahir sa mémoire et de vous épouser ?
Moi, j'irais de mon fils, du seul bien qui me reste,
Déchirer avec vous l'héritage funeste ?
Je mettrais en vos mains sa mère et son État,
Et le bandeau des rois sur le front d'un soldat ?

1. Dans le sens latin : *irréfléchi, sans raison.*

POLYPHONTE

Un soldat tel que moi peut justement prétendre
A gouverner l'État, quand il l'a su défendre.
Le premier qui fut roi fut un soldat heureux ;
Qui sert bien son pays n'a pas besoin d'aïeux.
Je n'ai plus rien du sang qui m'a donné la vie :
Ce sang s'est épuisé, versé pour la patrie ;
Ce sang coula pour vous : et, malgré vos refus,
Je crois valoir au moins les rois que j'ai vaincus ;
Et je n'offre en un mot à votre âme rebelle
Que la moitié d'un trône où mon parti m'appelle [1].

MÉROPE

Un parti ! vous, barbare ? Au mépris de nos lois !
Est-il d'autre parti que celui de vos Rois ?
Est-ce là cette foi si pure et si sacrée
Qu'à mon époux, à moi, votre bouche a jurée,
La foi que vous devez à ses mânes trahis,
A sa veuve éperdue, à son malheureux fils,
A ces Dieux dont il sort, et dont il tient l'Empire ?

POLYPHONTE

Il est encor douteux si votre fils respire ;
Mais, quand du sein des morts il viendrait en ces lieux
Redemander son trône à la face des Dieux,
Ne vous y trompez pas, Messène veut un maître
Éprouvé par le temps, digne en effet de l'être ;
Un roi qui la défende : et j'ose me flatter
Que le vengeur du trône a seul droit d'y monter.
Égisthe, jeune encore, et sans expérience,
Étalerait en vain l'orgueil de sa naissance ;
N'ayant rien fait pour nous, il n'a rien mérité.
D'un prix bien différent ce trône est acheté :
Le droit de commander n'est plus un avantage
Transmis par la nature ainsi qu'un héritage ;

1. C'est-à-dire : Vous n'en avez déjà plus que la moitié, songez-y : et moi, l'autre, que je vous offre.

> C'est le fruit des travaux et du sang répandu,
> C'est le prix du courage : et je crois qu'il m'est dû.
> Souvenez-vous du jour où vous fûtes surprise
> Par ces lâches brigands de Pylos et d'Amphryse ;
> Revoyez votre époux et vos fils malheureux,
> Presque en votre présence, assassinés par eux ;
> Revoyez-moi, madame, arrêtant leur furie,
> Chassant vos ennemis, défendant la patrie :
> Voyez ces murs enfin par mon bras délivrés ;
> Songez que j'ai vengé l'époux que vous pleurez :
> Voilà mes droits, madame, et mon rang, et mon titre :
> La valeur fit ces droits ; le Ciel en est l'arbitre.
> Que votre fils revienne : il apprendra sous moi
> Les leçons de la gloire et l'art de vivre en roi ;
> Il verra si mon front soutiendra la couronne.
> Le sang d'Alcide est beau, mais n'a rien qui m'étonne ;
> Je recherche un honneur et plus noble et plus grand :
> Je songe à ressembler au Dieu dont il descend.
> En un mot, c'est à moi de défendre la mère,
> Et de servir au fils et d'exemple et de père [1].

Quoique ce scélérat ait fait précisément tout le contraire de ce qu'il dit, tué le père et les enfants au lieu de leur porter secours, le couplet a de la tournure, un air de grandeur : le ton rappelle tour à tour don Sanche d'Aragon et le comte de Gormas. Mais les passages aussi soutenus sont peu nombreux. Le récit de la fin est d'une faiblesse extrême.

N'importe ! Le succès de *Mérope* fut si éclatant, que le public (chose qui ne s'était jamais faite) appela l'auteur et voulut le voir. Ici encore, nous allons

---

1. Acte I, scène III.

surprendre le poëte en flagrant délit d'anecdotes un peu arrangées, sinon controuvées.

Voici ce qu'il raconte, dans un écrit intitulé *Commentaire historique*, publié par son secrétaire Wagnière : « Le parterre a demandé à grands cris à me voir. On m'est venu prendre dans une cache où je m'étais tapi ; on m'a mené de force dans la loge de madame la maréchale de Villars, où était sa belle-fille. Le parterre était fou : il a crié à la duchesse de Villars de me baiser ; et il a tant fait de bruit, qu'elle a été obligée d'en passer par là, par l'ordre de sa belle-mère. J'ai été baisé publiquement, comme Alain Chartier par la princesse Marguerite d'Écosse. Mais il dormait, et j'étais fort éveillé. »

Eh bien, ce récit est gentil et agréablement tourné ; « la chute en est jolie » ; mais regardons un peu les choses de près. Cela se trouve, ai-je dit, dans le *Commentaire* soi-disant *historique*, publication qui est censée n'être pas de Voltaire ; mais ce passage, où il a la parole, est donné comme une citation d'une lettre de Voltaire lui-même, adressée à un de ses amis M. d'Aigueberre, en 1743, le 4 avril, *Mérope* ayant été jouée le 20 février précédent. Or, la lettre existe en effet ; mais, quand on s'y reporte, voici ce qu'on y trouve : « La séduction (du public) a été au point que je n'ai pu paraître à la Comédie qu'on ne m'ait battu des mains. » Et c'est tout. — Fiez-vous donc à la prétendue citation !

D'autre part, Wagnière nous dit : « Ce petit *Com-*

mentaire historique sur les œuvres de l'auteur de la *Henriade* (car tel est le titre complet) fut composé au commencement de 1776 (trente-trois ans après *Mérope*) tant sur ce que j'avais entendu dire à M. de Voltaire que sur les papiers qu'il m'avait donnés en propre, en 1772. Je le priai de me permettre d'en faire usage, et il eut cette bonté. Je le communiquai à mon maître, qui eut la complaisance de le revoir et de me fournir encore quelques instructions. »

Vous entrevoyez ici que le secrétaire, lui aussi, est un assez malin singe. Nous voilà édifiés et éclaircis sur les différences de la lettre véritable et de la soi-disant citation.

Mais il y a un autre témoignage par lequel nous pouvons contrôler le premier. C'est *le Journal de Police* du temps. « Le parterre, dit ce document, a non seulement applaudi à tout rompre, mais même a demandé mille fois que M. de Voltaire parût sur le théâtre, pour lui marquer sa joie et son contentement. Mesdames de Boufflers et de Luxembourg ont fait tout ce qu'elles ont pu pour engager le poète à satisfaire l'empressement du public. Mais il s'est retiré de leur loge, avec un air soumis, après avoir baisé la main de madame de Luxembourg. » — Cette fois encore, voilà tout. Un baiser donné par le poète sur la main de madame de Luxembourg, au lieu d'un baiser donné au poète par la jeune duchesse de Villars : il y a quelque différence.

Et maintenant comment nommer ce petit tricot

d'inexactitudes? Ce fait, quelque nom qu'on lui donne, se rattache à un phénomène observable chez les poètes, auteurs dramatiques et romanciers. Habitués qu'ils sont à imaginer et à façonner toutes choses, à les transformer pour les idéaliser ou les mettre en scène, involontairement ils continuent dans la vie réelle cette habitude de fiction poétique. Pour les simples mortels comme nous, ces entorses données à la réalité seraient des mensonges ; pour eux, non : c'est une opération instinctive de l'imagination ou de la plume, c'est une mise au point, pour produire tel effet. Je pourrais citer d'illustres exemples de cette habitude, devenue un instinct et une seconde nature. C'est comme un phénomène de réfraction, non plus dans les choses de la matière, mais dans celles de l'esprit. De même qu'un bâton, à demi plongé dans l'eau, paraît brisé, les faits de même dans la mémoire et dans l'imagination des poètes, s'infléchissent et s'altèrent, et se teignent de couleurs nouvelles. Il en va de même, nous l'avons vu, dans l'imagination des peuples, qui sont des poètes aussi. De là naissent et se développent les épopées, les légendes, les mythes, par une éclosion spontanée.

Quoi qu'il en soit de cette explication, elle ne saurait malheureusement suffire à un autre fait plus grave. Lorsque Voltaire fit imprimer sa pièce, il eut soin, sachant ce qu'il devait à Maffei, de lui rendre hommage dans une longue Lettre préliminaire en forme de dissertation, et mêla seulement à ses éloges quelques restrictions modérées, dans lesquelles il attribuait les dissemblances de la pièce italienne et de la pièce française uniquement à la différence de goût des deux nations. Cet hommage d'un imitateur qui semblait se poser pour le moins en égal ne contenta peut-être pas Maffei, qui, s'il remercia Voltaire, ne le fit pas sans doute au gré de celui-ci ; ce n'est qu'une conjecture ; toujours est-il que, peu d'années après, notre poète lança une autre Lettre, signée *De la Lindelle*, où, cette fois, il critiquait sans ménagement la tragédie de Maffei, citant exprès les passages qui devaient le plus étonner le goût français, dans l'intention évidente de ridiculiser le poète italien et de le couler à fond. Ensuite, voici qui devient pire encore, le même Voltaire fit et signa de son propre nom une *Réponse à M. de la Lindelle*, dans laquelle, tout en se déclarant forcé de convenir que cette critique était juste en bien des points, il recommençait à louer un peu, par manière d'acquit, la pièce de Maffei, jouant hypocritement le rôle d'un rival impartial et généreux. Voilà les côtés mesquins de cet homme si grand par tant d'autres parties. Je ne les dissimule point, si attristants qu'ils soient. Mais il est inutile d'y insister.

Le succès de *Mérope* allait ouvrir au poète les portes de l'Académie ; Louis XV consentait à le voir succéder au cardinal de Fleury, lorsque l'évêque de Mirepoix, Boyer, s'opposa bruyamment à ce qu'un mécréant fût chargé de louer un prince de l'Église. Le ministre, M. de Maurepas, soutint l'évêque : un autre prélat hérita du fauteuil du cardinal.

Dès 1732, Voltaire s'était présenté, et n'avait eu que quelques voix. Après ce second échec en 1743, il lui fallut attendre encore trois années ; ce fut seulement à l'âge de cinquante-deux ans qu'il fut nommé (1746).

Dans son Discours de réception, se trouvant en présence du vieux Crébillon, il fit semblant d'oublier sa censure de *Mahomet*, et le loua convenablement sur ses tragédies : « Le théâtre, je l'avoue, est menacé d'une chute prochaine ; mais au moins je vois ici ce génie véritablement tragique qui m'a servi de maître quand j'ai fait quelques pas dans la même carrière. Je le regarde avec une satisfaction mêlée de douleur, comme on voit sur les débris de sa patrie un héros qui l'a défendue. » — A la vérité, si l'on y prend garde, un héros « sur les débris de sa patrie » n'est toujours qu'un héros vaincu. — L'illustre récipiendaire loua aussi Shakspeare, et Corneille, sans oublier le cardinal de Richelieu : « C'est Shakspeare qui, tout barbare qu'il était, mit dans l'anglais cette force et cette énergie qu'on n'a jamais pu augmenter depuis sans l'outrer, et par conséquent sans l'affaiblir... Le vrai mérite et la réputation de notre langue

ont commencé à l'auteur du *Cid* et de *Cinna*....
C'est le plus grand de vos premiers académiciens,
c'est Corneille, seul, qui commença à faire respecter
notre langue des étrangers, précisément dans le temps
que le cardinal de Richelieu commença à faire respecter la Couronne. L'un et l'autre portèrent notre
gloire dans l'Europe... »

Après *Mérope*, tragédie pseudo-classique avons-
nous dit, Voltaire donna *Sémiramis*, tragédie pseudo-
romantique, — qui est un grand pas très marqué
dans la voie nouvelle ouverte aux poètes français
sur les traces de Shakspeare. Nous verrons Victor
Hugo, se souvenant de l'une et de l'autre pièce,
les combiner ensemble dans un de ses drames.

NEUVIÈME LEÇON

SÉMIRAMIS

LE SPECTRE D'HAMLET

Après l'influence gréco-italienne, nous allons retrouver l'influence anglaise, mêlée aussi de souvenirs grecs : les réminiscences de *l'Orestie* d'Eschyle, traversant les imitations du *Spectre d'Hamlet*. Depuis le double séjour du poète en Angleterre, ce Spectre le hantait. Il essaya, une première fois, en 1732, de le transporter sur la scène française ; ce fut dans *Ériphyle*, — qui ne réussit pas.

Déjà dans *OEdipe*, il y avait « l'Ombre du grand Laïus » ; mais c'était seulement dans le récit du grand prêtre qu'elle s'était fait ouïr :

Une effrayante voix s'est fait alors entendre [1] ;

---

1. Acte I, scène III.

Cette voix criait vengeance contre le meurtrier. Puis l'Ombre s'était fait voir à Jocaste, mais toujours hors du théâtre, pour lui reprocher de n'être pas restée fidèle à la mémoire de son époux et de s'être remariée. Voltaire, à cette époque, ne connaissait peut-être pas encore *le Spectre d'Hamlet*; mais il connaissait bien l'Ombre de la reine Jézabel, apparaissant à sa fille Athalie, d'abord en grande parure avec son fard, ensuite déchirée, sanglante et mangée aux chiens, dans la rue, sous les fenêtres de son palais.

L'Ombre d'Amphiaraüs n'ayant pas eu de succès dans *Ériphyle*, l'auteur fit cet autre essai, l'Ombre de Ninus dans *Sémiramis*, et transporta des tirades entières de la première pièce dans la seconde, comme il avait composé sa *Mariamne* avec les débris de son *Artémire*, et comme Molière utilisa dans *le Misanthrope* les grands développements oratoires de *Don Garcie de Navarre ou le Prince jaloux*[1].

[1]. Ces transplantations étaient fréquentes dans le théâtre d'autrefois. Molière a de longs dialogues-types entre un père et un fils, ou une fille, qui servent dans deux ou trois pièces, mot pour mot. — Boursault avait mis sur la scène le roman de *la Princesse de Clèves* en sa nouveauté (1678) : la pièce, en cinq actes, en vers, ne fut jouée que deux fois; l'auteur changea seulement les noms et en fit... un *Germanicus*. — Il y eut, sous le premier Empire, une tragédie d'*Abraham* qui avait été d'abord *le Divorce de Napoléon*. Par prudence, on changea les noms : l'Empereur devint Abraham ; l'impératrice Joséphine, Sarah (la femme stérile) ; Marie-Louise, Agar ; et le jeune Ismaël, son fils, devint le petit roi de de Rome. — Ugo Foscolo, en 1811, donnait une tragédie d'*Ajax*, destinée à peindre les malheurs de l'héroïsme non favorisé par la Destinée, et qui laissait reconnaître dans Ajax le général Moreau; dans Agamemnon, Napoléon ; et, dans Calchas, le pape Pie VII,

Crébillon avait fait représenter une *Sémiramis*
en 1717. Voltaire, à dater d'un certain moment,
se mit à reprendre presque tous les sujets traités par
lui. La *Sémiramis* de Crébillon a plus d'énergie que
la sienne, sans que l'auteur ait cru nécessaire de
recourir au prestige du merveilleux. — Le poète
Charles Roy, en 1718, avait aussi donné une *Sémiramis*, dont notre auteur profita.

Le succès de la pièce de Voltaire fut d'abord incertain, s'il en faut croire Grimm, mais devint très
grand par la suite. « Lorsque M. de Voltaire, dit la
Correspondance, au 15 septembre 1756, donna, il y
a sept ou huit ans, sa tragédie de *Sémiramis* [1], les
sots se récrièrent sur la machine de cette pièce, et
son succès fut, pendant quelque temps, douteux.
Aujourd'hui qu'elle vient d'être remise sur le théâtre
de la Comédie-Française, elle a réussi et enlevé tous
les suffrages. On la compte avec raison parmi les
plus beaux ouvrages de ce génie supérieur. En effet,
si l'exécution théâtrale, la décoration de la scène, la
majesté, l'appareil et la pompe du spectacle, secondaient le génie du poète, cette pièce renouvellerait
de nos jours tous les terribles effets de la tragédie
grecque. Son système, quoique moins effrayant que
celui de Sophocle et d'Euripide [2], ne laisse point de

prisonnier à Savone. — Le *Don Sanche* de Brifaut, en 1814,
est interdit : l'auteur change ses Espagnols en Assyriens, et
Don Sanche en Ninus II.

1. Jouée pour la première fois le 28 août 1748.
2. Qui repose sur la croyance à la Fatalité toute pure.

porter l'épouvante dans tous les cœurs. L'Ombre de Ninus remplit toute la scène d'horreur et d'effroi. Sémiramis est coupable d'un crime volontaire, à la vérité ; mais, quel est le caprice des Dieux ! ils la laissent jouir pendant quinze ans du fruit de son crime, ils la comblent de gloire et de prospérité, et, au bout de ce temps, ils arment contre elle le bras d'un fils tendre et respectueux : Ninias devient parricide involontaire, pour punir sa mère d'un parricide médité [1]. Si le crime de Sémiramis ne pouvait rester sans expiation, les Dieux ne pouvaient-ils la punir sans infliger à Ninias l'horreur d'un crime ? Rien n'est plus théâtral. — Le rôle de Sémiramis et celui de Ninias ont été remplis parfaitement par mademoiselle Dumesnil et par Le Kain. »

Il s'agit, comme dans *Mahomet*, d'un inceste imminent, qu'un parricide seul, ici, prévient.

Sémiramis est moins une belle tragédie qu'un grand spectacle. L'emploi de tels moyens est dangereux : il ne peut se justifier que par un grand succès : lorsque l'effet du merveilleux n'est point terrible, il risque d'être ridicule.

1. *Parricide*, amené par l'antithèse dans le second membre de phrase, ne peut s'entendre que d'une manière générique, en ce sens que Sémiramis, en tuant ou aidant à tuer le Roi son époux, a été complice d'un assassinat commis sur le père de tout le royaume. Au reste le *Dictionnaire de l'Académie française*, au mot *Parricide*, s'exprime ainsi : «... On étend cette dénomination à ceux qui ôtent la vie à leurs très proches parents, comme frères, sœurs, enfants, petits-enfants, etc.; et enfin tous ceux qui se rendent coupables d'un crime énorme et dénaturé... »

C'est, au fond, le même sujet que celui d'*Hamlet*, et que celui de *l'Orestie*, transposé à l'époque babylonienne. Le roi Ninus a été assassiné par sa femme Sémiramis et par Assur, l'amant adultère, comme Agamemnon par Clytemnestre et par Égisthe, comme le roi Hamlet par la reine Gertrude et par Claudius. Quinze ans se sont écoulés depuis le crime. Assur avait espéré monter sur le trône en épousant la reine sa complice ; il n'a pu ni la séduire ni l'intimider. Elle se dispose à prendre pour époux un jeune héros, Arzace, déjà illustre dans les guerres, vers qui elle se sent entraînée par une sympathie secrète, sans se douter que cet Arzace est Ninias, son propre fils. Au moment où elle assemble les États de son royaume pour leur déclarer sa résolution, le tonnerre gronde et le tombeau royal paraît s'ébranler : le Spectre du roi assassiné sort du sépulcre pour empêcher un inceste et pour demander vengeance de son meurtrier.

La catastrophe finale étonne, et l'on n'y comprend rien d'abord : Sémiramis, dans le ténébreux labyrinthe du tombeau, est tuée par la main de son fils qui croit frapper Assur. Lorsqu'il en sort, les mains ensanglantées, il entend avec effroi derrière lui le cri de sa mère mourante qui, dans l'obscurité, se croit frappée par Assur, tandis qu'elle l'a été par le fils qu'elle appelle à son secours. Dénouement un peu mélodramatique, qui ressemble à un jeu de cache-cache. L'auteur lui-même, dans une de ses lettres, l'appelle « un colin-maillard vif et terrible. »

A tout prendre, quoique *Sémiramis* soit loin de mériter les éloges excessifs de Grimm, qui d'ailleurs n'est que l'écho de l'admiration des contemporains, on doit tenir compte à Voltaire de ses tentatives de rénovation théâtrale. Il essaye de mettre dans la tragédie plus de mouvement et de spectacle. Mais, s'il a les velléités d'un réformateur, il n'en a pas toujours le tempérament. Ensuite, lui qui jusqu'alors avait obstinément défendu contre Houdard de la Motte la vieille règle classique des trois unités, ici il ose, comme dans *Mahomet*, abandonner l'unité de lieu ; — assez timidement, il est vrai ; mais c'était alors une grande hardiesse. Le décor change plusieurs fois : pour le premier acte et pour le second, il est indiqué en ces termes : « Le théâtre représente un vaste péristyle, au fond duquel est le palais de Sémiramis. Les jardins en terrasses sont élevés au-dessus du palais. Le temple des Mages est à droite ; et un mausolée à gauche, orné d'obélisques. » — Au commencement du troisième acte, nouveau décor, ainsi indiqué : « Le théâtre représente un cabinet du palais. » Puis, à la scène vi du même acte, nouveauté inouïe jusqu'alors en France dans une tragédie, il y a un changement à vue complet, indiqué en ces termes : « Le cabinet où était Sémiramis fait place à un grand salon magnifiquement orné. Plusieurs officiers [1], avec les marques de leurs dignités, sont

---

1. Fonctionnaires.

sur des gradins. Un trône est placé au milieu du salon. Le grand-prêtre entre avec les Mages en procession ; il se place debout entre Assur et Arzace. La Reine est au milieu avec Azéma, et ses femmes. — Des gardes occupent le fond du salon. »

Ce n'est pas tout : quoique le tombeau de Ninus ne soit pas indiqué en cet endroit, la suite de l'action prouve qu'on doit l'apercevoir dans le fond du théâtre.

Ainsi, le lieu change quatre fois : ce qui, dans une tragédie, était alors considéré comme une témérité excessive, — quoique Corneille, dans la tragi-comédie du *Cid*, et même dans la tragédie de *Cinna*, l'eût déjà risquée, mais en essayant de la dissimuler, ne la marquant par aucune indication hors du texte, et espérant (il l'avoue naïvement) la dérober à l'attention du public et des critiques.

Louis XV avait contribué de cinq mille francs, sur sa cassette, à la pompeuse mise en scène de *Sémiramis*.

Cette tragédie semble disposée pour un opéra. Aussi a-t-elle servi de libretto [1]. La sœur du roi de Prusse, princesse Wilhelmine, margrave de Bareuth, fut la première qui mit en musique *Sémiramis*. De nos jours, Rossini a écrit sur ce même sujet un de ses chefs-d'œuvre. Remarquons seulement que ce génie, purement italien, n'y a

---

1. *Mérope*, déjà, avait été mise en musique et transformée en tragédie lyrique ou opéra.

point du tout cherché là couleur locale : témoin l'*allegretto*, joli d'ailleurs, qui éclate dès l'ouverture, et qui certes ne prépare guère à une action si tragique. Cela rappelle les gavottes entremêlées aux sacrifices de victimes humaines dans *Iphigénie en Tauride*, par Handel, puis par Gluck. Au reste, dans la *Sémiramis* de Voltaire non plus, quelles qu'aient pu être ses intentions et ses visées à cet égard, la couleur orientale ne dépasse pas celle de *Zaïre*. Et cependant il n'est pas impossible que *les Orientales* de Victor Hugo, comme *le Dernier des Abencérages* de Chateaubriand, aient été, l'un et l'autre, inspirés en partie par ces deux pièces de Voltaire. Ce qui est certain, quoique aujourd'hui presque incroyable, c'est que tous les contemporains de Voltaire, amis ou ennemis, célèbrent à l'envi le brillant coloris de ces deux pièces, ainsi que de *Mahomet* et de *Tancrède*.

Ce fait d'un drame tragique, transformé en opéra, marque certaines analogies entre le théâtre de Voltaire et celui de Victor Hugo. A mesure que nous avancerons, nous en signalerons d'autres, qui vous feront voir que Voltaire, dans la mesure de ce que pouvait supporter le goût littéraire de son temps, commença instinctivement la révolution dramatique continuée par l'auteur d'*Henri III* et par celui d'*Hernani*.

Ayant dédié *Mahomet* à un pape, Voltaire offrit

Sémiramis à un cardinal. Il trouvait utile à sa politique d'être en correspondance réglée et en échange de menus suffrages avec les princes de l'Église. Le cardinal Quirini [1], bibliothécaire du Vatican, avait traduit en vers latins *la Henriade*, et quelques passages du *Poëme sur la Bataille de Fontenoy*. Le poète, lui rendant sa politesse, adressa à Son Éminence la pièce imprimée de *Sémiramis*, et, en tête, une *Dissertation sur la Tragédie ancienne et moderne*. Il y développe d'abord cette idée que : l'opéra est peut-être ce qui, dans le théâtre moderne, rappelle le plus la tragédie athénienne, — par le récitatif, accompagné de musique ; par les chœurs, soutenus d'une musique différente ; par les danses, et enfin par les apparitions de Divinités dans des machines. — Telle est la première partie de la Dissertation. Dans la seconde, il fait remarquer que les modernes ont, plus fréquemment que les Grecs, mis sur le théâtre des sujets tragiques de pure invention (ou à peu près), comme le *Venceslas* de Rotrou, le *Cid* et l'*Héraclius* de Corneille, et comme ses propres pièces *Zaïre* et *Alzire*. Puis, il vient à dire : « On a voulu donner, dans *Sémiramis*, un spectacle encore plus pathétique que dans *Mérope*; on y a déployé tout l'appareil de l'ancien théâtre grec. » Il continue en ces termes : « Un des plus grands obstacles qui s'opposent, sur notre théâtre, à toute action grande

---

1. Ou plutôt Querini.

et pathétique, est la foule des spectateurs confondue sur la scène avec les acteurs. » Plus loin, il parle encore de « cette foule de jeunes gens, qui laissent à peine dix pieds [1] de place aux acteurs. »

A la vérité, cela devait un peu nuire à l'effet du fantôme, quand les gens du bel air, coudoyés par lui, disaient, en lui riant au nez : *Place à l'Ombre* [2] ! Aussi, la suppression de cet abus, le 23 mai 1759, fut-elle une réforme très importante. Purement matérielle en apparence, elle eut cependant de grandes conséquences pour l'œuvre dramatique elle-même, en lui donnant ses coudées franches.

A la fin de sa Dissertation, le plus tard possible, Voltaire arrive à mentionner *le Spectre d'Hamlet* ; et il tourne la chose de façon que le lecteur peu informé pourrait fort bien croire que c'est *le Spectre d'Hamlet* qui a imité *l'Ombre de Ninus*. De même qu'à propos de *Zaïre* il avait trouvé moyen de ne pas prononcer le nom d'*Othello* ; de même encore qu'à propos d'*Ériphyle* et de *l'Ombre d'Amphiaraüs*, il n'avait soufflé mot de Shakspeare, pareillement en donnant *Sémiramis* il commença par garder le silence sur cette nouvelle imitation du Spectre terrible. Grimm, ni personne, ne paraît y avoir songé. Cependant, de 1745 à 1748, Pierre La

---

1. Environ trois mètres, trois mètres juste faisant neuf pieds.
2. Grimm.

Place avait publié la première traduction française des principales tragédies et comédies anglaises, sous le titre de *Théâtre anglais*. Cette traduction pouvait révéler au public divers emprunts dont Voltaire n'avait pas parlé ; c'est alors que l'auteur de *Sémiramis* se mit en mesure de dire et de ne pas dire, au moyen des détours de cette Dissertation, ce qu'il avait dissimulé jusqu'alors. Voici donc, à la fin, en quels termes il parle de Shakspeare et de son drame : « Les Anglais voient tous les jours avec plaisir, dans la tragédie d'*Hamlet*, l'Ombre d'un Roi qui paraît sur le théâtre dans une occasion à peu près semblable à celle où l'on a vu à Paris le Spectre de Ninus… » Sentez-vous l'ambiguïté calculée de ce tour de phrase ? On croirait que c'est lui qui a la priorité. Puis il tâche, tout doucement, de ridiculiser le poète à qui il doit tant, et continue ainsi : « Je suis bien loin assurément de justifier en tout la tragédie d'*Hamlet* : c'est une pièce grossière et barbare, qui ne serait pas supportée par la plus vile populace de la France et de l'Italie. Hamlet y devient fou au second acte, et sa maîtresse devient folle au troisième ; le prince tue le père de sa maîtresse, en feignant de tuer un rat ; et l'héroïne se jette dans la rivière. On fait sa fosse sur le théâtre ; les fossoyeurs disent des quolibets dignes d'eux, en tenant dans leurs mains des têtes de morts ; le prince Hamlet répond à leurs grossièretés abominables par des folies non moins dégoûtantes. — Pendant ce temps-là, un des acteurs fait la conquête de la Pologne. Hamlet, sa mère et son beau-père boivent ensemble sur le théâtre : on chante à table, on s'y querelle, on se bat, on se tue. On croirait que cet ouvrage est le fruit de l'imagination d'un sauvage ivre. — Mais, parmi ces irrégularités grossières, qui rendent encore aujourd'hui le théâtre anglais si absurde et si barbare, on trouve dans *Hamlet*, par une bizarrerie encore plus grande, des traits sublimes, dignes des plus grands génies. Il semble que la Nature se soit plue à rassembler dans la tête de Shakspeare ce qu'on peut imaginer de plus fort et de plus grand, avec ce que la grossièreté sans esprit peut avoir de plus bas et de plus détestable. — Il faut avouer que, parmi les beautés qui étincellent au milieu de ces terribles extravagances, l'Ombre du père d'Hamlet est un des coups de théâtre les plus frappants. Il fait toujours un grand effet sur les Anglais, je dis sur ceux qui sont le plus instruits, et qui sentent le mieux toute l'irrégularité de leur ancien théâtre. Cette Ombre inspire plus de terreur à la seule lecture, que n'en fait naître l'Apparition de Darius dans la tragédie d'Eschyle intitulée *les Perses*. Pourquoi ? parce que Darius, dans Eschyle, ne paraît que pour annoncer les malheurs de sa famille[1], au lieu que, dans Shakspeare, l'Ombre

---

1. Et de sa patrie. Ce Spectre fait donc plus de choses que ne dit Voltaire. Le feu Roi, père de Xerxès, vient annoncer aux Perses la défaite de son fils, de l'armée, de la flotte, le

du père d'Hamlet vient révéler des crimes secrets et en demander vengeance ; elle n'est ni inutile, ni amenée par force ; elle sert à convaincre qu'il y a un Pouvoir invisible qui est le maître de la Nature... »

Voltaire, sans le vouloir et sans y prendre garde, fait voir ici pourquoi le Spectre d'Hamlet est d'un plus grand effet que l'Ombre de Ninus. C'est que le Spectre, dans Shakspeare, est le moteur de toute l'action. La révélation faite par le feu Roi à son fils donne le branle à tout le drame. Le père assassiné connaît seul le secret du crime qui a mis fin à sa vie ; seul il peut le révéler à son fils, en lui demandant de venger sa mort. Le Spectre est donc essentiel : sans lui le drame n'existe point. Dans Voltaire, l'Ombre de Ninus est inutile : le grand-prêtre Oroès connaît le secret du crime, et peut le révéler au fils ; et, de fait, il le lui révèle, mais trop tard. C'est que, s'il le révélait plus tôt, cela serait

désastre de Salamine ; comme qui dirait Waterloo, ou Sedan, pour les Français ; trouve-t-on que ce ne soit rien ? Quelle douleur pour les Perses, et quelle joie pour les spectateurs athéniens ! — Un autre rapprochement qui se présentait encore dans Eschyle, c'est celui du Spectre de Clytemnestre tuée par son fils Oreste, et venant réveiller les Furies qui, lassées à la poursuite du meurtrier, se sont assoupies (et ronflent, — on le croit du moins). Le Spectre les lance de nouveau sur la trace d'Oreste. Ou Voltaire ne s'en est pas souvenu, Eschyle ne lui étant pas très familier ; ou bien il n'a pas voulu se le rappeler, parce que cela eût plutôt contrarié son raisonnement. — En fait d'Ombres, notons encore, dans son drame de *Saül*, dont nous parlerons plus tard, l'Ombre de Samuel.

plus raisonnable sans doute, mais la pièce serait finie dès le commencement. L'Ombre n'est donc pas essentielle au sujet; elle est superflue et postiche. Et, comme le drame n'en avait pas besoin, l'auteur ne s'en sert que timidement; et avec autant de maladresse que dans *Ériphyle:* c'est encore en plein midi que l'Ombre se montre; le poète philosophe ne sait-il donc pas que le demi-jour est indispensable pour les apparitions et les miracles?

Frappé du fantastique de Shakspeare, il a trouvé que cet effet théâtral était de bonne prise : il s'en est emparé sans réflexion, et sans nécessité. Aussi, chez lui, ce fantastique ne produit-il qu'un pauvre effet, tandis que dans Shakspeare il nous bouleverse. Rappelez-vous cette exposition saisissante, à la fois en récit et en action, cette heure de minuit, cette esplanade déserte devant la forteresse, sûr un promontoire battu par la mer; ces sentinelles qui, en venant prendre leur tour de garde, se communiquent les impressions et les aventures de leur veillée nocturne, et se font peur l'un à l'autre du revenant; puis celui-ci paraissant à l'heure dite, à la même heure que la veille, et cette apparition commençant à faire entrer la crainte et la croyance dans la tête des plus douteurs, dans celle du sceptique Horatio lui-même, et par là dans l'imagination des spectateurs; ensuite le récit qu'on s'en va faire de cette apparition au jeune Hamlet, qui à son tour doute d'abord, et veut voir pour

croire, — et vient, et voit, et croit, et alors s'écrie :
« Anges et ministres de Grâce, défendez-nous !...
Que tu sois un esprit de salut, ou quelque démon
damné ; que tu apportes avec toi un souffle du Ciel,
ou une vapeur de l'Enfer ; que ton vouloir soit malfaisant ou charitable, tu viens sous un aspect si
étrange, que je veux te parler. Je t'appelle par ton
nom : *Hamlet, mon Roi, mon père, Roi de Danemark!* Ah ! réponds-moi ; ne laisse pas mon âme
se briser dans l'épouvante de ce mystère ! Dis-moi
pourquoi tes os ensevelis en terre sainte ont forcé
leur cercueil... Que signifie cela, que toi, cadavre
revêtu d'une armure, tu viennes revoir les pâles
lueurs de la lune, et, rendant la nuit plus hideuse,
secouer si horriblement nos esprits, à nous pauvres
fous, par des pensées au delà des forces de notre
âme? Parle! qu'y a-t-il? pourquoi? que devons-nous
faire? »

Alors, loin de tout témoin, sur le promontoire
entre le ciel et la mer, commence la révélation effroyable du père au fils : « Je suis l'esprit de ton
père, condamné pour un temps à errer la nuit, et
confiné pendant le jour dans des feux expiatoires,
jusqu'à ce que les souillures de ma vie soient consumées... »

Ce langage, empreint de réalité pour des spectateurs chrétiens aux confins du moyen âge, donne à
toute la vision une vérité terrible. Comment ne serait-il pas vrai, ce revenant qui parle comme ils sentent

et comme ils parleraient eux-mêmes ? Hamlet apprend alors du Spectre le crime secret de sa mère, qui a aidé à empoisonner le Roi. Mais la mission de vengeance qu'il reçoit de lui n'est pas absolue et impitoyable comme celle d'Oreste condamné à tuer sa mère pour venger son père. Au contraire, ici le Roi assassiné dit à son fils : « Quoi que tu fasses pour punir ce crime, ne souille pas ton âme; ne permets pas à ta pensée de rien ourdir contre ta mère ; abandonne-la au Ciel et à ses remords... »

Combien ici le sentiment moderne est élevé au-dessus de l'antique ! Et combien tout, dans ce discours, dans cette scène, est net, précis, frappant, réel dans l'irréel ! Comme chaque mot porte coup ! Le spectateur, et même le lecteur, se sent envahi d'effroi autant que le jeune Hamlet : tant le lieu, l'heure, toutes les circonstances, toutes les paroles, sont bien choisies !

Au lieu de cela, que nous offre Voltaire ? A la place de cette vision nocturne dans la solitude, le poète fait paraître l'Ombre devant nombreuse compagnie. Et Geoffroy de s'en ébaudir, non sans raison : « Un revenant qui prend la parole au milieu des États généraux de Babylone ! » Lessing déjà s'en était égayé. Le Spectre de *Sémiramis* « n'est pas même bon, suivant lui, à faire peur aux enfants ; ce n'est qu'un déguisé, qui n'a rien, ne dit rien, ne fait rien de ce qu'on attendrait de lui s'il était ce qu'il veut être. Toutes les circonstances de son apparition sont plutôt propres à dissiper l'illusion ; elles trahissent la conception froide d'un auteur qui voudrait bien nous effrayer, s'il savait comment s'y prendre. Quoi ! c'est en plein jour, au milieu de l'assemblée des États de l'empire, que le Spectre, annoncé par un coup de tonnerre, sort de son tombeau ! Où Voltaire a-t-il appris que les spectres soient si hardis ? Quelle vieille femme ne lui aurait dit que les fantômes redoutent la lumière du soleil, et n'aiment pas à visiter les nombreuses assemblées ?... Et, au point de vue de la scène encore, quelle maladresse de faire paraître un Spectre sur le théâtre parmi beaucoup de personnages ! car il est nécessaire que tous, à la vue d'une telle apparition, montrent de l'effroi et de l'horreur, et il faut que chacun manifeste ces sentiments d'une manière particulière, si l'on ne veut pas que le tableau présente la symétrie glaciale d'un ballet. Maintenant, disposez une troupe de figurants muets, et, en supposant même que vous parveniez à les dresser tous et chacun de la façon la plus heureuse, songez combien l'expression multiple et variée d'un même sentiment partagera l'attention des spectateurs, et la distraira de l'action des personnages principaux ! Pour que ceux-ci produisent sur nous l'impression désirable, il ne suffit pas que nous puissions les voir, il faut que nous ne voyions qu'eux. Dans Shakspeare, c'est à Hamlet seul que le fantôme parle d'abord ; dans la scène où la mère d'Hamlet est présente, le fantôme n'est ni vu ni entendu par elle. Toute notre attention se concentre donc sur Hamlet : et, plus nous observons en lui de signes d'effroi, plus nous sommes disposés à prendre au sérieux l'apparition qui cause ce trouble ; le Spectre agit sur nous par Hamlet autant et plus que par lui-même : l'impression produite sur lui passe en nous, et nous sommes pris trop soudainement et trop fortement pour songer à douter de la cause, tout extraordinaire qu'elle est. Voltaire n'a pas compris ce procédé réflexe. Il y a trop de monde à s'effrayer à la vue de son fantôme ; aussi s'effrayent-ils mal : Sémiramis s'en tire par une exclamation : « Ciel ! je meurs ! » Et tous les autres ne font pas beaucoup plus de démonstrations à la vue du Spectre qu'on n'en ferait pour un ami qu'on croyait en voyage et qui tout à coup entrerait dans votre chambre.[1] »

Il n'est pas jusqu'à la manière de costumer le Spectre ou l'Ombre qui n'ait son importance et son effet. Dans Shakspeare, le Roi assassiné est revêtu de son armure : cela lui donne une sorte de réalité : on entend l'armure qui sonne ; on la palperait, si l'on osait y toucher. Dans Voltaire, l'Ombre, comme on l'appelle, n'est en effet qu'une sorte de revenant vêtu d'un drap blanc. Cette Ombre existe si peu, que dans aucune édition elle n'est mentionnée parmi les personnages de la pièce. Cela n'est-il pas caracté-

---

1. *Dramaturgie de Hambourg*, 6ᵐᵉ soirée.

ristique? et je ne vois pas cependant que personne en ait fait la remarque. Elle est traitée, non pas même comme un figurant, mais comme un simple accessoire.

Dans le drame anglais, le Spectre, s'il n'apparaît que dans la solitude, ne semble pas embarrassé de se montrer : il traverse tout le fond du théâtre, et reparaît plusieurs fois. Dans *Sémiramis*, on croirait que c'est une Ombre honteuse, qui n'ose se laisser voir : elle dit trois mots, et disparaît [1]. — L'acteur Le Grand, le même dont nous avons parlé à propos de *Mahomet* et du rôle d'Omar [2], n'ajoutait guère, ici encore, à l'effet dramatique. « Quand il sort du tombeau, écrit Voltaire dans une de ses lettres, on dirait le portier du monument. »

Le poëte lui-même, il faut bien le dire, ne prend guère son Ombre au sérieux ; il est trop sceptique : il ne croit pas aux revenants ; et les personnages mêmes de la pièce n'y croient pas tous. Assur, esprit fort, dit à Sémiramis :

Ce fantôme inouï qui paraît en ce jour,
Qui naquit de la crainte et l'enfante à son tour,
Peut-il vous effrayer par tous ses vains prestiges ?
Pour qui ne les craint point, il n'est point de prodiges :
Ils sont l'appât grossier des peuples ignorants,
L'invention du fourbe, et le mépris des grands [4].

1. Acte III, scène vi.
2. Voir ci-dessus, page 179.
3. Acte II, scène vii.
4. Acte III, scène ii.

Nous voilà loin de l'atmosphère de foi naïve et d'épouvante, si bien comprise et rendue par Shakspeare, et si nécessaire au sujet. — Plus loin, on nous explique la non-invraisemblance, la possibilité, la raison d'être du fantôme : et c'est le grand prêtre, bon théologien, qui se charge de ce soin, en réponse à une interrogation de Sémiramis. — Elle lui a dit :

> Une Ombre, un Dieu peut-être à mes yeux s'est montré !
> Dans le sein de la terre il est soudain rentré.
> Quel pouvoir a brisé l'éternelle barrière
> Dont le Ciel sépara l'Enfer et la Lumière ?
> D'où vient que les humains, malgré l'arrêt du Sort,
> Reviennent à mes yeux du séjour de la Mort ?

OROÈS

> Du Ciel, quand il le faut, la Justice suprême
> Suspend l'ordre éternel établi par lui-même :
> Il permet à la Mort d'interrompre ses lois,
> Pour l'effroi de la terre et l'exemple des rois.

Explications édifiantes peut-être, mais bien froides, et qui seraient plutôt de mise dans un sermon que dans un spectacle. « Voltaire, dit très-bien encore Lessing, considère l'apparition d'un mort comme un miracle, Shakspeare comme une aventure naturelle. Il ne s'agit pas de savoir qui des deux est le plus philosophe, mais Shakspeare est bien plus poète [1] ».

Aussi, malgré tant d'appareil, la pièce de Voltaire reste froide. Les trois premiers actes sont languissants; l'intérêt ne commence qu'à la dernière scène du

---

1. *Dramaturgie de Hambourg*, 6ᵉ soirée.

troisième ; et, s'il est plus vif dans les deux derniers, ce n'est pas sans donner prise à la critique par le pauvre effet de l'Ombre, et par l'imbroglio de la catastrophe.

Cette tragédie pourtant, telle quelle, après l'hésitation du public aux premières représentations, s'empara de lui : et le succès, douteux d'abord, se décida, surtout à la reprise. L'auteur put se flatter d'avoir fait un chef-d'œuvre de plus, et d'avoir surpassé encore une fois Shakspeare. Néanmoins, importuné du bruit croissant de ce nom depuis que le traducteur La Place avait parlé du grand poète anglais avec enthousiasme, Voltaire s'était mis à le louer plus modérément et à le critiquer plus rudement. Mais voici qu'en 1759, onze ans après *Sémiramis*, parut une autre traduction de Shakspeare, plus complète et plus exacte, celle de Pierre Le Tourneur. Celui-ci proclamait Shakspeare « le dieu créateur du théâtre [1] » ; Voltaire alors s'irrite contre le lieu et contre son nouveau prophète, appelant l'un *Gilles* et l'autre *Pierrot*. En même temps, par toutes sortes de Lettres et de Dissertations ambiguës, essayant de se prémunir contre les accusations de plagiat, embrouillant tout, il donnerait volontiers à entendre aux gens mal instruits ou distraits que ce n'est pas lui qui a imité Shakspeare, mais

1. Victor Hugo, dans la préface de *Cromwell*, quatre-vingt-six ans après, dira de même : « Shakspeare, ce dieu du théâtre... »

Shakspeare ou ses traducteurs qui l'ont imité, lui Voltaire. Lorsque paraît la traduction d'*Hamlet*, ne dit-il pas que son *Ériphyle* et sa *Sémiramis* « ont mis les spectres à la mode » ? Mais Shakspeare fait sa trouée : on ne l'arrête plus. Diderot applaudit. Aux traductions d'ensemble de La Place et de Le Tourneur, succèdent des traductions partielles en vers, de Barthe, de Ducis, de Mercier, qui continuent à initier le public. Voltaire essaye de donner le change aux curieux, et en quelque sorte à lui-même, de faire obstacle tant qu'il peut à ce flot montant de révélations. Il force Le Kain à refuser le rôle d'Hamlet dans la traduction ou réduction de Ducis, sous prétexte qu'il n'y a là « qu'un mauvais *rifacimento* de *Sémiramis*; » c'est-à-dire une *Sémiramis* mal refaite. Ne dirait-on pas que c'est lui qui est l'auteur original, contrefait par Shakspeare ou ses traducteurs? « Citant la dernière scène d'*Othello*, il en supprime les passages qu'il a mis dans la bouche d'Orosmane, et accuse le traducteur du poète anglais d'avoir pillé *Zaïre*[1]. » Puis, sous le pseudonyme de Jérôme Carré, en 1761, il injurie le dieu; l'année suivante, il le travestit dans sa traduction de *Jules César* en vers non rimés, et l'insulte encore dans les notes. Cela lui attire de vertes répliques d'Anglais justement indignés, Home, Samuel Johnson, mistress Montague [2]. Il riposte,

---

1. Henri Blaze de Bury, *Voltaire et Shakspeare*.
2. *An Essay on the writings and genius of Shakspeare*,

un peu tard, dans des lettres particulières en 1776, puis publiquement en 1778, en tête de sa pièce d'*Irène*, dont il fait hommage à l'Académie. Il la supplie de s'opposer à l'invasion du mauvais goût, et fait appel à sa juridiction. Elle qui a prononcé un jugement sur *le Cid*, ne doit-elle pas « rendre des arrêts contre la barbarie[1] » ?... « Ce qu'il y a d'affreux, c'est que le monstre a un parti en France ; et, pour comble de calamité et d'horreur, c'est moi qui autrefois parlai le premier de ce Shakspeare[2] ! Je ne m'attendais pas que je servirais un jour à fouler aux pieds les couronnes de Racine et de Corneille (sous-entendu : *et les miennes*), pour en orner le front d'un histrion barbare[3] ».

Outre les applaudissements de Diderot au dehors, dans l'Académie elle-même une voix illustre, celle de Buffon, s'était élevée contre l'abus des fables antiques sur la scène française et avait prôné l'exemple du théâtre anglais. Ducis, après *Hamlet*, avait donné *Roméo*. Décidément la tragédie

---

with some remarks upon the misrepresentations of M. de Voltaire, 1769.

1. Lettre à D'Alembert, secrétaire de l'Académie, 26 juillet 1776, où l'on voit par conséquent que, deux ans d'avance, il tâtait le terrain et le préparait, avant de lancer sa Lettre publique à l'illustre compagnie qu'il voulait enrôler dans sa croisade contre Shakspeare.

2. Nous avons vu que l'abbé Prévost en avait parlé avant lui, dans sa Revue littéraire, *le Pour et le Contre*.

3. Lettre à D'Argental, 19 juillet 1776.

classique était menacée. « Je vais mourir, s'écrie Voltaire, en laissant la France barbare ! »

C'était à propos de *Sémiramis* et du Spectre que la crise dont je viens d'indiquer les suites et les progrès pendant trente ans, avait commencé à poindre, à mûrir et à éclater ; j'ai dû par cette raison la montrer d'ensemble en devançant l'ordre des temps.

Pour conclure sur les deux pièces que nous venons d'étudier, *Sémiramis*, sorte de mélodrame demi-romantique, fait contraste avec *Mérope*, tragédie gréco-italienne demi-classique. Mais les deux pièces se ressemblent par un point : Ninias-Arzace revient comme Égisthe pour venger son père ; et elles diffèrent par cet autre, que, dans la seconde pièce, la mère a été complice de l'assassinat. Aussi la justice céleste la fait-elle tuer par son fils, — tandis que Mérope, la mère impeccable, est délivrée par le sien, qui remonte sur le trône de son père vengé.

J'ai dit, l'autre jour, que l'idée principale de la première pièce et celle de la seconde semblent, par hasard ou par réminiscence, avoir été soudées ensemble dans un drame de Victor Hugo : c'est dans *Lucrèce Borgia*. Lucrèce, comme Mérope, cherche à sauver son fils ; voilà pour la première pièce. Gennaro, comme Ninias, est amené à tuer sa mère ; voilà pour la seconde. Ainsi l'intérêt des deux tragédies se trouve concentré dans ce drame, — avec bien d'autres éléments que nous analyserons un jour, quand nous étudierons le théâtre du dix-neuvième siècle après celui du dix-huitième.

DIXIÈME LEÇON

ORESTE. — CATILINA.

L'ORPHELIN DE LA CHINE

L'ORPHELIN DE TCHAO

I

Vous vous rappelez comment Voltaire, préoccupé de la renommée de Crébillon qu'on affectait parfois de mettre au-dessus de lui, semblait avoir résolu de refaire successivement la plupart des œuvres de son vieux rival. Après *Sémiramis*, ce fut *Oreste*; après *Oreste*, *Catilina*; après *Catilina*, *le Triumvirat*. Il ne laissa sans concurrence que *Rhadamiste*. Il fit encore, en 1771, *les Pélopides ou Atrée et Thyeste*, tragédie en cinq actes, non représentée, trouvée dans ses papiers posthumes. C'était la cinquième fois qu'il luttait contre Crébillon, sans compter que celui-ci

avait débuté par *la Mort des Enfants de Brutus*
(non représentée toutefois) et que la première
pièce demi-romantique de Voltaire fut sur le
même sujet. — Crébillon n'était pas seulement
poète, il était censeur, chargé d'accorder ou de
refuser l'approbation aux pièces nouvelles. Vous
n'avez pas oublié l'incident de *Mahomet* arrêté à
la troisième représentation par son veto, et Voltaire
ripostant à ce veto par l'approbation du Pape.
Sémiramis avait passé, mais moyennant des corrections et des coupures. Le censeur pouvait en exiger
aussi dans *Oreste* ; en tout cas, son visa était indispensable. Notre poète essaya d'éluder, d'obtenir un
autre censeur ; d'autant plus que, chez Crébillon, il y
avait une vieille gouvernante qui aimait beaucoup les
chiens et les chats, ce qui exposait les manuscrits
à toutes sortes d'avanies et d'avaries [1].

N'ayant pas réussi dans ses détours, Voltaire dut
s'exécuter : il envoya son manuscrit, puis fit visite
à l'auteur d'*Électre*. Celui-ci se montra bon prince
et lui donna le visa pour *Oreste*, en disant : « Je
souhaite, monsieur, que le frère vous fasse autant
d'honneur que la sœur m'en a fait. »

Or il arriva que ce frère réussit médiocrement.
Voltaire, selon son habitude, avait écrit sa pièce
beaucoup trop vite ; et, pendant qu'on la répétait ;

---

[1]. Elle n'avait pas moins de dix chats et vingt-deux chiens,
s'il faut en croire Favart, *Mémoires et Correspondance*, t. II, p. 9.
Paris, 1808.

faisait corrections sur corrections. Cela excédait les comédiens et les comédiennes. Mademoiselle Desmares ayant fermé sa porte à l'auteur, il lui en glissait par le trou de la serrure ; elle boucha le trou. Alors il s'avisa d'un autre moyen. Ayant appris qu'elle donnait un grand dîner, il lui envoya un très beau pâté : quand on l'ouvrit, on vit douze perdreaux tenant dans leurs becs des papiers qui portaient les corrections nouvelles [1].

A la première représentation, l'auteur n'avait rien négligé pour organiser le succès : de nombreux amis dans la salle applaudissaient pour entraîner le public. Le poète lui-même, se penchant hors de sa loge, criait : « Courage ! courage, Athéniens, c'est du Sophocle ! » Un ricanement s'étant fait entendre dans le parterre, Voltaire dit d'une voix altérée : « Arrêtez, barbares, arrêtez ! » Et le parterre se tut.

Ses secrétaires nous rapportent que l'on n'était pas très à son aise quand on se trouvait près de lui aux premières représentations de ses pièces, « parce qu'il ne pouvait se contenir. Tranquille d'abord, il s'animait insensiblement ; sa voix, ses pieds, sa canne, se faisaient entendre plus ou moins. Il se soulevait à demi de son fauteuil, se rasseyait, tout à coup se trouvait droit, paraissant plus haut de six pouces

---

1. Lucien Pérey et Gaston Maugras, *la Vie intime de Voltaire aux Délices et à Ferney*, Paris, Calmann Lévy, 1885.

qu'il ne l'était réellement. C'était alors qu'il faisait le plus de bruit[1]. »

Malgré tout ce remue-ménage, et les appels aux Athéniens, et les applaudissements des amis, *Oreste* n'eut que neuf représentations.

Cependant l'auteur ne se tint pas pour battu. En tête de la pièce imprimée, parut une *Dissertation* attribuée à un « Monsieur Dumolard, membre de plusieurs académies » (on ne disait pas lesquelles), où sont comparées les trois pièces grecques, d'Eschyle, de Sophocle et d'Euripide, sur ce même sujet : comparaison destinée à montrer que l'auteur de la présente pièce, M. de Voltaire, fait une concurrence victorieuse, non seulement à Crébillon, mais aux trois grands poètes tragiques d'Athènes. C'est ici qu'on serait tenté de dire comme Suzanne à Figaro : « Mon Dieu ! que les gens d'esprit sont bêtes ! » Rivaliser seulement avec Euripide, c'est tout ce que Racine lui-même avait osé ; jamais il ne se hasarda contre Eschyle, ni contre Sophocle. Quand Voltaire, déguisé en Dumolard, se décerne le prix sur ces trois grands génies, on ne peut s'empêcher de sourire d'une illusion aussi forte. La témérité était déjà grande d'avoir crié lui-même : « C'est du Sophocle ! » Eh non ! ce n'est pas du Sophocle ! ni de l'Eschyle encore bien moins ! Mais, dans *Oreste* comme dans *OEdipe*, il se flattait d'avoir perfec-

---

1. Wagnière et Longchamp, *Mémoires de Voltaire*. Paris, 1826, tome I.

tionné Sophocle. Or, il n'a fait qu'une pièce hybride, qui aurait révolté les Athéniens, et que les Français goûtèrent médiocrement. En effet, prétendre transporter l'intérêt sur Clytemnestre, épouse adultère, homicide, en lui laissant les sentiments d'une mère, et atténuer le parricide d'Oreste en l'amenant par une méprise, c'est mitiger la terreur et dépouiller le drame de toute valeur morale, de tout enseignement. « Qu'est-ce donc qu'Oreste, si le Destin n'entraîne pas son bras et sa volonté au meurtre de Clytemnestre ? Qu'est-ce que Clytemnestre elle-même, si elle ne conserve pas l'audace du crime et l'impénitence ? Clytemnestre repentie et visant à couler en paix ses vieux jours au sein de sa famille unie sous le patronage d'Égisthe [1], est un personnage chimérique; Oreste, fils respectueux, devient insignifiant; Électre, elle aussi, dont le poète grec a fait le génie de la piété et de la vengeance, est abâtardie. Tous ces beaux monstres antiques, ainsi apprivoisés, ont perdu leur attrait de terreur, leur charme d'épouvante. Que nous importent après cela quelques scènes bien conduites, quelques tirades pathétiques, une intrigue régulière? Le terrible prestige de la race d'Atrée est détruit ; et nous n'avons pas même en échange des gens de bien [2] ».

1. Je voudrais dans le sein de ma famille entière
  Finir un jour en paix ma fatale carrière.
  Oreste, acte I, scène II.

2. Géruzez, *Notice*.

Notons, en passant, que Voltaire, dans cette pièce, avait fait droit à une des réclamations de La Motte et supprimé, pour cette fois, les confidents. On a essayé de réaliser définitivement ce progrès dans le drame moderne ; on y a rarement réussi. Les confidents n'ont fait que changer de nom ou de costume. Au lieu de se nommer Théramène ou Arcas, c'est Gubetta ou Gudiel ; voilà tout.

Si l'auteur d'*Oreste* parvint à se persuader que sa pièce avait réussi, il ne le persuada pas au public. Au fond, c'était le même sujet que *Sémiramis* et *Hamlet*, et les trois mêmes personnages dans une situation identique, moins le romantisme : revenir si vite au même thème en reprenant les procédés classiques, n'était pas une chance de succès.

II

La tragédie qui arriva ensuite, *Catilina ou Rome sauvée,* fut une nouvelle concurrence faite à Crébillon, et une nouvelle illusion de Voltaire. Il en avait emprunté le sujet et quelques scènes à Ben-Johnson. Le personnage de Cicéron lui plaisait : il s'y voyait lui-même, quand il disait avec des yeux étincelants :

Romains, j'aime la gloire, et ne veux point m'en taire ;
Des travaux des humains c'est le digne salaire...

Il se mirait dans ce rôle, et dès lors trouvait la pièce assez belle. Il la joua d'abord chez lui, dans la maison qu'il avait louée en commun avec M. du Châtelet [1] ; ensuite chez la duchesse du Maine, à Sceaux ; plus tard chez le roi de Prusse : les princes de la famille royale y remplirent des rôles ; le prince Henri s'y distingua [2].

Catilina manque pour nous d'intérêt et de vie, et sent la rhétorique. L'éloge qu'en fait un maître illustre, disant que Voltaire dans cette tragédie « s'est quelquefois heureusement approprié la mâle gravité de Corneille [3] », conviendrait mieux, ce me semble, à *la Mort de César*. Trop souvent, dans *Catilina*, le style flotte comme l'action ; et ce qu'il peut y avoir de vérité dans les sentiments disparaît noyé dans les périphrases.

Alexandre Dumas, lui aussi, a fait un *Catilina*, drame en prose : plein de fantaisie, mais de vie, et terriblement réaliste. Dès le prologue, on assiste au viol d'une vestale. L'enfant de ce viol deux fois sa-

---

1. Rue Traversière-Saint-Honoré. Elle était située à l'endroit où se termine aujourd'hui du côté ouest, la Place du Théâtre-Français, et où commence l'Avenue de l'Opéra, percée sur l'emplacement de la Butte des Moulins.

2. Ainsi que dans *le Duc d'Alençon*, qui n'est autre qu'*Adélaïde Du Guesclin*, moins les rôles de femmes. Voir ci-dessus, 4ᵉ leçon, page 120.

3. Villemain, xviiiᵉ *siècle*, 12ᵉ leçon. Paris, Didier, 1838.

crilège, perpétré au milieu d'une cérémonie funèbre, servira à sauver son père. L'auteur nous jette ensuite dans des scènes d'élections qui rappellent celles du *Coriolan* de Shakspeare. Il s'agit d'élire deux consuls ; Rome est partagée en deux camps ; Catilina et Cicéron sont en présence : celui-ci très conservateur, quoique homme nouveau ; l'autre ardent révolutionnaire. Cicéron essaye d'abord de la conciliation, et propose à son rival de le faire nommer consul avec lui ; Catilina refuse. Cicéron alors le fait arrêter, ou plutôt enfermer sur place, dans la maison même où il se trouve. La scène est vive et bien menée.

CICÉRON.

Prenez garde... Nous avons décidé que, si vous n'acceptiez pas mes propositions, vous ne seriez pas consul.

CATILINA.

Et comment empêcherez-vous mon élection ?

CICÉRON.

Oh ! d'une façon bien simple. Pour être nommé consul, n'est-ce pas, il faut se trouver le jour de l'élection dans l'enceinte des murs de Rome ?

CATILINA.

J'y suis, ce me semble.

CICÉRON.

Oui ; mais cette maison où nous vous avons suivi, où nous vous tenons enfermé, cette maison qui appartient à Clinias, c'est-à-dire à un de mes amis, touche à la porte Flaminia. En dix minutes, nous vous emportons par-delà les murs ; en six heures nous vous conduisons à bord d'un bâtiment qui attend à Ostia ; en quinze jours, ce bâtiment vous conduit en Gaule, en Espagne, en Égypte. Pendant ce temps, les élections se font, et, comme vous n'êtes pas à Rome, vous n'êtes pas nommé.

CATILINA.

Ah? voilà le moyen que comptent employer, pour se débarrasser d'un homme qui les gêne, Caton, Lucullus, Cicéron, les gens vertueux !... Soit ; mais on revient de la Gaule, de l'Espagne et de l'Égypte ; on en revient plus fort, par cela même qu'on a été persécuté. Je reviendrai d'Égypte, d'Espagne et de Gaule ; je démasquerai les hommes vertueux ; et, comme on nomme des consuls tous les ans, je serai nommé consul l'année prochaine.

La pièce de Dumas est faite comme un roman. Elle est bien de l'homme qui disait à Lamartine en guise d'éloge à propos de l'*Histoire des Girondins* : « Savez-vous à quoi vous devez votre immense succès ? A ce que vous avez élevé l'histoire à la hauteur du roman. »

Catilina, bloqué dans cette maison, s'échappe (par une trappe que lui ouvre son fils), comme un simple Planchet dans *les Mousquetaires*. J'avoue que cela manque de solennité tragique. N'importe ! le drame ne vous lâche pas : vous êtes pris, bien plus sûrement que Catilina. Pourquoi ? parce que l'étincelle de l'imagination moderne met le feu à ces aventures plus ou moins antiques. Fantaisie tant que vous voudrez ; mais cela vit, et la pièce de Voltaire ne vit pas.

Laissons donc la tragédie de *Catilina* avec celle

d'*Oreste*, et arrivons à *l'Orphelin de la Chine*, qui est proprement le sujet de cette leçon.

III

C'est déjà une sorte de drame moderne, tiré pourtant d'une ancienne pièce chinoise, *l'Orphelin de Tchao*, dont le titre complet est ainsi conçu : *Tchao-chi-kou-eul-ta-pao-tcheou*, c'est-à-dire : « Le petit Orphelin de la famille de Tchao, qui se venge d'une manière éclatante. » Elle est extraite d'un répertoire en quarante volumes, qui porte le titre de *Youen-jin-pé-tchong*, « les Cent pièces de théâtre des Youen [1] », ou princes de la famille de Gengis-khan, qui ont régné en Chine depuis 1260 jusqu'en 1341.

Cette pièce avait été traduite, en 1731, par le Père Prémare [2].

---

1. La 91e pièce est une comédie intitulée *l'Avare*. On en trouvera l'analyse dans les notes de *l'Aulularia* de Plaute, traduite par Naudet.

2. Qui résidait à Pékin, et qui, depuis trente ans, faisait sa principale étude de la langue chinoise. Il confia son manuscrit à deux de ses amis, MM. Du Velaer et Du Brossai, qui partaient pour l'Europe. Mais ceux-ci, au lieu de le remettre à M. Fourmont l'aîné, comme ils en étaient chargés, l'envoyèrent au Père Du Halde, qui l'imprima dans le troisième volume de sa *Description de la Chine*. Cet ouvrage ayant paru en 1735, M. Fourmont fut très surpris d'y voir *l'Orphelin de Tchao*. Il se plaignit amèrement de ce procédé du Père Du Halde, et inséra dans sa *Grammaire chinoise*, imprimée en 1745, un ex-

L'abbé poète italien Métastase en fit une imitation dans sa langue, sous ce titre : *le Héros chinois (l'Eroe cinese)*. Voltaire ensuite accommoda à la scène française l'idée principale, en laissant de côté maints détails bizarres, dont il s'amuse dans l'Épitre dédicatoire adressée au maréchal duc de Richelieu : « On ne peut, dit-il, comparer *l'Orphelin de Tchao* qu'aux tragédies anglaises et espagnoles du dix-septième siècle, qui ne laissent pas de plaire au delà des Pyrénées et de la mer. L'action de la pièce chinoise dure vingt-cinq ans [1], comme dans les farces monstrueuses de Shakspeare et de Lope de Vega, qu'on a nommées tragédies. C'est un entassement d'événements incroyables. L'ennemi de la maison de Tchao veut d'abord en faire périr le chef, en lâchant sur lui un gros dogue, qu'il fait croire être doué de l'instinct de découvrir les criminels, comme Jacques Aymar, parmi nous, devinait les voleurs par sa baguette. Ensuite il suppose un ordre de l'empereur et envoie à son ennemi Tchao une corde, du poison, et un poignard : Tchao chante, selon l'usage, et se coupe la gorge, en vertu de l'obéissance que tout homme sur la terre doit de droit divin à un empe-

---

trait de la lettre d'envoi du Père Prémare, d'où il résulte clairement que le manuscrit de cet ouvrage lui était destiné. Cette circonstance donna lieu à une polémique très vive... » — Avant-Propos de *Tchao-chi-kou-eul*, traduction de M. Stanislas Julien, 1 vol. in-8°, Paris, Moutardier, 1834.

1. Non, mais vingt et un, je crois.

reur de la Chine. Le persécuteur fait mourir trois cents personnes de la maison de Tchao. La princesse, veuve, accouche de l'Orphelin. On dérobe cet enfant à la fureur de celui qui a exterminé toute la maison et qui veut encore faire périr au berceau le seul qui reste[1]. Cet exterminateur ordonne qu'on égorge dans les villages d'alentour tous les enfants, afin que l'Orphelin soit enveloppé dans la destruction générale. On croit lire *les Mille et une Nuits* en action et en scènes ; mais, malgré l'incroyable, il y règne de l'intérêt... »

M. Stanislas Julien a donné, en 1834, une traduction nouvelle de ce drame chinois, plus exacte que celle du Père Prémare, et l'a fait précéder d'un Avant-Propos, où se trouvent des détails précis qui complètent l'analyse un peu moqueuse de Voltaire, ou qui, en repassant sur certains traits, les marquent plus exactement.

La pièce chinoise est en cinq actes et un prologue ; écrite en prose, mais entremêlée de couplets en vers, à peu près comme nos comédies-vaudevilles de la première moitié de ce siècle, ou comme nos opéras-comiques. Les vers de ces couplets ne font en général que répéter ce qui vient d'être dit en prose. Aussi le Père Prémare avait-il cru pouvoir les supprimer, comme faisant double em-

---

1. Cf. *Athalie* et *Mérope*.

ploi. En tête de chaque couplet, ainsi que dans nos vaudevilles encore, est indiqué le timbre de l'air sur lequel il doit être chanté.

Les redites et les répétitions paraissent être dans le goût de l'esprit chinois : en effet, ce n'est pas seulement dans les vers, c'est dans la prose également que les faits sur lesquels la pièce repose sont répétés à satiété, d'acte en acte et de scène en scène.

Le commencement du drame, ou son point de départ, ressemble à la légende biblique qu'on appelle le massacre des innocents. Un méchant ministre, tyran en sous-ordre, nommé Tou-'an-kou, veut faire périr le futur héritier de la puissante maison de Tchao, et voici le moyen dont il s'avise : « Je vais feindre un ordre du Roi, dit-il, et me faire apporter tous les enfants mâles du royaume de Tsin ayant plus d'un mois et moins de six. Je les couperai en trois, tous, les uns après les autres : ainsi je ne peux manquer d'envelopper dans ce massacre l'Orphelin de la Maison de Tchao... »

Il y a, comme épisode, une histoire de chien, qui rappelle en un sens celle du chien de Montargis ; mais le chien de Montargis reconnaît réellement un coupable, au lieu que le chien Chin-'ao [1] est seulement dressé au moyen d'une ruse à paraître doué d'un instinct merveilleux pour reconnaître un coupable, tandis que ce prétendu coupable est un inno-

---

1. Espèce haute d'environ un mètre.

cent que son ennemi tente de faire ainsi périr. L'homme échappe. L'ennemi poursuit sa victime. Ici vient un incident, dont la description semble un peu outrée : « Ce vertueux ministre, s'étant échappé du palais, courut à son char pour y monter. Mais l'homme vêtu de rouge (son ennemi), ayant fait dételer deux des quatre chevaux et démonter une des deux roues, impossible de rouler ! Heureusement vint à passer dans le moment un homme doué d'une force prodigieuse, qui soutint avec son bras le bout de l'essieu, et fouetta les chevaux. Le frottement rapide du char usait sa manche, qui laissait voir sa peau ; sa peau usée laissait voir sa chair ; sa chair usée laissait voir ses muscles ; ses muscles usés laissaient voir ses os ; ses os usés laissaient voir sa moelle. Cependant il continuait à soutenir l'essieu et à faire aller la roue [1], et bientôt le char disparut dans la campagne. »

L'Orphelin de la Chine, sauvé du massacre comme Joas, est élevé en secret pour venger la mort de son père et de sa mère, et des trois cents personnes

---

1. La traduction de M. Stanislas Julien dit : « et à pousser la roue. » J'avertis que je me suis permis de substituer à ces mots ceux-ci : « et à faire aller la roue. » Il me semble qu'ils se comprennent mieux. En effet, pendant que cet homme courageux soutient de sa main, ou de son bras, l'extrémité de l'essieu où manque la roue, celle qui reste à l'autre extrémité peut rouler, et roule en effet. C'est donc lui qui la « fait aller » ; mais point du tout en la « poussant » ; comment la pousserait-il, puisqu'il est de l'autre côté du char à soutenir l'essieu où manque l'autre roue ?

de sa maison que le tyran a fait périr. Un serviteur dévoué a sacrifié son propre fils en le substituant à l'Orphelin de la famille de Tchao pour sauver celui-ci. Un laps de vingt et un ans s'écoule entre le troisième et le quatrième acte : d'enfant, l'Orphelin est devenu homme. Alors, selon la promesse du titre, il se venge d'une manière éclatante, et rend massacre pour massacre. Tel est ce drame, un peu primitif, mais qui ne laisse pas d'attacher.

Le lieu de la scène change souvent, sans que l'on en soit averti. On voit, du reste, en maint endroit, à tel ou tel acte [1], que le décor devait représenter au moins deux lieux à la fois. Les scènes ne sont point liées entre elles : ainsi le quatrième acte commence par quatre monologues successifs, qui ne se rattachent pas l'un à l'autre, et dits par des personnages différents. Chaque personnage, non seulement dans le premier acte, mais tout le long de la pièce, commence toujours par dire : « Je suis un tel. » — Par exemple :

Prologue, scène 1re : « Je suis Tou-'an-kou, général en chef du royaume de Tsin. »

Ibidem, scène II : « Je m'appelle Tchao-so ; je suis attaché au service du Roi. »

Puis, à l'acte Ier, scène Ire, cela recommence : « Je suis Tou-'an-kou (déjà nommé). »

A la scène IV : « Je suis Tching-ing ; j'exerce la profession de médecin. »

---

1. Notamment, au quatrième acte, scènes V et VI.

A la scène v : « Je suis Han-kioué, le général en second, adjudant de Tou-'an-kou. »

Ensuite, à l'acte II, scène III : « Le vieillard que vous voyez s'appelle Kong-sun-tchou-kieou. »

A l'acte III, scène II : « Je suis Tching-ing » (qui nous l'a déjà dit à l'acte Ier, scène IV).

De même, à la scène III de l'acte III, reparaît le vieillard, qui nous redit : « Le vieillard que vous voyez est Kong-sun-tchou-kieou. »

Acte IV, scène Ire : « Je suis Tou-'an-kou. » *(Ter.)*

Scène III : « Je suis Tching-peï. »

Acte V, scène Ire : « Je suis Weï-kiang, le premier ministre du royaume de Tsing. »

Scène II : « Je suis Tching-peï. » *(Bis.)*

Scène v : « Je suis Weï-kiang. » *(Bis.)*

Procédé monotone. M. Stanislas Julien l'explique ainsi : « Le même comédien remplit souvent plusieurs rôles ; c'est pour cela qu'un acteur ne commence jamais à parler pour la première fois sans décliner ses noms. Autrement le spectateur pourrait se tromper en voyant le même visage à deux acteurs (personnages) différents. » J'en demande pardon à l'éminent traducteur, mais cette explication ne me semble pas suffisante. D'abord l'acteur qui joue plusieurs rôles ne peut-il, comme dans nos revues, se rendre dissemblable par la différence du costume ? Ensuite, ce n'est pas seulement lorsqu'un personnage commence à parler pour la première fois qu'il décline son nom

Et dit : « Je suis Oreste, » ou bien « Agamenon [1]; »

c'est chaque fois qu'il reparaît, même à un intervalle très court, et sans avoir pu faire un autre personnage dans cet intervalle.

La pièce entière n'est qu'une série d'épisodes, mais qui tous se rapportent à l'Orphelin : c'est la seule unité. « A peine est-il né, que sa mère se tue pour assurer le succès de sa fuite ; et le chef même des soldats qui doivent empêcher cette fuite, touché de pitié à son aspect, se tue à son tour pour échapper au devoir cruel que lui a imposé le persécuteur des Tchao... Sacrifices accomplis si vite et si aisément, dit Saint-Marc Girardin, qu'ils cessent presque de paraître héroïques... Pourquoi cet enfant est-il sauvé au prix de tant de vies généreuses ? Afin que la famille des Tchao ne soit pas anéantie tout entière, afin que les tombeaux de cette famille ne restent pas sans quelqu'un qui les conserve et qui les honore. Dans Voltaire, il s'agit de sauver le dernier héritier des Rois, et c'est à la fidélité monarchique que Zamti immole son fils. Ce sentiment pouvait être compris sur notre théâtre. Dans l'auteur chinois, l'Orphelin des Tchao n'est pas le rejeton d'une race royale et le dernier héritier de l'Empire ; c'est seulement le dernier descendant d'une ancienne et puissante famille. Le salut de l'État n'est point attaché à ses jours, et ce n'est ni le patriotisme ni la fidélité mo-

---

1. Boileau, *Art poétique*, Chant III.

narchique qui sont intéressés à défendre sa vie. La fidélité du serviteur (j'allais dire du vassal, tant les mœurs féodales se rapprochent des mœurs de cette pièce chinoise !), la reconnaissance des anciens amis de la famille, l'idée enfin de perpétuer la famille des Tchao, afin que les tombeaux de cette maison aient toujours leurs libations et leurs honneurs accoutumés, voilà ce qui protège l'Orphelin, voilà ce qui inspire en sa faveur tant de généreux dévouements [1] ».

Voltaire vit dans ce sujet l'occasion d'un de ces grands tableaux d'histoire dont il aimait à illustrer ses tragédies. Il se proposa de peindre à grands traits les mœurs des Chinois, et celles des Tartares leurs envahisseurs sous la conduite de Gengis-khan [2], qui est le principal personnage de la pièce, et d'opposer la civilisation des uns à la barbarie et à la férocité des autres. Beau projet, faiblement exécuté. En supposant que le contraste entre les mœurs des premiers et celles des seconds apparaisse suffisamment, en tout cas les uns et les autres parlent le même langage, vague et déclamatoire, sans précision, sans réalité. La pièce, à part cela, romanesque comme *Zaïre* et *Alzire*, ne manque pas d'un certain souffle héroïque.

L'action se passe « au Cathay », qui se nomme aujourd'hui la Chine, « dans la ville capitale de

1. *Cours de Littérature dramatique*, tome Ier, 17e leçon.
2. Né l'an 1164 de notre ère, mort en 1227.

Cambalu », qui se nomme aujourd'hui Pékin. Un jeune Tartare, exilé, proscrit, connu seulement sous le nom de Témugin, était venu, quelques années auparavant, s'y réfugier, et, ayant reçu l'hospitalité chez les parents de la jeune Idamé, s'était épris d'elle. Idamé n'eût pas été insensible à cet amour, si ses parents l'eussent permis. Mais ils n'ont pas voulu donner leur fille à un étranger, de race barbare. Témugin, le cœur plein de ressentiment, est retourné en Tartarie. De proscrit qu'il était jadis, il a su devenir puissant par son courage et illustre dans sa patrie : il se nomme aujourd'hui Gengis-khan. Il revient conquérir la Chine, — et sa jeune Chinoise, qu'il aime toujours. Il la trouve mariée, et mère d'un fils. Tel est le point de départ de la pièce française. Idamé, pour obéir à ses parents, s'est vue contrainte à épouser un homme de leur pays, le mandarin Zamti, non sans donner quelques regrets au jeune et fier proscrit.

> Il m'aimait ; et mon cœur s'en applaudit peut-être ;
> Peut-être qu'en secret je tirais vanité
> D'adoucir ce lion dans mes fers arrêté [1],
> De plier à nos mœurs cette grandeur sauvage,
> D'instruire à nos vertus son féroce courage,
> Et de le rendre enfin, grâces à ces liens,
> Digne un jour d'être admis parmi nos citoyens.
> Il eût servi l'État qu'il détruit par la guerre...
> Un refus a produit les malheurs de la terre.

1. Cf. Doña Sol à Hernani :
Vous êtes mon lion superbe et généreux.

> De nos peuples jaloux tu connais la fierté :
> De nos arts, de nos lois l'auguste antiquité,
> Une Religion de tout temps épurée,
> De cent siècles de gloire une suite avérée,
> Tout nous interdisait, dans nos préventions,
> Une indigne alliance avec les nations.
> Enfin un autre hymen, un plus saint nœud m'engage...

Le drame commence donc à la prise de Pékin par Gengis-khan et son armée. De la dynastie détrônée par l'invasion des Tartares, il ne survit qu'un faible enfant ; le vainqueur veut assurer sa conquête définitive par la mort du royal Orphelin. Zamti et Idamé, auxquels il a été confié en secret, ne peuvent le sauver qu'en faisant passer leur propre enfant pour le jeune prince et en le sacrifiant à sa place. Zamti met son devoir de fidèle sujet avant son devoir de père, et résout de livrer son fils ; Idamé, mère avant tout, résiste. Zamti essaye de l'entraîner :

> Idamé, souviens-toi
> Que mon devoir unique est de sauver mon Roi :
> Nous lui devons nos jours, nos services, notre être,
> Tout, jusqu'au sang d'un fils, qui naquit pour son maître...

Zamti insiste vainement : la mère ne saurait se résoudre à ce sacrifice qui révolte la nature :

> Que j'immole mon fils ?

> ZAMTI.
> Telle est notre misère :
> Vous êtes citoyenne avant que d'être mère.

IDAMÉ.

Quoi ! sur toi la nature a si peu de pouvoir ?

ZAMTI.

Elle n'en a que trop ! mais moins que mon devoir :
Et je dois plus au sang de mon malheureux maître
Qu'à cet enfant obscur à qui j'ai donné l'être.

IDAMÉ.

Non ! je ne connais pas cette horible vertu...

Jusque-là l'accent reste vrai ; mais bientôt le ton change, et cela tourne au philosophisme ; une discussion se substitue à l'action ; et, après la thèse, celle du dévouement absolu aux rois, vient l'antithèse, celle de l'égalité :

> Ces rois ensevelis, disparus dans la poudre,
> Sont-ils pour toi des Dieux dont tu craignes la foudre ?
> A ces Dieux impuissants, dans la tombe endormis,
> As-tu fait le serment d'assassiner ton fils ?
> Hélas ! grands et petits, et sujets et monarques,
> Distingués un moment par de frivoles marques,
> Égaux par la nature, égaux par le malheur,
> Tout mortel est chargé de sa propre douleur ;
> Sa peine lui suffit ; et, dans ce grand naufrage,
> Rassembler nos débris, voilà notre partage...[1].

Est-ce Idamé qui parle, ou le poète philosophe ? Et plus loin, dans la même scène, c'est lui assurément qui dit encore :

> Je ne dois point mon sang en tribut à leur cendre.
> Va, le nom de sujet n'est pas plus saint pour nous
> Que ces noms si sacrés et de père et d'époux.

1. Acte II, scène III.

> La nature et l'hymen, voilà les lois premières,
> Les devoirs, les liens, des nations entières ;
> Ces lois viennent des Dieux, le reste est des humains.
> Ne me fais point haïr le sang des souverains...

Voilà la contre-partie égalitaire de la thèse monarchique. Aussi ces vers, quoique mal placés dans la bouche d'Idamé, étaient-ils applaudis « avec transport », au témoignage de Condorcet, parce qu'ils répondaient aux sentiments du parterre. Mais, s'ils sont vrais philosophiquement, dramatiquement ils sont faux. Zamti et Idamé peuvent-ils, quand leur fils est près de périr, discuter sur les devoirs du citoyen et du père ?... « Je suis gêné, dit Saint-Marc Girardin, par le ton sentencieux de cette discussion... Je lis un traité des devoirs, au lieu d'assister à une tragédie [2]. »

Idamé, non moins ferme dans son amour maternel que Zamti dans son dévouement féodal, prend le parti d'aller demander la vie de son enfant à Gengis-khan lui-même, en lui révélant par quelle substitution on l'a trompé. Elle paraît devant le vainqueur : Gengis reconnaît en elle la femme qu'il aima, lorsque, cinq ans auparavant, proscrit, il habitait près d'elle, sous le même toit.

OSMAN

Voilà cette captive à vos pieds amenée.

---

2. Saint-Marc Girardin, *Cours de Littérature dramatique*, tome Ier, 17e leçon.

GENGIS.

Que vois-je ? Est-il possible ? O ciel ! ô destinée !
Ne me trompé-je point ? Est-ce un songe, une erreur ?...
C'est Idamé ! c'est elle !... et mes sens [1]...

Le farouche vainqueur s'attendrit ; peu s'en faut que ce Tartare ne tombe en faiblesse. Devant le public français du temps de nos pères, il était indispensable que le héros fût amoureux. Quel que soit son nom, son titre, son caractère, qu'il se nomme Orosmane, ou Mahomet, ou Gengis-khan, ou Polyeucte, il aime, il soupire.

Sur mes pareils, Néarque, un bel œil est bien fort !

Voltaire, cependant, s'est souvent moqué des Mithridate et des Sertorius amoureux ; mais lui-même cède au torrent. Pour les Français, au moins de l'ancien régime, un héros non amoureux n'est pas un héros [2]. Ainsi le veut le tour d'esprit galant et le tempérament de la nation, non seulement au théâtre et dans le roman, mais dans l'histoire même. N'est-ce pas par là que le Béarnais a été populaire et a conquis la France ? Son esprit n'y eût point suffi peut-être, ni son bon sens, ni sa bravoure, ni sa gaieté ; il a fallu qu'il fût, comme dit la chanson, « un vert galant ».

1. Acte III, scènes I et II.
2. Voir *le Romantisme des Classiques*, 2e série, *Racine*, tome Ier, page 80.

Doit-on, après cela, s'étonner si Gengis-khan, ce vainqueur sanguinaire, faiblit devant sa captive, comme Pyrrhus devant Andromaque ?

> Est-il bien vrai que j'aime ? est-ce moi qui soupire ?
> Qu'est-ce donc que l'amour? a-t-il donc tant d'empire?

Mais Idamé n'est pas veuve comme Andromaque. Gengis, après quelques scrupules élégamment exprimés (car ce Tartare, évidemment, sait son Racine par cœur[1]), lui propose de laisser là son vertueux époux, au moyen du divorce. Si la proposition est un peu forte, le langage est d'une galanterie qui, dans la bouche de ce khan, fait un effet encore plus singulier que les fadeurs du sultan Orosmane avec sa captive Zaïre. Ces vers ne sont ni sans harmonie ni sans grâce : ils n'en ont que trop.

GENGIS.

> Peut-être ce n'est pas sans un ordre des Cieux
> Que mes prospérités m'ont conduit à vos yeux ;
> Peut-être le Destin voulut vous faire naître
> Pour fléchir un vainqueur, pour captiver un maître,
> Pour adoucir en moi cette âpre dureté
> Des climats où mon sort en naissant m'a jeté.
> Vous m'entendez : je règne, et vous pourriez reprendre
> Un pouvoir que sur moi vous deviez peu prétendre.
> Le divorce, en un mot, par mes lois est permis :
> Et le vainqueur du monde à vous seule est soumis.
> S'il vous fut odieux, le trône a quelques charmes,
> Et le bandeau des rois peut essuyer des larmes.

1. Voir acte III, scène IV, et acte IV, scène IV.

Métaphore qui sent son Watteau et son Fragonard. Cela rappelle le soi-disant sauvage Hippolyte disant à Aricie, dont le charme l'enchaîne :

>Quel étrange captif pour un si beau lien [1] !

Idamé refuse, mais avec adresse, ne voulant pas heurter de front un vainqueur tout-puissant. Nous connaissons déjà cette « coquetterie vertueuse » [2]. Elle lui rappelle le passé, et ne craint même pas de lui avouer qu'elle eût été heureuse et fière de répondre à l'amour de Témugin proscrit, si ses parents l'eussent voulu :

>Il vous souvient du temps et de la vie obscure
>Où le Ciel enfermait votre grandeur future [3] ;
>L'effroi des nations n'était que Témugin ;
>L'univers n'était pas, Seigneur, en votre main ;
>Elle était pure alors, et me fut présentée...
>Apprenez qu'en ce temps je l'aurais acceptée.

GENGIS.

Ciel ! que m'avez-vous dit ? ô Ciel ! vous m'aimeriez ! Vous !...

---

1. Racine, *Phèdre*, acte II, scène II.
2. Voir *le Romantisme des Classiques*, 2ᵉ série, *Racine*, tome Iᵉʳ p. 102 au bas, sur *Andromaque*.
3. Cela semble une réminiscence de Racine, à propos de la jeunesse d'Alexandre, inconnu encore des autres et de lui-même :

>Ce foudre était encore enfermé dans la nue.

Mais cette réminiscence fait l'effet d'un surmoulage. Combien la métaphore est plus nette chez Racine !

— Non, elle ne l'aime plus : à présent elle appartient à un autre. C'est le fond de la scène de Pauline avec Sévère. Mais Gengis n'a point la modération ni les respects de celui-ci. Le refus d'Idamé excite son courroux. Il la menace de faire périr le rival préféré. Elle demeure ferme : cela ne fait que redoubler sa colère avec son amour :

> Je vous aime encor plus quand vous me résistez !
> . . . .
> Ma fureur peut aller plus loin que ma tendresse...

Idamé invoque les lois. — Les lois ? Il s'agit bien des lois !

> Il n'est ici de lois que celles de mon cœur,
> Celles d'un souverain, d'un Scythe, d'un vainqueur.

La jeune femme (une Monime en même temps qu'une Pauline) se laisse encore moins ébranler par la menace que par la prière. Elle aime mieux mourir que de céder. Jusque-là, dirons-nous encore, c'est bien ; mais le poète ne dépasse-t-il pas la juste mesure et la vraie grandeur, lorsqu'en présence des menaces de Gengis, Zamti veut sacrifier non seulement son fils et lui-même, mais sa femme, et prend la résolution de mourir pour la laisser au vainqueur ?

IDAMÉ.

Ordonne : que veux-tu ? que faut-il ?

ZAMTI.

                M'oublier,
Vivre pour ton pays, lui tout sacrifier.
Ma mort, en éteignant les flambeaux d'hyménée,
Est un arrêt des Cieux qui fait ta destinée.
Il n'est plus d'autres soins ni d'autres lois pour nous ;
L'honneur d'être fidèle aux cendres d'un époux
Ne saurait balancer une gloire plus belle :
C'est au Prince, à l'État, qu'il faut être fidèle.
Remplissons de nos Rois les ordres absolus ;
Je leur donnai mon fils, je leur donne encor plus :
Libre par mon trépas, enchaîne ce Tartare ;
Éteins sur mon tombeau les foudres du barbare...
. . . .
Tu serviras de mère à ton Roi malheureux...

A cette proposition étrange [1], Idamé, qui est la raison et l'honneur mêmes, répond, avec un ton de juste reproche :

Penses-tu que je sois moins épouse que mère?...

Et voici, quant à elle, ce qu'elle propose : c'est d'aller prendre l'Orphelin de la Chine dans les tombeaux de ses ancêtres, où elle l'a caché, et de se mettre, elle et son époux, avec lui, à la tête des troupes, pour vaincre ou mourir :

De ces tombeaux sacrés je sais tous les chemins ;
Je cours y ranimer sa languissante vie,
Le rendre aux défenseurs armés pour la patrie,

1. Cf. le dénouement de *Jacques*, dans George Sand.

> Le porter en mes bras dans leurs rangs belliqueux,
> Comme un présent d'un Dieu qui combat avec eux.
> Nous mourrons, je le sais, mais tout couverts de gloire ;
> Nous laisserons de nous une illustre mémoire :
> Mettons nos noms obscurs au rang des plus grands noms ;
> Et juge si mon cœur a suivi tes leçons.

Voilà, cette fois, de la vraie grandeur. Ce souffle élevé, généreux, enlève la fin du quatrième acte. — Le cinquième est assez faible de construction ; mais la magnanimité se soutient. Ils ont fait comme elle avait dit ; mais, cette dernière bataille livrée, ils l'ont perdue. Gengis, vainqueur encore une fois, tient en sa puissance Idamé, Zamti, et les deux enfants, l'Orphelin royal et le fils de nos deux héros. Piqué de générosité, il leur fait grâce à tous.

Si la tragédie doit être, comme la concevaient Eschyle, Sophocle et Corneille, l'école de la grandeur d'âme, cette pièce n'est pas au-dessous d'une si noble définition. Dans l'*Épître* par laquelle l'auteur la dédie au maréchal duc de Richelieu, il rappelle que le théâtre doit être « une école de morale, où l'on enseigne la vertu en action et en dialogue. » Dans quelques lettres à ses amis, il fait mine de n'être pas sans appréhension, justement au sujet des hautes leçons morales qui ressortent avec éclat de cette pièce, les malignes gens pouvant s'aviser de la différence qu'il y avait entre la chaste et fidèle Idamé et la toute-puissante marquise de Pompadour, qui avait aimé mieux, quant à elle, être la favorite d'un Roi que l'épouse fidèle, non d'un mandarin, mais d'un financier. L'auteur craignait donc, ou feignait de craindre, que les méchants ne voulussent trouver là matière à épigrammes dont on l'eût rendu responsable. Il écrit à sa nièce madame de Fontaine : « C'est bien assez que mes trois magots vous aient plu ; mais ils pourraient déplaire à d'autres personnes ; et, quoique ni vous ni elles ne soyez pas absolument disposées à vous tuer avec vos maris, cependant il se pourrait trouver des gens qui feraient croire que, toutes les fois qu'on ne se tue pas en pareil cas, on a grand tort ; et on irait s'imaginer que les dames qui se tuent à six mille lieues d'ici font la satire de celles qui vivent à Paris. »

Au reste il avoue que « ses magots chinois et son brigand tartare n'ont pas la sève et le montant d'*Alzire* ».

Le mandarin Zamti est un caractère artificiel, un philosophe à hyperboles, qui débite de froides sentences. Après que nos rois ont été tués, dit-il,

Après l'atrocité de leur indigne sort,
Qui pourrait redouter et refuser la mort ?
Le coupable la craint, le malheureux l'appelle,
Le brave la défie et marche au-devant d'elle ;
Le sage, qui l'attend, la reçoit sans regrets.

15.

Tous ces petits morceaux de glace, pesés par le philosophe dans des balances d'orfèvre, ne réchauffent pas la scène. Idamé elle-même, la jeune mandarine, plus intéressante à coup sûr que son mari, mais mise à trop bonne école, prononce aussi quelques sentences ; par exemple, à propos des Tartares :

> On dit que ces brigands, aux meurtres acharnés,
> Qui remplissent de sang la terre intimidée,
> Ont d'un Dieu cependant conservé quelque idée :
> Tant la Nature même, en toute nation,
> Grava l'Être suprême et la Religion !

Idamé est donc, elle aussi, une petite philosophe comme Zaïre.

Quel est, d'ailleurs, le sens du grand tableau d'histoire que Voltaire s'était proposé de peindre dans *l'Orphelin de la Chine?* c'est le triomphe de la philosophie et de la civilisation sur la force brutale, la guerre et la conquête. Les Tartares vainqueurs subissent l'ascendant de la nation vaincue, plus éclairée et plus lettrée, comme les Romains conquérants des Grecs furent à leur tour conquis par eux [1]. La Chine, amoureuse des arts de la paix, impose ses mœurs à ses vainqueurs. Les Mandchous ont donné des maîtres aux Chinois; à ceux-ci appartiendra bientôt la Mandchourie entière.

Cette thèse donne lieu à tous les contrastes, cher-

---

1. *Græcia capta ferum victorem cepit, et artes
Intulit agresti Latio.*
HORAT., *Epist. ad Pisones.*

chés sinon réalisés. Les descriptions où le poète a essayé de faire des oppositions de couleur locale entre la civilisation chinoise et la férocité tartare sont vagues et confuses. La construction du drame lui-même disparaît dans les discours. Grimm a bien senti ce défaut : « La pièce, dit-il, commence par deux ou trois récits des succès de Gengis-khan. Ces récits sont fort beaux, mais ils ne finissent point; ils devraient être renfermés dans quatre ou six vers tout au plus. Au moment que Gengis-khan entre victorieux dans la capitale, que tout est livré au carnage et à la mort, a-t-on le temps, a-t-on envie de rester en place, et de s'entendre conter ce qui se passe ? Ces récits, d'ailleurs, sont presque totalement inutiles pour l'intelligence de la pièce.... On nous parle quelquefois de la confusion de la ville ; mais nous n'en voyons aucun indice sur la scène, où Idamé seule nous occupe. Or, quelque intéressante qu'elle soit, son danger n'a plus rien qui émeuve lorsque l'imagination vous en distrait par l'idée de tout un peuple qui périt... Mais le principal reproche qu'on puisse faire à M. de Voltaire, c'est d'avoir manqué le rôle de Gengis-khan. Ce conquérant n'a pas proprement de caractère dans la pièce : il ne sait ce qu'il veut ; il est féroce, il est indécis ; il est doux, il est emporté ; mais surtout il est raisonneur et politique, qualités insupportables dans un Tartare. Il raisonne sur la Religion et sur les Arts, comme s'il avait passé sa vie à méditer et à réfléchir. Il fallait faire de Gengis-khan un Tartare féroce, violent, emporté, sensible au bien sans le connaître ; capable, dans le premier mouvement, des plus grands crimes et des plus belles actions... [1]. »

En effet, si le mandarin Zamti est hors nature, ce Gengis-Témugin, cet « empereur Tartare » si romanesque, est encore plus impossible. On ne saurait être à la fois si Tartare et si Céladon.

Quant à ces récits que Grimm trouve « fort beaux », je suppose que l'éloge est destiné à faire passer la critique. A dire vrai, le style en est trop lâche, avec des périphrases épouvantables, contrefaçon d'un procédé racinien poussé à l'excès. Racine sait user avec sobriété de certaines périphrases abstraites qui donnent de l'élégance quand elles sont précises ; mais celles de Voltaire ne le sont pas du tout, et quelquefois sont ridicules. Le confident de Zamti, pour lui annoncer qu'on a enlevé l'enfant en l'absence de la mère, afin de le livrer aux vainqueurs, lui dit :

On a ravi son fils dans sa fatale absence ;
A nos cruels vainqueurs on conduit son enfance [2].

Et plus loin :

---

1. Correspondance littéraire, philosophique et critique, 1er septembre 1755. — Voir aussi, sur cette Chine plus ou moins idéale et imaginaire, la même Correspondance, à la date du 15 septembre 1766. Il y a là six pages étincelantes de verve et d'un esprit critique bien avisé.
2. Acte II, scène II.

Seigneur, vous commandiez que notre vigilance
Aux mains d'Idamé même enlevât son enfance [1].

Le style fût-il meilleur, le défaut capital est dans la construction de la pièce. Il y a duplicité d'action et d'intérêt : dans les premiers actes, il n'est question que du sort de l'Orphelin; dans les derniers, il s'agit de savoir si le conquérant enlèvera la femme du mandarin. La pièce n'avait d'abord que trois actes, et peut-être cette duplicité paraissait moins; l'auteur eut le tort de l'étendre jusqu'à cinq : ce défaut apparut alors en pleine lumière. Grimm écrit que ce furent les amis de l'auteur qui exigèrent cinq actes au lieu de trois, et lui firent allonger sa pièce inutilement [2]. Peut-être fut-ce plutôt le contraire, à en juger par ce que Voltaire écrit à D'Argental [3] : « C'est moi, mon cher ange, qui veux et qui fais tout ce que vous voulez, puisque je vous envoie, par pure obéissance, des Tartares et des Chinois dont je ne suis pas content. Il me paraît que c'est un ouvrage plus singulier qu'intéressant, et je dois craindre que la hardiesse de donner une tragédie en trois actes ne soit regardée comme l'impuissance d'en faire une en cinq. »

Il y a apparence que ce qui avait d'abord frappé l'imagination du poète dans *l'Orphelin de Tchao*,

1. Acte III, scène VI.
2. *Correspondance littéraire*, 1ᵉʳ septembre 1755.
3. De Colmar, 8 septembre 1754.

c'était la couleur étrange du sujet ; ensuite l'occasion de développer les hautes moralités et l'héroïsme ; et enfin la philosophie de l'histoire, ressortant du grand tableau dont nous avons parlé. La Chine était à la mode. Elle plaisait à nos philosophes parce que sa religion est la moins mythologique de toutes. Sur la foi de quelques missionnaires habiles, jésuites et gens d'esprit, qui avaient trouvé moyen de mêler les affaires d'argent à la propagande religieuse, et de faire du commerce avec les peuples de ces contrées, tout en les convertissant (du moins ils se l'imaginaient) la Chine était devenue pour nos écrivains libéraux un idéal. Ils se servaient d'elle comme d'un repoussoir, pour faire la satire de nos usages et de nos abus, à peu près comme Tacite faisait la satire de Rome par la peinture idéalisée de la Germanie. Montesquieu rompit le charme lorsqu'il fit connaître que ce peuple éclairé était gouverné en grande partie à coups de bâton. Mais cette désillusion n'avait pas encore commencé quand Voltaire écrivit sa pièce. Il eut donc le champ libre pour faire de son Chinois un personnage ultra-cornélien par son héroïsme impossible, et de sa Chinoise la digne épouse de ce mandarin plus que stoïcien, quoique un peu moins exagérée que lui dans son dévouement à ses princes. L'auteur lui-même a dit le mot : « Ouvrage plus singulier qu'intéressant. »

Nous devons noter que cette tragédie-drame

fut l'occasion d'une réforme assez importante dans le costume[1]. C'est dans cette pièce, au rapport de Grimm, que « les actrices parurent pour la première fois sans paniers. M. de Voltaire a abandonné sa part d'auteur au profit des acteurs, pour leurs habits. Il faut espérer que la raison et le bon sens triompheront, avec le temps, de tous ces ridicules usages qui s'opposent à l'illusion et au prestige d'un spectacle tel qu'il doit être chez un peuple éclairé. — Mademoiselle Clairon a joué le rôle d'Idamé avec un applaudissement général »[2].

Cependant il y a un point sur lequel le Correspondant littéraire n'est pas assez précis : il eût dû rappeler que mademoiselle Clairon avait déjà risqué Électre sans paniers. Seulement ses cheveux, quoiqu'en désordre, étaient encore poudrés à blanc. Mais cette exception d'Électre n'avait pas interrompu l'ancien usage, et mademoiselle Dumesnil jouait encore Athalie et Sémiramis en paniers. C'est donc vraiment de *l'Orphelin de la Chine* et du rôle d'Idamé que date la réforme définitive dont l'honneur revient toujours à mademoiselle Clairon et à Voltaire.

Bien du temps se passa encore avant que Talma osât se montrer les cheveux coupés ras sur le front, d'après le modèle des statues romaines, ce qu'on nomma *à la Titus*; et surtout avant qu'il osât,

1. Voir, sur le costume, *le Romantisme des Classiques*, 2ᵉ série, *Racine*, tome I, p. 28 à 35.
2. Grimm, *Correspondance littéraire*, 15 août 1755.

témérité plus grande encore, paraître les bras nus, à l'antique ; sur quoi sa partenaire, scandalisée, et qu'il n'avait pas prévenue, lui dit tout bas : « C..... [1] ! » et faillit manquer sa réplique. — Quelle chose pourrait mieux que ce détail nous faire comprendre à quel point une telle réforme était hardie ?

« Le romantisme, dit un de nos jeunes écrivains les plus éminents, se passionna pour l'exotisme, et il essaya de transposer en langue française les imaginations du Nord, du Midi et de l'Orient [2]. » Est-ce que cette phrase — qui vise nos écrivains du XIXe siècle, ne pourrait pas déjà s'appliquer au théâtre de Voltaire, quant aux intentions du moins, sinon quant aux réalités ? Ce qu'on nomme aujourd'hui adaptation est son procédé ordinaire. Ramenant tout à la forme française, il mêle les réminiscences classiques aux éléments exotiques ; et, que la matière soit chinoise, anglaise, arabe, persane, péruvienne, il la jette toujours dans le même moule : il n'en conçoit pas d'autre, et son public non plus. L'idée ne vient à aucun d'eux que le théâtre d'un peuple sort de sa vie nationale, en est l'expression directe, inconsciente. Tous partent, au contraire, de ce préjugé que la tragédie cornélienne et racinienne descend en droite ligne de l'antiquité ; qu'elle a perfectionné ce dont elle descend ; et que, tout en

1. En italien *Porco !*
2. Paul Bourget, *la Nouvelle Revue*, 1er octobre 1885.

cherchant les moyens de la renouveler et de la rajeunir, on doit toujours rester fidèle à ce type, ou s'en rapprocher le plus possible, loin de l'abandonner. C'est par ce point que la réforme de Voltaire diffère de la révolution dramatique du XIXe siècle, tout en la préparant.

ONZIÈME LEÇON

LES COMÉDIES DE VOLTAIRE.

I

Ducis, qui fut le successeur de Voltaire à l'Académie, avait, dans son discours de réception, consacré aux comédies de son illustre prédécesseur les lignes suivantes, que l'Académie supprima parce qu'elles contenaient quelques critiques mêlées à beaucoup d'éloges, et que les critiques n'étaient pas de mise alors dans un discours académique. « Quoique le principal ressort de ses comédies soit l'intérêt, on voit cependant que M. de Voltaire essaye toujours d'y amener le comique. Un homme tel que lui mérite d'être observé sous toutes les faces. Il serait curieux et peut-être difficile de définir son genre de comique, quand il en a. Il me semble qu'il consiste presque toujours à donner à ses personnages ridicules une sorte de naïveté confiante et originale qui les fait parler comme si personne ne les entendait, et leur fait dire ingénument le mot secret de leur passion tel qu'il est dans leur cœur, ce mot que tout le monde cherche à se dissimuler à soi-même, et plus encore aux autres. Ce langage produit un étonnement qui peut faire sourire ; mais ne manque-t-il pas de vérité ? et peut-on mettre aussi ouvertement les autres dans la confidence de ses faiblesses ? Le spectateur doit surprendre votre secret ; mais vous ne devez pas le lui livrer. — Quelquefois il a un comique de mots et d'expressions, au lieu du comique de situations et de caractères. On dirait que le personnage qu'il fait parler veut se moquer de lui-même. Le poète paraît sourire à sa propre plaisanterie. Mais, plus il montre le projet d'être comique, plus il diminue l'effet. — On est étonné souvent que cet homme célèbre, qui saisissait si bien certains ridicules et qui, dans un grand nombre d'ouvrages, a montré le talent d'une plaisanterie tantôt forte et vigoureuse, tantôt ingénieuse et fine, ait eu moins de succès au théâtre dans le genre qui paraît le plus susceptible de cette espèce de mérite. C'est que peut-être rien n'est si différent que la plaisanterie et le comique. Il faut que le comique soit en action plus qu'en paroles, et il ne peut sortir que d'une combinaison forte des caractères avec des situations qui leur soient opposées.

Alors le personnage devient comique sans que le poète songe à être plaisant... Le poète comique doit toujours disparaître et s'effacer, pour ne laisser voir que ses personnages ; l'écrivain satirique ou plaisant peut toujours se montrer lui-même : il n'a besoin que de son caractère et de son genre d'esprit ; il ne joue, pour ainsi dire, que son propre rôle. »

C'est bien là, en effet, le cas de Voltaire. Il n'avait pas le génie comique, parce qu'il avait à un trop haut degré l'esprit critique et satirique, esprit qui court au vrai en droite ligne, tandis que l'esprit comique n'y va qu'indirectement, par personnages, au moyen d'une fable. Le genre comique exige que l'auteur sorte de lui-même, pour se mettre dans ses personnages. Un Molière, un Shakspeare, entrent dans chacun d'eux : ils ont, comme on l'a dit, « mille âmes » ; Voltaire n'a qu'un seul esprit, le sien. Avec cela on est malaisément poète comique. Gœthe, de même, se montre inférieur dans la comédie, étant aussi une personnalité trop peu flexible pour se couler dans des caractères autres que le sien. Un *moi* qui ne sait pas « s'aliéner[1] » réussit mal dans une telle entreprise. Cette nature d'esprit peut être moins nuisible à la tragédie, œuvre qui n'exige pas un aussi haut degré de réalité et qui laisse à l'imagination une plus libre carrière. Molière l'explique

---

1. C'est Diderot qui a employé le mot dans ce sens propre.

parfaitement : « Il est bien plus aisé de se guinder sur de grands sentiments, de braver en vers la Fortune, accuser les Destins, et dire des injures aux Dieux, que d'entrer comme il faut dans le ridicule des hommes, et de rendre agréablement sur le théâtre les défauts de tout le monde. Lorsque vous peignez des héros, vous faites ce que vous voulez : ce sont des portraits à plaisir, où l'on ne cherche point de ressemblance ; et vous n'avez qu'à suivre les traits d'une imagination qui se donne l'essor et qui souvent laisse le vrai pour attraper le merveilleux. Mais, lorsque vous peignez les hommes, il faut peindre d'après nature. On veut que ces portraits ressemblent : et vous n'avez rien fait si vous n'y faites reconnaître les gens de votre siècle. En un mot, dans les pièces sérieuses, il suffit, pour n'être point blâmé, de dire des choses qui soient de bon sens et bien écrites ; mais ce n'est pas assez dans les autres... Et c'est une étrange entreprise que celle de faire rire les honnêtes gens. [1] »

Aussi Voltaire eût-il fait sagement de s'en tenir au mot qu'il écrivait à D'Argental en 1752 : « Pour les comédies, je ne m'en mêlerai pas ; je ne suis qu'un animal tragique. »

Cependant, outre ses trente tragédies, il composa quinze comédies, et trois opéras-comiques ; sans

---

1. *La Critique de l'École des femmes*, scène VII.

compter cinq opéras. Cela fait donc de quinze à dix-huit pièces soi-disant comiques.

Il est impossible de les passer absolument sous silence. Pourtant il n'y en a guère que trois ou quatre dont on ait gardé quelque souvenir. Encore n'est-ce pas précisément pour leur mérite. On se souvient de l'une pour un vers ridicule ; de l'autre, parce qu'elle est un acte de méchanceté enragée à l'égard d'un critique ; de l'autre, moins pour la pièce même que pour la Préface.

Il est utile, néanmoins, que nous rassemblions d'abord en un seul coup d'œil les dates et les titres de toutes. Cette liste peut seule vous donner quelque idée de la variété des essais du poète en ce genre comme en tous les autres. — Elle va de 1725 à 1776 : un laps de cinquante et un ans.

1725, *l'Indiscret*, comédie en un acte, en vers (alexandrins).

1732, *les Originaux*, ou *Monsieur du Cap-Vert*, comédie en trois actes, en prose.

1734, *l'Échange*, ou *Quand est-ce qu'on me marie ?* comédie en trois actes, en prose ; représentée d'abord à Cirey, sous ce titre : *le Comte de Boursoufle*.

1736, *l'Enfant prodigue*, comédie-drame, en cinq actes, en vers (de dix syllabes).

1738, *l'Envieux*, comédie en trois actes, en vers (alexandrins). Sous cette dénomination, l'auteur a voulu désigner et peindre l'abbé Desfontaines, prédécesseur de Fréron dans la rédaction d'une sorte de revue critique.

1743, *Thérèse*, fragment de comédie, premier acte, en prose.

1745, *la Princesse de Navarre*, comédie-ballet, en trois actes, en vers (irréguliers, ou libres).

1747, *la Prude*, comédie, dont nous dirons tantôt deux mots.

1749, *Nanine, ou le Préjugé vaincu*, comédie en trois actes, en vers. — J'y reviendrai dans un instant.

Même année, *la Femme qui a raison*, comédie en trois actes, en vers (alexandrins).

1760, *l'Écossaise*, comédie-drame, en cinq actes, en prose. — Nous l'étudierons tout à l'heure.

1762, *le Droit du Seigneur*, comédie en vers (de dix syllabes), donnée d'abord en cinq actes sous ce titre : *l'Écueil du Sage*, remise au théâtre en trois actes, l'année qui suivit la mort de l'auteur. La scène est en Picardie, du temps de Henri II.

1767, *Charlot, ou la Comtesse de Givry*, pièce mixte, sorte de comédie-drame, en trois actes, en vers (alexandrins). Le second acte commence par les vers suivants :

JULIE.

Enfin je le verrai, ce charmant Henri quatre,
Ce roi brave et clément qui sait plaire et combattre,
Qui conquit à la fois son royaume et nos cœurs ;
Pour qui Mars et l'Amour n'ont point eu de rigueurs,
Et qui sait triompher, si j'en crois les nouvelles,
Des ligueurs, des Romains, des héros et des belles.

CHARLOT, *dans un coin.*

Elle aime ce grand homme : elle est tout comme moi.

Henri IV ne paraît qu'au dénouement, pour sauver Charlot, fils de de la comtesse de Givry. Le dernier vers de la pièce est celui-ci, que prononce la comtesse et dont le second hémistiche se trouve déjà au quatrième vers de *la Henriade* :

Adorons des Français le vainqueur et le père.

1769, *le Dépositaire*, comédie en cinq actes, en vers (alexandrins). L'héroïne est Ninon de l'Enclos ; la scène est chez elle, rue des Tournelles, au Marais[1]. Un tartuffe nie un dépôt qui lui a été confié ; Ninon, à qui on en a confié un aussi, le restitue fidèlement, et se montre plus honnête homme que le faux dévot.

La même année, Voltaire donna *le Baron d'Otrante*, opéra-bouffe en trois actes, qui devait être mis en musique par Grétry. Un des principaux rôles est en italien ; les autres en français. Le libretto fut présenté aux comédiens italiens comme l'œuvre d'un jeune homme de province. Ils le refusèrent.

Il en fut de même d'une autre esquisse d'opéra-comique intitulé *les Deux Tonneaux*, qui avait été destiné encore à Grétry, et adressé à lui par voie

1. L'hôtel avait vue, de l'autre côté, sur le rempart (aujourd'hui boulevard Beaumarchais) ; il existe encore, quoique très modifié ; il est contigu au Théâtre Beaumarchais.

indirecte. — Pendant ces détours, Marmontel écrivait un libretto sur le conte de Voltaire intitulé *le Huron ou l'Ingénu* ; Grétry le mettait en musique ; et cette opérette était jouée avec succès sur le Théâtre des Italiens, le 20 août 1769. *Les Deux Tonneaux*, si Grétry l'eût voulu, eussent été aussi une sorte d'opérette, dans le genre d'*Orphée aux Enfers*. On lit, à la liste des personnages : « Grégoire, cabaretier-cuisinier, prêtre du temple de Bacchus. » N'est-ce pas le même genre d'esprit burlesque qui, au premier tableau d'*Orphée*, indique le décor en ces termes : « A gauche, la cabane du berger Aristée, avec cette enseigne : *Aristée, fabricant de miel. Gros et détail. Dépôt au mont Hymette.* » Ici le prêtre-cabaretier-cuisinier » paraît, dit le texte, « en veste blanche et galante, portant un thyrse à la main, et sur sa tête une couronne de lierre. — Un grand buffet tient lieu d'autel. Deux fontaines de vin coulent dans le fond. » Peut-être que tout cela parut un peu irrévérent, même sous couleur de mythologie. Scarron, il est vrai, en avait dit bien d'autres dans son fameux poème du *Typhon* ; mais ce n'était pas sur le théâtre.

Enfin, en 1776, un petit divertissement, intitulé *l'Hôte et l'Hôtesse*, fut composé par Voltaire pour le Comte de Provence [1], qui voulait donner une fête à la Reine Marie-Antoinette, à Brunoy.

---

1. Futur roi Louis XVIII.

Voilà d'un seul coup la série des œuvres comiques, qui, à vrai dire, le sont très peu. Combien de tentatives diverses ! — Reprenons maintenant les trois ou quatre qui peuvent présenter quelque intérêt — historique, sinon littéraire. — Ce sont : *l'Enfant prodigue,* la *Prude,* Nanine et *l'Écossaise.*

II

Pierre Nivelle de la Chaussée avait hasardé, en 1733, un nouveau genre de comédie, où l'on riait moins qu'on ne pleurait. Son premier essai dans cette voie, *la Fausse Antipathie*, en trois actes, en vers, n'avait qu'à moitié réussi. Mais, deux ans après, *le Préjugé à la mode*, selon lequel un homme de naissance ne pouvait sans se ridiculiser laisser voir qu'il aimait sa femme, ce préjugé battu en brèche par le déploiement pathétique des infortunes dont il était cause, valut à l'auteur un succès de larmes. Il tenait la veine : il continua de développer ses moralités en vers, dans *l'École des Amis*, dans *Mélanide*, dans *l'École des Mères*, dans *la Gouvernante*. On pleurait à cœur-joie. Piron, qui aimait à rire, non à pleurer, se moqua des « homélies du Révérend Père La Chaussée » et rima

16.

contre lui des épigrammes ; une, entre autres, qui se chantait et dont la pointe était un calembour :

> Connaissez-vous sur l'Hélicon,
>   L'une et l'autre Thalie ?
> L'une est chaussée, et l'autre non ;
>   Mais c'est la plus jolie.
> L'une a le rire de Vénus,
>   L'autre est froide et pincée :
> Salut à la belle aux pieds nus !
>   Nargue de *la chaussée !*

Chansons ni épigrammes n'arrêtèrent le succès. — Voltaire, lui aussi, commença par se moquer de ce qu'il appelait tantôt « la comédie larmoyante », tantôt « le tragique bourgeois » :

> Souvent je bâille au tragique bourgeois,
> Aux vains efforts d'un auteur amphibie
> Qui défigure et qui brave à la fois
> Dans son jargon Melpomène et Thalie [1].

Mais, après avoir bien raillé ce genre nouveau, il en essaya. Un an après la pièce de La Chaussée que nous venons de nommer, *le Préjugé à la mode*, il donna *l'Enfant prodigue*, avec une théorie à l'appui. Ensuite il fit jouer *Nanine*, deux ans après *la Gouvernante*, du même poète. Or, *Nanine* est aussi une gouvernante. Voltaire imitait donc à la fois le genre et le sujet.

Dans *l'Enfant prodigue*, comédie-drame, le genre bouffon se mêle au pathétique. L'auteur, qui ne veut

---

1. *Le Pauvre Diable.*

pas en avoir le démenti et qui prétend toujours repousser « la comédie larmoyante », appelle ceci « la comédie attendrissante »; distinction subtile.

Térence, après Ménandre, avait traité le sujet de cette pièce, dans l'*Héauton-timoruménos*, en d'autres termes « le bourreau de soi-même », c'est-à-dire le père trop sévère, désolé d'avoir banni son fils, et qui s'en punit. — Le fils banni revient enfin; le père est fou de joie : « Ah! menez-moi vers lui! que je le voie! que je l'embrasse! — Attendez un peu, dit Chrémès : vous allez tout perdre, si vous lui laissez voir du premier coup votre bonté et votre faiblesse. — Non, non : j'ai trop longtemps été sévère; je veux le voir et l'embrasser. — Mais, écoutez : c'est qu'il a avec lui une courtisane, avide, dépensière : il va vous ruiner. — Qu'il fasse ce qu'il voudra, qu'il prenne tout, qu'il dépense tout qu'il me ruine; j'y consens, pourvu que je l'aie avec moi. — Mais votre fils, dans ce moment même, trame, avec mon esclave le Syrien, une ruse pour vous tromper et vous soutirer de l'argent[1]. — Ils veulent m'attraper? — Oui. — Eh bien, dites-leur, je vous prie, qu'ils le fassent bien vite. Je lui donnerai tout ce qu'il voudra. Que je le voie seulement!... [2] »

Ne dirait-on pas déjà une scène de Diderot? Aussi

---

1. Cette ruse est dirigée contre Chrémès lui-même, qui croit qu'elle vise Ménédème.
2. *Héauton-timoruménos*, acte III, vers 22 à 88

Diderot adorait-il Térence, en qui il saluait le précurseur[1] de la comédie pathétique, que lui-même allait tenter de ressusciter en prose, après les pièces de La Chaussée qui étaient en vers. Il a consacré à Térence quelques pages délicieuses, enlevées de verve.

Voltaire a-t-il songé à la pièce de Térence? On ne le voit pas. Quant au titre de la sienne, il est évidemment pris de la belle parabole de l'Évangile. Mais il a donné à l'Enfant prodigue le costume et les mœurs du XVIIIe siècle : avec cela, cependant, un nom grec, Euphémon, — pendant que le valet se nomme Jasmin, et que l'action se passe à Cognac. Voilà bien du bariolage. — La pièce ne justifie le titre qu'à moitié : car ici ce n'est pas d'abord le père qui pardonne à l'enfant prodigue ; c'est l'amante, à l'amant ; et, après cela seulement, le pardon de l'amante amène celui du père :

> Suivez, suivez, pour cet infortuné,
> L'exemple heureux que l'amour a donné [2].

Conception inférieure et à celle de Térence et à celle de l'Évangile. Inutile de nous y arrêter : le pathétique y est médiocre, et le bouffon, glacé.

---

1. Bien entendu, parce que nous n'avons pas Ménandre, que Térence souvent n'a fait que traduire, mettant deux comédies en une. Voir l'*Essai sur Ménandre* par Ch. Benoit, Paris, Firmin Didot, 1854, et l'*Étude sur Ménandre* par Guillaume Guizot, Paris, Didier, 1855.

2. Acte V, scène VI.

Madame la baronne de Croupillac, ni monsieur le président Fierenfât, n'ont rien de gai. Il y a seulement un mot de la fin, où Rondon dit au président à propos de cette baronne :

Épouse-la, crois-moi, pour t'en défaire [1].

Pour la première représentation, la pièce de *l'Enfant prodigue* fut lancée sans avoir été annoncée, à la place de *Britannicus*, qui était sur l'affiche, et sous prétexte de l'indisposition du principal tragédien. Comme elle était dans le genre à la mode, elle fut bien accueillie : et, l'auteur ayant gardé l'anonyme, le mystère tint en haleine la curiosité du public. Elle fut jouée vingt-deux fois : ce qui était alors un très beau succès.

Je n'ai que deux mots à dire d'une autre pièce, *la Prude*, comédie en cinq actes, en vers de dix syllabes, adaptation d'une pièce de Wycherley [2]. Elle fut jouée chez la duchesse du Maine, sur le théâtre du château de Sceaux, le 15 décembre 1747. Composée sept ans auparavant, elle avait été d'abord intitulée : *la Dévote*. Elle fut publiée en 1752, avec

1. Cela semble l'original d'un mot de Léon Gozlan à Alexandre Dumas.
2. William Wycherley, auteur dramatique anglais, né en 1640, mort en 1715, donna, pour son début au théâtre, en 1672, *l'Amour dans un bois (the Love in a wood)*, pièce gaie, mais fort libre ; plus tard, *le Franc parleur (the Plain dealer)*, imitation grossière du *Misanthrope*. C'est de là que Voltaire a tiré *la Prude*.

un *Avertissement* ainsi conçu : « Cette comédie est un peu imitée d'une pièce anglaise intitulée *the Plain dealer*. Elle ne paraît pas faite pour le théâtre de France : les mœurs en sont trop hardies ; quoiqu'elles le soient bien moins que dans l'original. Il semble que les Anglais prennent trop de liberté, et que les Français n'en prennent pas assez. » Un autre *Avertissement*, dans l'édition posthume de Kehl, ajoute : « Les mœurs y sont d'une telle hardiesse, qu'on pourrait placer la scène dans un mauvais lieu, attenant à un corps de garde. » — Cela nous dispensera d'en dire plus ; excepté ce détail, qu'avant la première représentation Voltaire récita lui-même sur le théâtre un prologue en vers, adressé à madame la duchesse du Maine,

> En tout temps par Minerve inspirée,
> Des plaisirs de l'esprit protectrice éclairée.

Pendant que ses deux fils, le prince de Dombes et le comte d'Eu, combattent pour la gloire de la France[1], il lui demande la permission de la distraire, Elle et sa Cour, par cette comédie :

> Puissent tant de beautés, dont les brillants attraits
> Valent mieux, à mon sens, que les vers les mieux faits,
> S'amuser avec vous d'une Prude friponne
> Qu'elles n'imiteront jamais !
> On peut bien, sans effronterie,
> Aux yeux de la Raison jouer la Pruderie...

---

1. L'un et l'autre avaient été blessés à la bataille de Dettingue, le 27 juin 1743.

Il est probable que Voltaire essaya de faire représenter *la Prude* sur un autre théâtre, mais qu'il ne put y parvenir.

Il me reste à parler de *Nanine*, 1749, — et de *l'Écossaise*, 1760. Ces deux pièces demandent qu'on s'y arrête un peu plus longtemps.

III

Nanine, ou le Préjugé vaincu, est l'histoire d'une jeune villageoise dont le comte d'Olban, son seigneur, devient amoureux, et qu'il finit par épouser en dépit du Qu'en dira-t-on? La pièce est en trois actes, en vers de dix syllabes, dont un est demeuré célèbre par un concours peu harmonieux de consonnes nasales :

> Non, il n'est rien que Nanine n'honore.

Ce vers se trouve dans toutes les éditions données du vivant de l'auteur. Après sa mort seulement, on essaya d'en atténuer le nasillement, et on mit :

> Non, il n'est rien que sa vertu n'honore.

Il n'y a plus que quatre N, au lieu de huit.

L'idée de la pièce est empruntée du roman de Richardson, *Paméla, ou la Vertu récompensée* [1].

---

1. Londres, 1740.

L'auteur anglais avait su vivement intéresser le public à cette histoire d'une humble et honnête jeune fille « placée en condition, comme on disait alors, chez un riche propriétaire », lequel, après avoir vainement tenté de la séduire, finit par l'épouser. Déjà La Chaussée et Boissy avaient essayé, sans beaucoup de succès, d'accommoder ce sujet à la scène. Voltaire n'y réussit pas mieux. La pièce étonna plus qu'elle n'agréa. Ce « préjugé vaincu », dont parle le sous-titre, est celui qui veut que, dans un mariage raisonnable, la naissance et la fortune soient assorties. Le poète, pour vaincre ce préjugé, aurait dû enlever les cœurs. Il eût fallu que Nanine, non seulement vertueuse, mais piquante, séduisît le public avant le comte d'Olban ; que le comte eût assez d'esprit, de grâce, d'idées neuves et de raison brillante, pour conquérir, lui aussi, tout le monde et gagner sa cause devant cette société aristocratique. Malheureusement le comte et Nanine sont aussi ennuyeux l'un que l'autre. Nanine manque de naturel, ou raisonne trop exactement ; c'est une philosophe, qui fait des antithèses :

> Un jardinier, un monarque du monde,
> Qui pour époux s'offriraient à mes vœux,
> Également me déplairaient tous deux.

LE COMTE.

> Vous décidez mon sort. Eh bien, Nanine,
> Connaissez donc celui qu'on vous destine

Vous l'estimez ; il est sous votre loi,
Il vous adore... Et cet époux,... c'est moi.

A part :

L'étonnement, le trouble l'a saisie.

A Nanine :

Ah! parlez-moi ; disposez de ma vie !
Ah! reprenez vos sens trop agités...

NANINE.

Qu'ai-je entendu ?

LE COMTE.

Ce que vous méritez.

NANINE.

Quoi! vous m'aimez? Ah! gardez-vous de croire
Que j'ose user d'une telle victoire.
Non, monsieur, non, je ne souffrirai pas
Qu'ainsi pour moi vous descendiez si bas.
Un tel hymen est toujours trop funeste :
Le goût se passe et le repentir reste...

Pleine de bon sens, cette honnête fille ; mais le bon sens, non plus que la vertu, ne suffisent dans une comédie. Quel style! quels vers! Vous savez que Voltaire et Piron se faisaient une guerre d'épigrammes. On conte qu'après la représentation de *Nanine,* Voltaire demandant à Piron ce qu'il pensait de la pièce : — « Je pense, dit Piron, que vous voudriez bien que j'en fusse l'auteur. — Mais quoi? reprit Voltaire, on n'a pas sifflé. — Je crois bien! le moyen de siffler quand on bâille? »

On a tort, selon Geoffroy, d'intituler cette pièce *le Préjugé vaincu.* L'opinion qui réprouve les alliances trop inégales n'est point un préjugé, c'est une vérité fondée sur la raison, et même sur la géométrie : les proportions sont la base de l'ordre ; lorsqu'un homme associe à sa destinée et choisit pour sa compagne une femme qui, par sa naissance, son éducation et ses sentiments, n'a aucun rapport avec lui, il fait un de ces actes de folie que l'amour conseille souvent. Le préjugé est, au contraire, de s'imaginer qu'une passion aveugle nous éclaire mieux que la raison sur le choix de celle que nous devons épouser. Se marier avec sa servante est le dernier degré de l'indécence et de la folie ; parce que, sur vingt mille servantes, à peine y a-t-il une Paméla, une Nanine. « Un des plus grands inconvénients des romans et des comédies est de gâter l'esprit, de donner des idées fausses, d'inspirer le mépris des bienséances, d'enflammer l'imagination, et de consacrer une passion insensée qui par elle-même n'a rien de noble, puisque son premier effet est de nous ravir les deux plus beaux attributs de l'homme, la raison et la liberté [1]... Un paysan, tel que Georges Dandin, a grand tort d'épouser une demoiselle ; un monsieur n'est pas plus sensé quand il épouse une paysanne. Il y a toujours de la folie et de l'humiliation à se laisser conduire, dans l'affaire la plus importante de la vie, par la plus aveugle des passions. Il appartient à un phi-

---

1. 24 thermidor, an I.

losophe beaucoup moins qu'à tout autre de mettre sur le compte de la raison et de la philosophie des caprices honteux qui violent toute bienséance [1]... »

En tout cas, on ne peut espérer de faire passer un paradoxe qu'à force d'esprit et de talent, qu'en donnant au public de telles émotions qu'il ne sache plus où il est. Ce n'est point le cas de *Nanine*. Il ne suffit pas de dire comme son seigneur séduit :

> Non, il n'est rien que Nanine n'honore,

pour enlever d'assaut un préjugé qui a pour lui tant d'apparence de raison, avec ou sans « la géométrie » dont parle le critique du *Journal des Débats* du temps de l'Empire. Le grand défaut de la pièce, reconnu par La Harpe lui-même, est que l'auteur philosophe parle toujours à la place de ses personnages. Il n'y a pas vingt vers de suite où il ait rencontré la note juste.

La Préface est plus curieuse que la pièce. Voltaire y plaide pour le mélange des genres. Nous y viendrons un autre jour, en traitant ce sujet.

Tout en allant sur les brisées de La Chaussée, notre auteur, mécontent peut-être de ne pas réussir aussi bien que lui dans ce genre mixte, continuait à le déprécier dans ses lettres. « Ces pièces bâtardes

---

[1]. 4 brumaire, an XII.

ne sont ni tragédies ni comédies; quand on n'a point de chevaux, on est trop heureux de se faire traîner par des mulets [1]. » Grimm, après avoir cité cette lettre, ajoute : « Ces déclamations répétées contre la comédie larmoyante ne sont pas dignes de l'auteur de *l'Enfant prodigue* et de *Nanine*, qui ne sont autre chose que des comédies larmoyantes, et qui ne brillent pas par le comique que l'auteur a tenté d'y jeter [2]... »

IV

Nous arrivons à *l'Écossaise*, qui n'est pas une bonne comédie et qui est une mauvaise action.

Palissot, dans une pièce en vers, avait mis sur la scène les philosophes. Toute la finesse et tout le sel de sa pièce consistaient à dire que philosophe et fripon sont synonymes ; à attaquer les mœurs de Diderot, d'Helvétius, et d'autres personnes ; à les représenter comme de mauvais citoyens et des scélérats ; à montrer Jean-Jacques Rousseau marchant à quatre pattes ; et à faire figurer, dit-on, madame Geoffrin elle-même, clairement désignée. Voltaire eut le tort d'imiter cette licence aristophanesque et de mettre dans une comédie un de ses critiques,

---

1. Voltaire, *lettre à M. Sumarokoff, le Corneille des Russes*, — de Ferney, le 26 février 1769.
2. *Correspondance littéraire*, avril 1771.

en le désignant presque par son nom : « Frélon, écrivain de feuilles. » Les feuilles, rédigées par Fréron[1] étaient intitulées : *l'Année littéraire* ; — « l'Âne littéraire », disait Voltaire dans ses lettres à ses amis. — Le gouvernement, « honteux d'avoir permis la pièce des *Philosophes*, voulut, selon Grimm, donner une marque d'impartialité en permettant la représentation du rôle de Frélon dans la comédie de *l'Écossaise* ; mais ce n'était pas réparer une faute, c'était en commettre deux. Si le public, dit-il, par des acclamations et des ris immodérés, a montré le mépris qu'il faisait de l'écrivain de feuilles tout en achetant ses drogues, il n'a fait que son rôle ; mais la police n'a pas fait le sien en permettant ce scandale. — Depuis, le faiseur de feuilles a été traduit sur la scène italienne et sur le théâtre de l'Opéra-Comique d'une manière très scandaleuse[2]. »

La pièce, en cinq actes, en prose, avait été, contrairement à l'ordinaire, imprimée et publiée quelque temps auparavant. Elle était attribuée à « Monsieur Hume, pasteur de l'Église d'Édimbourg, parent du célèbre philosophe », et avait été disait-on, traduite en français par Jérôme Carré[3]. »

---

1. Voir l'*Appendice IV*, à la fin du volume.
2. *Correspondance littéraire*, 1ᵉʳ octobre 1760.
3. La veille de la première représentation, l'auteur avait lancé une petit brochure intitulée : *Requête de Jérôme Carré aux Parisiens*, dans laquelle il parodiait le style de Fréron. Cela commençait ainsi : « Messieurs, je suis forcé par l'illustre M. Fréron de m'exposer *vis-à-vis de vous*... » Etc. — Et, plus

Il est à propos de rappeler, non comme circonstance atténuante mais comme explication, que Fréron, dans les premières feuilles ou livraisons de *l'Année littéraire*, avait commencé par faire l'éloge de l'auteur de *la Henriade* ; dans les suivantes, à dater de 1758, il s'était mis à le critiquer ; et il avait fini par l'attaquer dans presque toutes. — Mais son crime irrémissible avait été de dévoiler plusieurs des emprunts littéraires de Voltaire. Celui-ci perdit patience et se laissa emporter jusqu'à composer cette pièce. Il la fit paraître d'abord à Genève, sous le faux nom de Londres ; puis la fit jouer, deux mois après, à Paris, au Théâtre-Français. C'était le 29 juillet 1760.

La police exigea seulement qu'à la représentation, l'on changeât le nom de Frélon. On le remplaça par celui de *Wasp*, qui en anglais est le même que *guêpe* en français.

De même que Socrate avait assisté impassible à

---

loin : « J'espère que M. Fréron sera confondu *vis-à-vis des honnêtes gens...* » — Cette mauvaise façon de parler agaçait Voltaire. Aujourd'hui on n'y regarde pas de si près : *vis-à-vis de* se dit et s'imprime tous les jours ; et tant d'autres choses aussi peu correctes : *en outre de,* — *il n'y a pas que,* — *faire sa connaissance* ; — sans compter les mots pris à contre-sens : *émérite, mièvrerie, truculent, compendieusement,* qui finissent par passer en usage avec des significations nouvelles, inconnues avant notre siècle ; — et *nonobstant* pris adverbialement ; et *mal de mort* pour male mort, etc. Les dictionnaires à la fin sont forcés d'enregistrer toutes ces fautes, comme beaucoup d'autres qui précédemment se sont imposées. Voltaire luttait pour la langue ; à présent on a renoncé à la lutte.

la comédie des *Nuées* où Aristophane l'insultait, Fréron assista à celle de *l'Écossaise*. Dès avant la représentation, ayant acheté la pièce imprimée, il en avait publié un compte rendu, qui occupait quarante-quatre pages sur les soixante-douze de la livraison [1].

Cette comédie fut jouée, les uns disent seize fois, les autres, treize : assez grand succès pour le temps. On y voit, d'une part, lord Monrose, proscrit, en fuite, et dont la tête est mise à prix ; de l'autre, sa fille errante aussi, cachée à Londres. C'est elle qui est l'héroïne du drame, sous le faux nom de Lindane. Réduite à l'indigence, mais noble et fière ; protégée par une fidèle suivante contre les indignes obsessions d'un pamphlétaire qui vit de calomnies, de dénonciations, elle aime le fils de lord Murray, ennemi politique de son père. Quoique lord Murray soit la cause de leur exil et de leur ruine, « le cœur a ses raisons, que la raison ne connaît pas ». Découverte par une rivale jalouse, lady Alton, sur les indications de Wasp, elle est arrêtée dans l'hôtel-café où elle se cachait.

Un hasard bien singulier y a fait venir aussi son père. Wasp le dénonce également. Le père, après treize années seulement de séparation, se retrouve devant sa fille sans la reconnaître. On dira qu'elle a pu changer en grandissant, de cinq ans à dix-huit.

---

1. *L'Année littéraire*, tome V, p. 209 et suivantes.

Mais, autre invraisemblance encore plus forte, elle ne reconnaît pas non plus son père. A-t-il donc tant changé aussi ? Enfin la reconnaissance se fait, au moyen d'un portrait de la mère que le père montre à la fille. La mère est morte depuis quelques années. Lord Monrose apprend à sa fille qu'il n'est venu à Londres que dans le dessein de tuer le fils de Murray. Or, le jeune Murray, — qui ne paraît pour la première fois dans la pièce qu'au quatrième acte, scène II, et ne se trouve pour la première fois en présence de Lindane qu'au cinquième acte, scène III, — ayant appris le danger qui menace celle qu'il aime, a couru chez le premier ministre pour la sauver. Lindane demande grâce pour Murray à son père, pendant que Murray demande grâce pour eux au ministre et l'obtient. Le père est bien forcé de pardonner aussi, et d'accorder la main de sa fille au fils de son ancien ennemi. Murray, se jetant aux genoux de Lindane : « Puisse l'amour du fils réparer les torts du père ! »

Tel est ce drame, que Grimm appelle une pièce « d'un nouveau genre plus simple et plus vrai que celui de notre comédie ordinaire »[1]. Nous parlerons

---

1. Grimm écrit, le 5 août suivant : « La pièce de *l'Écossaise* vient d'être jouée sur le théâtre de la Comédie-Française. Elle a eu le plus grand succès, et cela est d'autant plus singulier que, tout le monde sachant la pièce par cœur, il semblait qu'elle ne dût pas faire l'effet d'une pièce nouvelle. Voilà l'é-

du genre lui-même plus tard ; mais la pièce en est un bien faible spécimen et un assez triste échantillon. L'action est vide et traînante ; le dialogue faux, d'un bout à l'autre : presque jamais les personnages ne disent ce qu'ils devraient dire ; tous sont emphatiques et sentencieux ; Lindane aussi bien que les autres.

Voltaire a commis la même faute dans la peinture de Frélon que dans celle de Mahomet. Grimm, qui n'est pas suspect de malveillance envers le philosophe de Ferney, ne peut s'empêcher de la signaler : « Frélon n'est qu'un fripon subalterne, qui ne fait et ne dit rien qui vaille... Si l'on voulait introduire un fripon dans cette pièce, il fallait lui donner une autre physionomie, en faire un fourbe profond, simulant la franchise et l'honnêteté, s'insinuant adroitement auprès de Lindane, surprenant son secret, la trahissant auprès de lady Alton et auprès de Murray ; faux à tous les trois à la fois. Mais M. de Voltaire a voulu calquer son Frélon sur M. Fréron, faiseur de feuilles et diseur d'injures, et cela lui a fait gâter son tableau. On voit, dans cette comédie, et en général dans tous les ouvrages plaisants de M. de Voltaire, qu'il n'a jamais connu la différence du ridicule qu'on se donne à soi-même, et du ridicule

---

poque d'un nouveau genre plus simple et plus vrai que celui de notre comédie ordinaire. Le rôle de Friport (Freeport) a fait grande fortune ; le dénouement a reçu les plus grands applaudissements. »

qu'on reçoit des autres. Voici comment il fait parler Frélon lisant la gazette : — « Que de nouvelles affligeantes !... Des grâces répandues sur plus de vingt personnes !... aucune sur moi !... Cent guinées de gratification à un bas officier, parce qu'il a fait son devoir ! le beau mérite !... Une pension à l'inventeur d'une machine, qui ne sert qu'à soulager des ouvriers !... Une à un pilote !... Des places à des gens de lettres !... et à moi, rien !... Encore ? encore ?... et à moi, rien !... Cependant je rends service à l'État ; j'écris plus de feuilles que personne ; je fais enchérir le papier,... et à moi, rien !... Je voudrais me venger de tous ceux à qui on croit du mérite. Je gagne déjà quelque chose à dire du mal ; si je peux parvenir à en faire, ma fortune est faite. J'ai loué des sots, j'ai dénigré les talents, à peine y a-t-il là de quoi vivre ; ce n'est pas à médire, c'est à nuire qu'on fait fortune. » — De bonne foi, jamais personne s'est-il parlé à soi-même aussi bêtement ? Y a-t-il là une seule de ces finesses avec lesquelles la méchanceté et l'envie savent si bien se défigurer le mérite des choses et des personnes ? — Pour faire ressortir toute la fausseté de ce discours, il n'y a qu'à le mettre en dialogue. C'est en faisant tenir à un autre, à Fabrice (l'hôtelier) par exemple, la plupart des propos que Frélon se tient à lui-même, qu'on sentira combien ils sont déplacés et faux dans la bouche de celui-ci. Faisons-en l'essai :

Frélon, *lisant la gazette*, et Fabrice, *balayant sa boutique.*

Frélon : Que de nouvelles affligeantes !... Des grâces répandues sur plus de vingt personnes !... aucune sur moi !... Cent guinées de gratification à un bas officier !...

Fabrice : Parce qu'il a fait son devoir : le beau mérite !

Frélon : Une pension à l'inventeur d'une machine...

Fabrice : Qui ne sert qu'à soulager des ouvriers !

Frélon : Une à un pilote !... Des places à des gens de lettres !...

Fabrice : Voilà, en effet, des hommes bien utiles !

Frélon : Et à moi, rien !

Fabrice : Cependant vous servez l'État : vous écrivez plus de feuilles que personne; vous faites enchérir le papier...

Frélon : Et à moi, rien !... Encore ? encore ?... Et à moi, rien ! Oh ! je me vengerai !

Fabrice : De tous ceux à qui l'on croit du mérite? Ce sera fort bien fait, monsieur Frélon; mais écoutez-moi. Vous gagnez déjà quelque chose à dire du mal; si vous pouvez parvenir à en faire, votre fortune est faite. Vous avez loué des sots, dénigré les talents; mais à peine y a-t-il là de quoi vivre. Ce n'est pas à médire, c'est à nuire qu'on fait fortune...

Si cette ironie est si forte dans la bouche de Fabrice qu'on conçoive à peine qu'elle puisse être supportée par Frélon, comment Frélon peut-il s'en faire à lui-même un propos sérieux ? Un tel persiflage n'est supportable que dans ces feuilles satiriques dont le mérite consiste dans la gaieté et dans la saillie. Fréron, en produisant ses titres pour succéder au Père Berthier au *Journal de Trévoux*, peut dire : « Messieurs, je suis plus ignorant, plus impudent, plus menteur que jamais; » le Père Croust peut donner la bénédiction avec le mot : *Pax Christi, coquins !* c'est le ton de l'ouvrage : la fausseté qui règne dans ces discours ajoute à la plaisanterie ; mais la comédie veut d'autres propos ; elle exige surtout une vérité sans laquelle il n'est pas possible de plaire aux gens de goût..... Lady Alton n'est qu'une extravagante, moulée d'après madame de Croupillac et autres personnages moitié burlesques, moitié fantastiques, toujours faux...[1]. »

Rejoignez ces réflexions de Grimm à celles de Ducis que j'ai citées d'abord, sur l'inaptitude de Voltaire à la comédie ; les unes et les autres expliquent très bien pourquoi il faisait fausse route.

Mais ce qui est pire que la mauvaise pièce, c'est la mauvaise action. *L'Écossaise* est une tache dans la vie de Voltaire. Fréron y est peint des couleurs les plus noires, comme un impudent coquin, menteur, calomniateur, dénonciateur; il y est grossièrement insulté,

---

1. *Correspondance littéraire*, 1er juillet 1760.

traité de *fripon*, de *crapaud*, de *lézard*, de *couleuvre*, d'*araignée*, de *langue de vipère*, d'*esprit de travers*, de *cœur de boue*, de *faquin*, de *lâche coquin*, d'*espion*, de *dogue*, etc. La satire poussée à ce point fait plus de tort au satirique qu'à sa victime. Et nous sommes obligés de dire que le calomniateur, ici, n'est pas Fréron.

En outre, Voltaire, élève des jésuites et si flatteur à leur égard lorsqu'il a besoin d'eux, se met ici à les injurier également, en rappelant que ce vil Frélon est leur disciple. Au second acte, scène III, Frélon dit à lady Alton : « Madame, je vous conseille de faire usage de tout ce que vous saurez; et même de ce que vous ne saurez pas. La vérité a besoin de quelques ornements; le mensonge peut être vilain, mais la fiction est belle. Qu'est-ce, après tout, que la vérité? la conformité à nos idées. Or, ce qu'on dit est toujours conforme à l'idée qu'on a quand on parle; ainsi il n'y a point proprement de mensonge. » — Et lady Alton lui répond : « Tu me parais subtil : il semble que tu aies étudié à Saint-Omer [1]. »

Deux caractères, Fabrice et Freeport, font contraste à celui de Frélon, et éclairent le drame, qui autrement serait trop sombre : le premier, « maître Fabrice, tenant un café avec des appartements », dans

---

1. « Il y avait à Saint-Omer un collège de jésuites anglois, très renommé dans toute la Grande-Bretagne. » Note de l'édition de Kehl.

l'un desquels loge Lindane, est un hôtelier désintéressé, délicat, généreux ; le second, Freeport, gros négociant de Londres, brave homme rude et mal élevé, qui a fait fortune et qui s'ennuie : « On a plus de peine à s'amuser qu'à s'enrichir [1] ; » est un peu misanthrope : « Les hommes, dit-il, ne sont pas bons à grand' chose : fripons ou sots, voilà pour les trois quarts ; et, pour l'autre quart, il se tient chez soi. » Cet ours mal léché est une sorte de bourru bienfaisant, qui empêche la fière Écossaise de mourir de faim. Il y est aidé par maître Fabrice.

Freeport personnifie le commerce, dont Voltaire avait déjà fait l'éloge dans ses *Lettres philosophiques* et dans l'Épître dédicatoire de *Zaïre* à un négociant anglais. Sedaine, avec son grand négociant, *le Philosophe sans le savoir* (1765), marchera dans la voie ouverte par notre auteur.

Un certain nombre de détails pourraient faire croire à première vue que le drame de *l'Écossaise* est de provenance anglaise, et que Voltaire l'a seulement adapté, en y mêlant ses rancunes. D'après M. Desnoiresterres, il n'en est rien : il existe plusieurs comédies anglaises intitulées, comme l'a été quelquefois cette pièce : *le Café* ; Fielding en a fait une ; il y a une farce de Miller portant le même titre ; une troisième de Ward, *les Amusements du café* ; une dernière,

---

[1]. Acte II, scène v.

anonyme, *les Politiques de café*; mais aucune n'a le moindre rapport avec *le Café, ou l'Écossaise* [1].

On affirme que les rôles de Lindane, de Freeport et de Fabrice, avaient été fournis à Voltaire par une aventure arrivée à mademoiselle de Livry, qui, après avoir été sa maîtresse, devint la marquise de Gouvernet et à laquelle il adressa l'Épître des *Tu* et des *Vous*.

L'Écossaise fut traduite en anglais par Colman, pour un théâtre de Londres, sous ce titre : *le Marchand anglais*. Colman corrigea les fautes de couleur locale. « Voltaire a beau se flatter, dit Lessing, de connaître à fond les mœurs anglaises, il les a faussées plus d'une fois, notamment en faisant demeurer sa Lindane dans un café [2]. Colman la fait loger chez une brave bourgeoise qui tient des chambres meublées : cette hôtesse est, pour une jeune femme belle et seule, une amie et une bienfaitrice plus convenable que l'hôtelier Fabrice. Colman a cherché aussi à donner plus de vigueur aux caractères, pour les accommoder au goût anglais.

---

[1]. Gustave Desnoiresterres, *Voltaire et la société au* XVIIIe *siècle*. — L'édition Beuchot ne donne pour titre que : *l'Écossaisse*. — J.-B. Rousseau avait fait jouer en 1694, *le Café*, comédie en un acte, en prose, qui n'eut pas de succès.

[2]. Voltaire paraît avoir imité *le Café* de Goldoni. Un personnage de cette pièce, don Marzio, peut lui avoir servi à composer la figure de Frélon. Mais ce don Marzio n'est qu'un méchant drôle sans profession ; Voltaire en a fait un folliculaire, ou « écrivain de feuilles » : car le mot *folliculaire* n'était pas encore inventé.

D'autre part, il a modifié lady Alton : elle n'est plus seulement une furie jalouse ; elle pose pour la femme de génie, bas-bleu, patronne des gens de lettres. Le traducteur a voulu par là rendre plus vraisemblable la liaison de cette dame avec le folliculaire, — qu'il nomme Spatter. — Freeport se meut dans une sphère d'action plus large : il s'intéresse au père de Lindane avec autant de chaleur qu'à Lindane elle-même ; ce que lord Falbridge (le fils de Murray) fait, dans la pièce française, pour obtenir la grâce du père de Lindane, c'est Freeport qui le fait dans la pièce anglaise : et c'est lui seul qui conduit tout à un heureux dénouement[1]. »

Lorsque Voltaire fit imprimer de nouveau *l'Écossaise*, à Paris cette fois, il la dédia au comte de Lauraguais, saisissant cette occasion de le remercier hautement d'avoir, par sa munificence, débarrassé la scène française des banquettes et des spectateurs qui l'encombraient des deux côtés. « Vous savez, Monsieur, vous qui, dans votre première jeunesse, avez voyagé pour vous instruire, vous savez que presque chaque peuple a ses hommes de génie, qu'il préfère à ceux de ses voisins... Ce qu'on pouvait reprocher à la scène française était le manque d'action et d'appareil. Les tragédies étaient souvent de longues conversations en cinq actes. Comment ha-

---

1. Lessing, *Dramaturgie de Hambourg*, 8ᵉ série, traduction de Suckau, revue par Crouslé ; avec *Introduction* d'Alfred Mézières.

sarder ces spectacles pompeux, ces tableaux frappants, ces actions grandes et terribles, qui, bien ménagées, sont un des plus grands ressorts de la tragédie? comment apporter le corps de César sanglant sur la scène? comment faire descendre une reine éperdue dans le tombeau de son époux, et l'en faire sortir mourante de la main de son fils [1], au milieu d'une foule qui cache et le tombeau et le fils et la mère, et qui énerve la terreur du spectacle par le contraste du ridicule [2]? C'est de ce défaut monstrueux que vos seuls bienfaits ont purgé la scène : et, quand il se trouvera des génies qui sauront allier la pompe d'un appareil nécessaire et la vivacité d'une action également terrible et vraisemblable, à la force des pensées et surtout à la belle et naturelle poésie, sans laquelle l'art dramatique n'est rien, ce sera vous, Monsieur, que la postérité devra remercier. »

Il y avait longtemps que Voltaire réclamait contre cet usage ridicule de rétrécir la scène par des bancs encombrés de spectateurs ; mais les comédiens faisaient la sourde oreille, parce que, louant ces places très cher aux gens du bel air, ils en tiraient un bon profit. Le comte de Lauraguais, généreusement, donna la somme nécessaire pour les indemniser [3].

1. *Sémiramis*, acte V, scènes II et VIII.
2. Cf. ci-dessus, page 214, « Place à l'Ombre! »
3. Il s'agissait de 12,000 francs. — Ce fut le 23 mai 1759 que cette réforme importante fut accomplie.

Cela nous fait voir de nouveau ce que nous avons déjà observé en étudiant le théâtre de Corneille et en rappelant aussi parfois les conditions matérielles du théâtre athénien, à savoir, comment il est arrivé souvent, soit dans l'antiquité, soit dans le monde moderne, que les conditions purement matérielles ont exercé une grande influence sur la conception, la composition et l'exécution des œuvres dramatiques.

Pour conclure sur les comédies de Voltaire, en aucune d'elles il n'a rencontré la veine je ne dis pas de Molière, ni même de Regnard, mais seulement de Piron dans *la Métromanie* ou de Gresset dans *le Méchant*. A peine; çà et là, un peu d'intérêt romanesque, échantillon de ce genre mixte auquel le nom de *drame* dans le sens spécial convient mieux que celui de comédie, genre dont lui-même s'était moqué lorsque La Chaussée l'inventait; et dans lequel une femme, madame de Graffigny, un an après *Nanine* et neuf ans avant *l'Écossaise*, remporta une brillante victoire avec sa pièce intitulée *Cénie*, qui fut souvent reprise[1]. Ce genre

---

1. Pour donner la note de l'enthousiasme des contemporains sur *Cénie*, il faut citer ce passage de Grimm : « Il n'y a point d'homme de mérite et de génie en France qui ne dût être bien aise d'avoir fait cette pièce. C'est le triomphe de la vertu; c'est le temple des mœurs; c'est l'école du sentiment le plus simple, le plus pur, le plus digne d'intéresser et de fixer l'attention des belles âmes. Aussi a-t-elle entraîné tous les cœurs et tous les suffrages ; et on n'a pas osé se récrier sur le genre

est celui que Diderot ensuite appela « comédie sérieuse », lorsqu'il essaya, lui aussi, de régénérer l'art dramatique : nous y viendrons. *Le Fils naturel* est de 1757 ; *le Père de famille* de 1758 ; *l'Écossaise* de 1760 ; nous devons avoir tout cela présent à la fois, pour bien comprendre que tout le monde déjà cherchait des voies nouvelles. — Sedaine y entra avec une originalité extraordinaire, et Beaumarchais l'y suivit plus tard avec son *Eugénie*.

Les comédies-drames de Voltaire ne présentent plus aujourd'hui qu'un intérêt de curiosité. — En revanche, les Préfaces de plusieurs de ces pièces sont très intéressantes en ce qui regarde le sujet qui nous occupe, puisqu'elles donnent d'avance, pour ainsi dire, la monnaie de la Préface de *Cromwell*. C'est ce que je me propose de vous faire voir dans notre prochaine leçon.

qui a excité tant de disputes dans le temps que M. de La Chaussée travaillait dans le même goût pour le théâtre... C'est le roman mis en action.. » — *Correspondance littéraire*, 15 juillet 1754.

DOUZIÈME LEÇON

LA THÉORIE ROMANTIQUE

DANS LES PRÉFACES DE VOLTAIRE

Plusieurs des Préfaces de Voltaire, ai-je dit, semblent donner d'avance la monnaie de la Préface de *Cromwell*. Je vais le démontrer aujourd'hui. Il s'agit des Préfaces de *l'Enfant prodigue*, de *Nanine*, de *l'Écossaise* ; — enfin, de *Socrate* et des *Guèbres*, pièces dont nous n'avons pas encore parlé, mais dont nous parlerons plus tard.

Je ne peux vous faire cette démonstration par des assertions générales abstraites ; je ne vois qu'un seul moyen, c'est de citer. Vous me permettrez donc de ne vous faire, ou peu s'en faut, qu'un chapelet de citations alternées, de Voltaire et de Victor Hugo. Elles sont d'ailleurs très intéressantes et très curieuses en elles-mêmes ; et la démonstration résultera du rapprochement des unes avec les autres. C'est le cœur même de mon sujet.

I

Dans la Préface de *l'Enfant prodigue* (la pièce, donnée sans nom d'auteur, est de 1736 ; la Préface, de 1738), l'auteur signale « la nécessité d'avoir des choses nouvelles. Si l'on avait toujours mis sur le théâtre tragique la grandeur romaine, dit-il, à la fin on s'en serait rebuté ; si les héros ne parlaient jamais que de tendresse, on serait affadi. » — La première de ces deux phrases vise les imitateurs dégénérés de Corneille ; la seconde, ceux de Racine. — Il s'agit donc de chercher d'autres sujets et d'autres voies. Bref, le disciple de Boileau, l'élève du Père Porée, oubliant les vieilles théories et les traditions classiques si longtemps maintenues et défendues par lui contre Houdard de La Motte, en vient à déclarer que « tous les genres sont bons hors le genre ennuyeux »[1], et non seulement tous les genres, mais même le mélange des genres. — Diderot, Sedaine, Beaumar-

---

1. Phrase qu'on cite parfois comme un vers attribué par quelques-uns à Boileau, et qui n'est, comme on voit, qu'une ligne de prose de Voltaire dans cette Préface.

chais appliqueront et développeront cette théorie, que Victor Hugo reprendra à grand orchestre dans sa célèbre Préface. Voici comment s'exprime Voltaire dans celle de *l'Enfant prodigue* : « Si la comédie doit être la représentation des mœurs, cette pièce semble être assez de ce caractère. On y voit un mélange de sérieux et de plaisanterie, de comique et de touchant. C'est ainsi que la vie des hommes est bigarrée. Souvent même une seule aventure produit tous ces contrastes. Rien n'est si commun qu'une maison dans laquelle un père gronde, une fille occupée de sa passion pleure, le fils se moque des deux, et quelques parents prennent différemment part à la scène. On raille très souvent dans une chambre de ce qui attendrit dans la chambre voisine ; et la même personne a quelquefois ri et pleuré de la même chose dans le même quart d'heure. — Une dame très respectable[1], étant un jour au chevet d'une de ses filles[2] qui était en danger de mort, entourée de toute sa famille, s'écriait en fondant en larmes : « Mon Dieu, rendez-la-moi, et prenez tous mes autres enfants ! » Un homme qui avait épousé une autre de ses filles s'approcha d'elle, et, la tirant par la manche : « Madame, dit-il, les gendres en sont-ils ? » Le sang-froid et le comique avec lequel il prononça ces paroles fit un tel effet sur cette dame affligée,

---

1. La première maréchale de Noailles.
2. Madame de Gondrin ; depuis, comtesse de Toulouse.

qu'elle sortit en éclatant de rire ; tout le monde la suivit en riant ; et la malade, ayant su de quoi il était question, se mit à rire plus fort que les autres. — Nous n'inférons pas de là que toute comédie doive avoir des scènes de bouffonnerie et des scènes attendrissantes. Il y a beaucoup de très bonnes pièces où il ne règne que de la gaieté ; d'autres toutes sérieuses, d'autres mélangées, d'autres où l'attendrissement va jusqu'aux larmes. Il ne faut donner l'exclusion à aucun genre ; et, si l'on me demandait quel genre est le meilleur, je répondrais : Celui qui est le mieux traité... Tous les genres sont bons, hors le genre ennuyeux. »

Voilà qui est assez large. Il a eu beau se défendre ; le succès des pièces de La Chaussée l'a piqué au jeu ; puis la théorie, comme presque toujours, est venue après la pratique.

Et maintenant, prenons la Préface de *Cromwell*, venue quatre-vingt-onze ans après ; nous allons y retrouver l'idée de ce mélange, de ce contraste du rire et des pleurs : « Dans le drame, dit Victor Hugo, tout s'enchaîne et se déduit ainsi que dans la réalité ; le corps y joue son rôle, comme l'âme ; et les hommes et les événements, mis en jeu par ce double agent, passent, tour à tour bouffons et terribles, quelquefois terribles et bouffons tout ensemble. Ainsi, le juge dira : « A la mort, et allons dîner ! » Ainsi, le Sénat romain délibérera sur le turbot de Domitien. Ainsi, Socrate buvant la ciguë, et conversant de l'âme immortelle et du Dieu unique, s'interrompra pour demander qu'on sacrifie un coq à Esculape. Ainsi, Élisabeth jurera, et parlera latin. Ainsi, Richelieu subira le capucin Joseph; et Louis XI, son barbier, maître Olivier le Diable. Ainsi, Cromwell dira : *J'ai le Parlement dans mon sac, et le Roi dans ma poche;* ou, de la main qui signe l'arrêt de mort de Charles Ier, barbouillera d'encre le visage d'un régicide, qui le lui rendra en riant... »

Ne dirait-on pas ici que la Préface de Victor Hugo fait suite à celle de *l'Enfant prodigue?* Donc Voltaire vient de faire la théorie du *drame*, par opposition à la tragédie. Il n'y a pas de conventions qui tiennent; la force des choses l'a emporté : les genres séparés, tragédie, comédie, ont fait leur temps; le drame, la représentation complexe de la vie, mélangée d'émotion et de rire, est ce qu'on demandera désormais. Ainsi nous saisissons chez Voltaire la transition d'un système à l'autre, tantôt dans ses pièces, où il imite parfois Shakspeare, parfois La Chaussée; tantôt dans ses Préfaces, où, après avoir longtemps biaisé lorsqu'il signe, il lâche décidément les conventions classiques lorsqu'il ne signe pas.

Encore bien plus saisirons-nous le même mouvement de transformation, plus franchement révolutionnaire, dans le théâtre de Diderot, et surtout dans les *Entretiens* et *Dialogues* où il a commenté lui-même ses pièces.

Il faut avoir grand soin de distinguer et de discerner toutes ces choses, à travers la distance des temps, qui comme celle des lieux brouille les plans et les nuances. Quand on se replace par la pensée au temps de Voltaire, et qu'on suit d'année en année ses œuvres dramatiques de toutes sortes, on est forcé de reconnaître et d'admirer combien son rare esprit a déployé de flexibilité et d'adresse pour s'affranchir peu à peu des liens de l'éducation première. Il avait continué longtemps à redire les formules apprises dès l'enfance, sur les genres dramatiques séparés et inconciliables, sur les règles des trois unités, et le reste ; mais enfin, grâces à l'influence des souffles nouveaux, son instinct, averti par les essais et les succès de quelques chercheurs plus décidés, le pousse non à briser d'un coup, mais à dénouer successivement ces entraves qui gênaient la liberté de l'art, la sincère interprétation de la nature. Décidément il entre dans le mouvement.

II

La théorie romantique inconsciente va continuer de se développer dans la préface de *Nanine*. S'étant moqué des pièces du genre mixte et de la comédie *larmoyante*, l'auteur se demande s'il n'est pas permis de composer des comédies *attendrissantes*; et, ayant disserté sur cette distinction subtile, il conclut que « la comédie peut attendrir, pourvu qu'ensuite elle fasse rire les honnêtes gens. Si elle manquait de comique, poursuit-il, si elle n'était que larmoyante, c'est alors qu'elle serait un genre très vicieux et très désagréable. » Ainsi il n'en veut pas démordre, les pièces de La Chaussée, qui ont beaucoup de succès, sont d'un genre « très vicieux et très désagréable »; le seul genre qu'on doive admettre est le genre attendrissant, mêlé de comique, comme *l'Enfant prodigue* et *Nanine*. La Harpe, tout en louant *Nanine*, « petit drame, plein d'intérêt, de grâce, et de détails charmants », convient que cette pièce « eut, dans sa nouveauté, beaucoup moins de succès que *l'Enfant prodigue* ». A la vérité, il ajoute que « depuis elle a toujours été bien plus suivie et plus goûtée ». Aujourd'hui nous ne trouvons, dans l'une ni dans l'autre, aucune vérité, aucun intérêt. Mais cela ne condamne point le genre en lui-même, qui, de nos jours, a produit plusieurs chefs-d'œuvre.

Voici un autre passage de la même Préface, dans lequel Voltaire, le premier encore, exprime plusieurs des idées que développera à son tour le chef de l'école romantique du dix-neuvième siècle dans son manifeste.

« On avoue qu'il est rare de faire passer les spectateurs insensiblement de l'attendrissement au rire ; mais ce passage, tout difficile qu'il est de le saisir dans une comédie, n'en est pas moins naturel aux hommes. On a déjà remarqué ailleurs [1] que rien n'est plus ordinaire que des aventures qui affligent l'âme et dont certaines circonstances inspirent ensuite une gaieté passagère. C'est ainsi malheureusement [2] que le genre humain est fait. Homère représente même les Dieux riant de la mauvaise grâce de Vulcain, dans le temps qu'ils décident du destin du monde. Hector sourit de la peur de son fils Astyanax, tandis qu'Andromaque répand des larmes [3]. On voit souvent, jusque dans l'horreur des batailles, des incendies, de tous les désastres qui nous affligent, qu'une naïveté, un bon mot, excitent le rire jusque dans le sein de la désolation et de la pitié. On défendit à un régiment, dans la bataille de Spire, de faire quartier ; un officier allemand demande la vie à l'un des nôtres, qui lui répond : « Monsieur, demandez-moi toute autre chose ; mais, pour la vie, il n'y a pas moyen. » Cette naïveté passe aussitôt de bouche en bouche, et on rit au milieu du carnage. A combien plus forte raison le

1. *On*, c'est-à-dire *je*, selon le procédé de Port-Royal, pour éviter « le *moi* haïssable ». — *Ailleurs*, c'est-à-dire la Préface de l'*Enfant prodigue*, que nous venons d'analyser.

2. Pourquoi « malheureusement » ? pourquoi vouloir que nous soyons tout d'une pièce ? monocordes et monotones ? La vie, dans la nature, ne résulte que des contraires. Et dans l'art pareillement.

3. Et rit à travers ces larmes mêmes : δακρυόεν γελάσασα. *Iliade*, VI.

rire peut-il succéder, dans la comédie, à des sentiments touchants! Ne s'attendrit-on pas avec Alcmène? Ne rit-on pas avec Sosie[1]? Quel misérable et vain travail de disputer contre l'expérience!... »

N'êtes-vous pas frappés de la chaleur de ces dernières paroles? L'auteur de la Préface de *Cromwell* s'exprimera-t-il avec plus de vivacité? Et la théorie du sublime et du grotesque se faisant valoir l'un par l'autre ne semble-t-elle pas le développement ou le grossissement de celles que nous venons de rencontrer en germe dans cette Préface de *Nanine*, qui est de 1749, comme dans celle de *l'Enfant prodigue*, en 1738?

III

Maintenant, dans celle de *l'Écossaise*, nous allons retrouver la suite de la théorie romantique, et voir poindre aussi le commencement de la théorie naturaliste, qui d'autre part éclôt en même temps chez Diderot.

L'auteur anonyme de *l'Écossaise*, prétendu traducteur de M. Hume, s'exprime ainsi : « Le caractère de l'héroïne et celui de Freeport ne ressemblent à rien de ce que nous connaissons sur les théâtres de France;

---

1. Dans *Amphitryon*.

et cependant c'est la nature pure.... Le caractère de Frélon est si lâche et si odieux, que nous avons voulu épargner aux lecteurs la vue trop fréquente de ce personnage, plus dégoûtant que comique [1]. Nous convenons qu'il est dans la nature : car, dans les grandes villes, où la presse jouit de quelque liberté, on trouve toujours quelques-uns de ces misérables qui se font un revenu de leur impudence.... Ni cet état ni ce caractère ne paraissent dignes du théâtre en France ; mais le pinceau anglais ne dédaigne rien : il se plaît quelquefois à tracer des objets dont la bassesse peut révolter quelques autres nations. Il n'importe aux Anglais que le sujet soit bas, pourvu qu'il soit vrai. Ils disent que la comédie étend ses droits sur tous les caractères et sur toutes les conditions ; que tout ce qui est dans la nature doit être peint. »

Voilà bien non seulement la théorie romantique de la Préface de *Cromwell*, mais encore la théorie naturaliste, qui s'y trouvait aussi contenue. Quoique Victor Hugo lui-même, dans la suite, ait déclaré excessives les applications que l'on a faites de celle-ci, toujours est-il que toutes deux ensemble existaient bien réellement dans ce passage de sa Préface : « La poésie née du christianisme, la poésie de notre temps est donc le drame ; le caractère du drame est le réel ; le réel résulte de la combinaison

---

[1]. Cela donne lieu de conjecturer qu'il n'avait pas beaucoup réussi à la représentation, quoi qu'en dise Grimm.

toute naturelle de deux types, le sublime et le grotesque, qui se croisent dans le drame, comme ils se croisent dans la vie et dans la création. Car la poésie vraie, la poésie complète, est dans l'harmonie des contraires. Puis, il est temps de le dire hautement, et c'est ici surtout que les exceptions confirmeraient la règle, tout ce qui est dans la Nature est dans l'Art. »

V

Dans la Préface de *Socrate*, attribuée à M. Fatema, Hollandais, Voltaire, sous le masque cette fois, reprend et développe encore la théorie du mélange des genres, qu'il dit même, non sans raison, avoir été appliquée dès les poèmes homériques. Tout à l'heure il appelait l'*Iliade* à la rescousse; maintenant il va invoquer l'*Odyssée*. Mais voyons comment il s'avance.

Après avoir dit que ce drame de *Socrate* fut esquissé par Addison, qui en légua le manuscrit à son élève Thomson, il ajoute que celui-ci l'écrivit en prose, scène par scène, et que deux de ses amis lui conseillèrent de suivre « la méthode de Shakspeare, d'introduire des personnages du peuple dans la tragédie ; de peindre Xantippe, femme de Socrate, telle qu'elle était en effet, une bourgeoise acariâtre, grondant son mari et l'aimant [1] ; de mettre sur la scène tout l'Aréopage ; et de faire, en un mot, de cette pièce une de ces représentations naïves de la vie humaine, un de ces tableaux où l'on peint toutes les conditions. — Cette entreprise, poursuit-il, n'est pas sans difficulté : et, quoique le sublime continu soit d'un genre infiniment supérieur [2], ce mélange du pathétique et du familier a son mérite. On peut comparer ce genre à l'*Odyssée*, et l'autre à l'*Iliade*... »

Voilà, par la plume de Voltaire, ma réponse à ceux qui s'étonnent que je fasse remonter le romantisme jusqu'à Homère. Oui, l'*Odyssée* est très romantique. Mais l'*Iliade* elle-même n'est pas d'un sublime continu, témoin les épisodes de Thersite, de Vulcain (rappelé, il y a un instant, par Voltaire lui-même), qui excitent le rire et des hommes et des Dieux.

Dans un post-scriptum de cette Préface, l'auteur lève à demi son masque :

« *Nota bene*. Il y a eu des gens assez bêtes pour réfuter les vérités palpables qui sont dans cette Préface. Ils prétendent que M. Fatema n'a pu écrire cette Préface en 1755, parce qu'il était mort en 1754.

---

1. M. Théodore de Banville vient de faire jouer, en décembre 1885, à la Comédie-Française, *Socrate et sa femme*.

2. Pascal a dit : « L'éloquence continue ennuie. » Il en pourrait être de même du « sublime continu » dans l'œuvre dramatique, surtout devant un très nombreux public, comme celui de nos grands théâtres d'aujourd'hui.

Quand cela serait, voilà une plaisante raison ! Mais le fait est qu'il est décédé en 1757. »

V

Mentionnons, enfin, la Préface des *Guèbres*, dans laquelle, revenant à une idée déjà mise en avant et appliquée par Corneille, Voltaire dit : « Pour mieux parvenir à jeter dans les esprits les semences de ces vertus nécessaires à toute société, on a choisi des personnages dans l'ordre commun. On n'a pas craint de hasarder sur la scène un jardinier, une jeune fille qui a prêté la main aux travaux rustiques de son père ; des officiers, dont l'un commande dans une petite place frontière, et dont l'autre est lieutenant dans la compagnie de son frère ; enfin, un des acteurs est un simple soldat. De tels personnages, qui se rapprochent plus de la nature, et la simplicité de style qui leur convient, ont paru devoir faire plus d'impression, et mieux concourir au but proposé, que des princes amoureux et des princesses passionnées... Deux simples officiers, pleins d'honneur et de générosité, veulent arracher une fille innocente à la fureur de quelques prêtres païens... »

Il y aurait beaucoup à dire sur a prétendue simplicité de style de ces personnages populaires. Quant à l'idée de les présenter sur le théâtre comme personnages principaux, Corneille, s'il vous en souvient, dans la préface ou Épitre dédicatoire de *Don Sanche* à M. de Zuylichem, avait, d'après certaines pièces antiques ou imitées de l'antiquité, proposé cette innovation, de mettre en scène des personnages autres que les princes, et de mêler le ton familier à l'héroïque. N'est-il pas permis, disait-il, de choisir des personnages moins élevés ? « Je ne comprends point ce qui défend de descendre plus bas, quand il se rencontre des actions qui le méritent ; et je ne puis croire que l'hospitalité violée en la personne des filles de Scédase[1], qui n'était qu'un paysan de Leuctres, soit moins digne de la scène que l'assassinat d'Agamemnon par sa femme, ou la vengeance de cette mort par Oreste sur sa propre mère. »

Voltaire reprend donc pour son compte cette idée de Corneille. Et Diderot abondera dans le même sens, en ses *Entretiens* sur *le Fils naturel* et sur *le Père de Famille*, qui, à vrai dire, sont les premiers grands manifestes du romantisme et du réalisme modernes. Lessing s'en inspirera dans sa *Dramaturgie*, et le déclarera loyalement.

A ce propos, observons que Lessing, quelle que soit son admiration pour Shakspeare, n'en a pas

---

1. Sujet traité dans une tragédie d'Alexandre Hardy.

une moindre pour Aristote en sa *Poétique*. « Ce qui m'assure, dit-il, que je ne me méprends pas sur l'essence de la poésie dramatique, c'est que je l'entends absolument comme Aristote, qui a tiré sa théorie des innombrables chefs-d'œuvre de la scène grecque. Je tiens sa *Poétique* pour aussi infaillible que les *Éléments* d'Euclide… Quant à la tragédie en particulier, je me fais fort de prouver qu'elle ne saurait s'écarter d'un seul pas de la direction qu'Aristote lui a tracée, sans s'éloigner d'autant de la perfection [1]… »

Impossible d'exprimer une admiration plus haute. — D'autre part, son culte pour Shakspeare n'est pas moins fervent. Or le système aristotélique et le système shakspearien sont les deux pôles; et Lessing omet soigneusement d'expliquer comment les drames du grand poète anglais peuvent s'accorder avec les théories du grand critique et philosophe grec; nous ne disons point avec les prétendues règles attribuées à Aristote par quelques auteurs du xviie siècle qui le lisaient dans des textes imparfaits et qui l'entendaient mal; nous disons avec les idées mêmes du philosophe de Stagire, rectifiées d'après les textes exacts que Lessing devait avoir sous les yeux.

Mais ce qu'il démontre victorieusement, c'est qu'il n'y a point de nation qui ait plus mal compris

---

1. Conclusion de *la Dramaturgie de Hambourg*, traduction Suckau-Crouslé, édition Mézières.

que les Français les règles du drame antique. « Ils ont trouvé dans Aristote quelques remarques incidentes sur la meilleure disposition extérieure du drame, et ils les ont prises pour l'essentiel. Et, quant à l'essentiel, ils l'ont affaibli par toutes sortes de restrictions et de prescriptions relatives à la disposition extérieure ; si bien qu'il ne pouvait sortir de leur procédé que des œuvres fort au-dessous du but élevé en vue duquel le philosophe avait calculé ses règles [1]. »

Cela est incontestable. Et c'est ce qui explique les oscillations de Voltaire entre ce système mal entendu, artificiel et faux, dans lequel il a été nourri, et le système tout opposé, qu'il saisit d'ailleurs aussi par l'écorce plus que par le fond.

Avant que nous retrouvions ces deux systèmes, tantôt aux prises, tantôt se pénétrant l'un l'autre et essayant de se concilier, observons ces flux et reflux, cette fécondation mutuelle des idées entre les différents peuples. Saint-Évremond, l'abbé Prévost, Voltaire, Diderot, reçoivent le souffle des idées anglaises. Ensuite Lessing traduit, contrôle, développe et propage plusieurs des idées nouvelles de Diderot à l'égard du théâtre. Gœthe, Schiller, Iffland, Kotzebue, en su-

---

[1]. Conclusion de la *Dramaturgie de Hambourg*.

bissent aussi l'influence. Puis Wilhelm Schlegel fait et publie son *Cours de Littérature dramatique*. Alors toutes ces idées, accrues par l'élaboration germanique, reviennent en France, sont reprises par Villemain dans son *Cours du* xviiie *siècle*, et par Victor Hugo dans sa grande Préface, qui les roule comme un torrent en y mêlant son imagination, ses hyperboles et sa couleur.

Mais ce que Victor Hugo fait là en une fois, Voltaire l'a fait à huit ou dix reprises, dans les Préfaces, Épitres, Dissertations et Notes, dont il accompagne ses pièces, faisant marcher sans cesse la théorie avec ou après la pratique.

TREIZIÈME LEÇON

TANCRÈDE

La tragédie-drame de *Tancrède* exprime, comme *Zaïre*, un certain idéal de l'imagination française, éprise du chevaleresque, c'est-à-dire de l'honneur et de l'amour, du romanesque galant et guerrier, mêlé de conspirations politiques dans le goût de la Fronde et du cardinal de Retz. La pièce a de nombreux défauts, mais elle émeut et elle séduit. Quand on s'aperçoit du prestige, le tour est fait [1].

Commencée en 1759, elle fut représentée en 1760, l'année même de *l'Écossaise* [2] et de *Candide*. Mais,

1. « *Tancrède* ne sera peut-être pas compté parmi les meilleures tragédies de Voltaire; mais, bien joué, il fera toujours un grand effet au théâtre. » Grimm, *Correspondance littéraire*, 1ᵉʳ octobre 1760.
2. Six semaines seulement après cette pièce. — Imaginez la tête toujours en feu qui produisait tout cela à la fois, *Candide*, *l'Écossaise*, *Tancrède*, le *Dictionnaire philosophique*.

tandis que *l'Écossaise* et *Candide* sont d'une ironie cruelle et amère, *Tancrède* ne respire que l'héroïsme : l'air en est salutaire et chaud ; on y sent comme des bouffées du *Cid*. On est en pleine chevalerie ; et de plus en république.

« Cette pièce est toute d'invention, et l'auteur a choisi son héros dans la famille des Hauteville, paladins de Normandie, qui allèrent au xie siècle s'établir en Sicile. La scène est à Syracuse, qu'on suppose être gouvernée par un certain nombre de chevaliers, en forme de république, tandis que le reste de la Sicile est sous le pouvoir des empereurs d'Orient et des Maures[1]. »

Les Syracusains, après de longues discordes civiles, estiment enfin qu'il y va du salut de leur pays de se réconcilier et de s'unir entre eux, d'un côté contre les Maures envahisseurs et conquérants depuis deux siècles, d'autre part contre les gentilshommes normands-français qui commencent aussi à prendre pied en Sicile. Tancrède est un de ces Français.

Il est devenu Syracusain. A la suite de luttes politiques, on l'a proscrit : ses biens sont confisqués, et dévolus à un de ses ennemis. Il s'est réfugié à Byzance, et, pour occuper ses loisirs, s'est mis au service des empereurs grecs. Il a conquis pour eux une province ; tel a été le passe-temps de son exil.

1. Grimm, *Correspondance littéraire*, 15 septembre 1760.

Mais cela même achève de le perdre aux yeux des ombrageux républicains de Syracuse ; à la nouvelle de cet exploit, l'un d'eux s'écrie :

> Plus de retour pour lui ! l'esclave des Césars
> Ne doit rien posséder dans une république.

Son rival politique, Orbassan, non seulement hérite de ses biens, mais il est sur le point d'obtenir la main de sa fiancée, Aménaïde, forcée d'obéir à l'ordre d'un père.

Sa mère et elle, pendant les guerres intestines qui désolaient Syracuse, réfugiées aussi à la Cour de Byzance, y ont rencontré Tancrède. La similitude de leur sort les a rapprochés ; la sympathie, l'amour enfin, a uni la jeune fille au héros, sous les yeux de la mère, qui à son lit de mort a reçu leurs serments de fiançailles. L'orpheline est revenue à Syracuse auprès de son père, Argire, qui par raison politique veut la marier au chef du parti adverse : elle sera le gage de réconciliation. C'est à ce moment que la pièce commence. Douleur d'Aménaïde, quand le père lui annonce sa résolution ; elle répond avec respect, mais fermeté : son cœur restera fidèle au héros que sa mère lui a permis d'aimer ; si Tancrède est proscrit, il a encore des partisans dans Syracuse ; ses exploits, s'ils lui ont fait des envieux, lui ont gagné aussi de nouveaux amis. Elle supplie son père de lui accorder du moins quelque temps pour réfléchir.

Apprenant, sur ces entrefaites, que l'exilé est revenu secrètement à Messine (qui appartient aux empereurs grecs, comme Palerme et Agrigente aux Sarrazins), elle lui écrit pour hâter son retour à Syracuse. C'est le nœud de l'intrigue, nœud assez faible, quoique fort embrouillé. Comme dans *Zaïre*, et comme dans *Bajazet*, tout roule sur le malentendu d'un billet. Celui d'Aménaïde ne porte aucune adresse, puisque Tancrède est obligé de se cacher. Ce billet est intercepté non loin du camp des Sarrazins qui assiègent Syracuse : et, comme leur chef autrefois à Byzance a connu Aménaïde, et, l'ayant aimée lui aussi, avait fait demander sa main à son père, on croit que le billet lui est destiné : et alors le conseil donné par ce billet, de pénétrer clandestinement dans Syracuse, étant supposé s'adresser à l'ennemi de la patrie, au Sarrazin, est un crime de haute trahison, passible de la peine capitale, sans distinction d'âge ni de sexe. Aménaïde est donc condamnée à la mort. Son père lui-même, nouveau Brutus, ne contredit point au jugement, et d'ailleurs l'essayerait en vain.

Seulement un antique usage, celui de la Chevalerie (ici nous entrons au cœur du sujet), permet à tout chevalier d'en appeler par les armes au Jugement de Dieu en faveur d'une femme condamnée à périr, et de combattre pour elle en champ clos.

Orbassan, le fiancé imposé à Aménaïde, — et qui

a le tort d'accepter non seulement sa main, mais les biens du proscrit, — estime qu'il est de son devoir de s'offrir à elle pour champion. Elle refuse, et lui déclare qu'elle ne veut de lui ni pour époux ni pour chevalier. On la conduit en prison, et on dresse l'échafaud [1].

Voilà les deux premiers actes : le drame est posé. A la vérité, c'est sur des fondements peu solides. Cependant l'intérêt est excité. Tancrède n'a pas encore paru : l'auteur, avec habileté, fait désirer l'arrivée du héros, qui paraît pour la première fois au commencement du troisième acte. Cette entrée fut d'un grand effet. On voit arriver un chevalier inconnu, « suivi de deux écuyers, qui portent son écu et sa lance »; il regarde autour de lui avec émotion ; puis, d'une voix basse et vibrante :

A tous les cœurs bien nés que la patrie est chère !
Qu'avec ravissement je revois ce séjour,
. . . .
Ces murs qui m'ont vu naître, et dont je suis banni !
. . . .
Que mon nom soit caché, puisqu'on le persécute ;
Peut-être en d'autres lieux il est célèbre assez.
Que l'on suspende ici mes chiffres effacés :
Aux fureurs des partis qu'ils ne soient plus en butte ;
Que mes armes sans faste, emblème des douleurs,
Telles que je les porte au milieu des batailles,

---

1. Nous retrouverons cet échafaud à la cantonade dans *Marion de Lorme* et dans *Marie Tudor*. Mais ici, dans *Tancrède*, c'est pour une femme qu'on le dresse.

> Ce simple bouclier, ce casque sans couleurs [1],
> Soient attachés sans pompe à ces tristes murailles.

*Les écuyers suspendent ses armes, aux places vides,
au milieu des autres trophées.*

> Conservez ma devise, elle est chère à mon cœur ;
> Elle a dans les combats soutenu ma vaillance ;
> Elle a conduit mes pas et fait mon espérance ;
> Les mots en sont sacrés, c'est *l'Amour et l'Honneur !*
> Lorsque les chevaliers descendront dans la place [2],
> Vous direz qu'un guerrier, qui veut être inconnu,
> Pour les suivre au combat dans leurs murs est venu,
> Et qu'à les imiter il borne son audace.

Vous imaginez sans peine combien ces vers harmonieux, pleins des sentiments les plus nobles, l'amour de la patrie, la mélancolie de l'exil, et tous ces souvenirs de la Chevalerie, durent émouvoir et charmer le public français. Par une innovation hardie et heureuse, ces rimes croisées, ôtant la monotonie des alexandrins, donnaient aux vers une allure nouvelle, une harmonie demi-lyrique.

Et puis, à ces couleurs d'un moyen âge quelque peu idéalisé, le poète philosophe va mêler des idées libérales, démocratiques, rejoignant peut-être je ne sais comment les sentiments chevaleresques et féodaux. Entre-croisement très romantique, surcroît étonnant de complexité, comme dans ces tapis d'Orient dont les couleurs hardiment contrastées ont des dissonances pleines d'harmonie.

1. C'est-à-dire ne portant les couleurs d'aucune dame.
2. Dans le champ clos.

Avec Tancrède et ses deux écuyers, est entré son plus cher compagnon d'armes, un de ses anciens serfs qu'il a emmené dans les guerres, et affranchi pour son courage : il le traite désormais en frère ; et voici un passage de leur dialogue, où il semble que la nuance moyen âge ne se continue guère, mais qui par sa note philosophique devait plaire aux esprits avancés, généreux, peu soucieux de la vraisemblance. Tancrède remercie ce frère d'armes, Aldamon, qui lui a procuré les moyens de pénétrer dans Syracuse. Le vassal répond qu'il n'a fait que son devoir, mais s'exprime en périphrases dans le goût du temps, ainsi que Tancrède lui-même dans sa réplique.

ALDAMON

Seigneur, c'est trop vanter mes services vulgaires,
Et c'est trop relever un sort tel que le mien ;
Je ne suis qu'un soldat, un simple citoyen...

TANCRÈDE

Je le suis comme vous : les citoyens sont frères.

ALDAMON

Deux ans dans l'Orient sous vous j'ai combattu ;
Je vous vis effacer l'éclat de vos ancêtres ;
J'admirai, d'assez près, votre haute vertu ;
C'est là mon seul mérite. Élevé par mes maîtres,
Né dans votre maison, je vous suis asservi ;
Je dois...

TANCRÈDE

Vous ne devez être que mon ami.

Cela n'est guère du xie siècle ; cela sent déjà sa *Déclaration des Droits de l'Homme et du Citoyen;* mais, pour cela même, ne voyez-vous pas et n'entendez-vous pas d'ici l'émotion de la fibre française, et les applaudissements qu'un tel dialogue, par sa nouveauté étrange et par sa dissonance même avec le vieux régime, devait soulever ? Aujourd'hui que nous sommes repus d'égalité, ces choses-là peuvent paraître banales et faire sourire, faute de songer qu'en ce temps-là elles étaient neuves et révolutionnaires, semant dans les esprits les germes des idées qui ont changé la face du monde, et dont nous vivons depuis lors.

Ainsi, dès son entrée, dès ses premières paroles, ce chevalier inconnu, mais deviné de tous, ce héros proscrit, sympathique, entouré pour ses malheurs et son courage d'une secrète popularité à la Nicomède, ce républicain français et syracusain, à qui l'exil et la vaillance ont appris la fraternité, conquérait déjà tous les cœurs.

Pour achever de le rendre parfait, que faut-il ? il faut qu'il soit amoureux. Aussi ce héros est-il un amant, le plus tendre, le plus fidèle. Et un tel amant va se croire trahi. Et, tout en se croyant trahi, il va exposer sa vie pour la femme qu'il pense avoir sujet de détester et que cependant il aime toujours ; il va la sauver, et mourir.

Et, d'autre part, imaginez Aménaïde, non moins aimante, non moins fidèle que Tancrède, mais coupable à ses yeux comme aux yeux de tous, et ne pouvant le détromper sans le perdre en révélant qui il est, lui dont la tête est mise à prix. Ah! que volontiers on pardonne alors à la faiblesse du nœud! ou plutôt on l'oublie; tant le drame vous saisit et vous captive!

Lorsque Grimm dit que « cette pièce est toute d'invention », il faut s'entendre. Voltaire, qui a su mettre l'idée en œuvre, n'en est pas cependant l'inventeur.

Cette donnée si émouvante, mais très difficile à fonder, se trouve dans le poème de l'Arioste : c'est l'aventure d'*Ariodante e Ginevra*; et plus anciennement chez un de nos auteurs de mystères. Une romancière française, morte en 1730, madame de Fontaines, avait tiré de cet épisode, en changeant seulement les noms, un roman agréable, *la Comtesse de Savoie*, publié en 1726. C'est là, sans doute, que Voltaire rencontra l'idée de son drame : un amant désespéré qui combat pour sauver l'honneur et la vie de sa maîtresse, en même temps qu'il la croit coupable de l'infidélité la plus odieuse, et traîtresse envers son pays comme envers lui.

Tancrède, en effet, à peine revenu de l'exil, apprend avec stupeur qu'Aménaïde est en prison, et doit être livrée ce jour même au dernier supplice, — à moins qu'un chevalier ne combatte pour elle, au Jugement de Dieu, et ne remporte la victoire. —

Mais aucun, jusqu'ici, ne se présente. Tancrède, alors, d'une voix émue :

Il s'en présentera, gardez-vous d'en douter !

L'effet de ce mot fut immense. Il est nécessaire, en cet endroit, de laisser parler un témoin :

« J'étais à la première représentation de *Tancrède*, il y a bien des années, et j'étais bien jeune ! Je n'ai jamais oublié le prodigieux effet que produisit dans toute l'assemblée le moment où l'acteur unique[1], qui ne jouait pas Tancrède mais qui l'était, sortant de son accablement à ces derniers mots : *Aucun ne se présente*, comme saisi d'un transport involontaire, serrant dans ses mains les mains tremblantes d'Argire, d'une voix animée par l'amour et altérée par la rage, fit entendre ce vers, ce cri sublime... Rien ne peut se comparer au transport qu'il excita. Ce n'était pas un applaudissement ordinaire ;... un cri s'éleva de toute la salle ; il semblait que ce fût le mot qu'on attendait, et qu'il fût sorti en même temps de l'âme de tous les spectateurs comme de celle de Tancrède. Et, en effet, si l'on y prend garde, trois actes ont tellement préparé ce vers, l'ont rendu tellement nécessaire, qu'à l'instant où on le prononce, tout le monde croit l'avoir fait. C'est le plus grand éloge des vers qui sont vraiment de situation. — Les acclamations prolongées laissèrent à

---

1. Le Kain.

l'acteur le temps de se reposer; elles recommencèrent quand il eut repris :

> Il s'en présentera, non pas pour votre fille;
> Elle est loin d'y prétendre et de le mériter;
> Mais pour l'honneur sacré de sa noble famille,
> Pour vous, pour votre gloire et pour votre vertu.

On s'aperçut que cette restriction, accordée au ressentiment de la fierté humiliée qui voulait désavouer l'amour, en était encore un nouvel aveu; et que Tancrède, quoi qu'il en dit, n'allait combattre que pour Aménaïde. — Il fallait, pour achever ce grand tableau dramatique, qu'elle-même parût, chargée de chaînes et marchant au supplice. — Et Tancrède est là. Elle ne le voit pas encore; elle est loin même de pouvoir penser qu'il soit témoin de cet horrible spectacle. Les paroles qu'elle adresse à ses juges, aux citoyens, à son père, semblent annoncer qu'avant de mourir elle va révéler du moins une partie de la vérité et repousser loin d'elle l'injurieux soupçon d'une intelligence avec le chef sarrazin. Mais tout à coup elle aperçoit Tancrède à côté de son père, et tombe évanouie. Ce saisissement n'est point arrangé pour le besoin du poète; il est commandé par la nature. Elle n'a que le temps de dire d'une voix faible et étouffée : *Est-ce lui?... Je me meurs*. Tancrède, prévenu [1] comme il doit l'être, se persuade qu'elle n'a pu résister à la confusion que doit lui

---

1. La croyant coupable d'une double trahison.

inspirer la vue subite d'un homme envers qui elle est si coupable[1]. »

> Ah! ma seule présence
> Est pour elle un reproche... Il n'importe !.. Arrêtez,
> Ministres de la mort, suspendez la vengeance !
> Arrêtez, citoyens !... J'entreprends sa défense,
> Je suis son chevalier. Ce père infortuné,
> Prêt à mourir comme elle, et non moins condamné,
> Daigne avouer mon bras propice à l'innocence.
> Que la seule valeur rende ici des arrêts :
> Des dignes chevaliers c'est le plus beau partage.
> Que l'on ouvre la lice à l'honneur, au courage ;
> Que les juges du camp fassent tous les apprêts.
> Toi, superbe Orbassan, c'est toi que je défie ;
> Viens mourir de mes mains, ou m'arracher la vie.
> Tes exploits et ton nom ne sont pas sans éclat ;
> Tu commandes ici, je veux t'en croire digne :
> Je jette devant toi le gage du combat.
> L'oses-tu relever ?

Pour la première fois, on voyait sur la scène les usages de l'ancienne Chevalerie. « Ce n'est pas là ce qui était difficile : nous avons vu, depuis, le même spectacle à l'Opéra, et beaucoup plus complet pour les yeux ; mais il était beau de faire de cet appareil si neuf une action éminemment tragique... Et combien le jeu de l'acteur y ajoutait ! On se souvient encore de l'impression qu'il faisait lorsque, Orbassan lui demandant son nom, il répondait hautement :

> Pour mon nom, je le tais et tel est mon dessein ;

---

[1]. La Harpe, *Cours de Littérature*, 1re partie.

et que, s'approchant ensuite de lui, il lui disait à voix basse et les dents serrées par la fureur :

Mais je te l'apprendrai les armes à la main.
Marchons.

A son regard, à son geste, à son accent, Orbassan était déjà mort [1]. »

Voltaire, dans cette scène éclatante et dans tout ce troisième acte, si pathétique d'abord, si théâtral ensuite, s'était élevé si haut, qu'il lui était bien difficile de se maintenir au même point dans le reste de la pièce. Au commencement du quatrième acte, on voit revenir Tancrède, au son d'une marche guerrière : il a tué Orbassan. Il va maintenant, à sa place, défendre Syracuse contre les Maures. Ici se succèdent des péripéties un peu minces et trop légèrement bâties. Premièrement il met l'ennemi en déroute ; secondement un messager vient dire que le Sarrazin a fait un retour offensif, et que le vainqueur est serré de près ; troisièmement un autre messager annonce que Tancrède va reparaître triomphant ; quatrièmement un autre nous apprend qu'il a triomphé en effet, mais qu'il est blessé mortellement. La vie n'étant pour lui qu'un supplice depuis la double trahison dont on accuse Aménaïde il a cherché la mort et l'a trouvée. Du champ de bataille, il lui écrit avec son sang ; petite

---

1. La Harpe, *Cours de littérature*.

invention romanesque, mais rachetée par un beau cri d'Aménaïde : « Eh bien, mon père ? » qui enleva toute la salle encore une fois.

Ce billet au sang marque toute une époque ; ce sont de ces petites choses qui contribuent non moins que les grandes à caractériser le tour d'esprit d'un temps, les modes de l'imagination, qui, comme toutes les autres, semblent un peu ridicules quand elles sont passées. D'une manière analogue, dans *Hernani*, au quatrième acte, le texte donne l'indication suivante : « Tous les conjurés s'asseyent en demi-cercle sur des tombeaux. Le premier conjuré passe tour à tour devant tous, et chacun allume à sa torche une cire qu'il tient à la main. Puis le premier conjuré va s'asseoir en silence sur une tombe au centre du cercle et plus haute que les autres. » Est-ce qu'une telle indication ne sent pas son vicomte d'Arlincourt et son Anne Radcliffe ? J'ignore si elle fut suivie exactement pendant la première période des représentations du drame ; moi, je n'ai jamais vu les conjurés s'asseoir sur des tombeaux ni hauts ni bas ; on avait donc supprimé ces détails passés de mode; ainsi que le sous-titre : *ou l'Honneur castillan*. — Cela nous fait voir, dans Victor Hugo comme dans Voltaire, que nul écrivain, si grand qu'il soit, ne peut échapper aux modes de son temps.

Des soldats rapportent Tancrède expirant. Il apprend alors, mais trop tard, que la lettre d'Aménaïde, preuve d'amour et non de trahison, était pour lui et non pour le chef sarrazin : c'était lui Tancrède, son cher proscrit, qu'elle priait de pénétrer secrètement dans Syracuse. Il meurt donc du moins détrompé. Aménaïde se jette sur son corps, maudit ceux qui ont causé sa perte, et meurt avec lui, comme Juliette avec Roméo.

Grimm, poussant plus loin que Voltaire le romantisme, exprime un regret singulier : « Un poète qui aurait exposé Tancrède mourant aux yeux d'un peuple dont le goût serait grand et vrai, n'aurait pas manqué, pour peindre ce moment touchant et terrible dans toute sa vérité, d'y mettre les cérémonies de la religion chrétienne. Nous aurions vu le héros, expirant au milieu de la place publique, recevoir les sacrements de l'Église, et partager ainsi, en vrai chevalier, les derniers moments de sa vie entre sa dévotion et sa tendresse. Je sais que nous sommes bien éloignés d'oser de pareilles choses[1]... »

Ceux qui fournissaient des notes à Chateaubriand pour le *Génie du Christianisme* auraient dû lui donner ce passage de Grimm. Cette fusée d'imagination eût allumé la sienne, qui eût tiré de là quelques phrases de plus. La vérité est que la scène souhaitée par Grimm eût été possible tout au plus sur le théâtre espagnol, habitué aux *autos sacramentales*; mais en France, au temps de Voltaire,

---

1. *Correspondance littéraire*, 1ᵉʳ octobre 1760.

cela eût fait l'effet d'une profanation, et on ne l'eût certes pas permis.

II

Ce drame de *Tancrède* est plein d'une flamme qui étonne chez un auteur de soixante-six ans.

On y trouve aussi cependant la mélancolie de cet âge, en des accents très personnels que je vais essayer d'indiquer.

Que fait, volontairement ou non, chaque poète, chaque artiste ? Il peint d'abord ce qu'il a sous les yeux. Puis, en s'y mêlant, il se peint lui-même ; il exprime ce qu'il a dans l'imagination et dans le cœur, ses sentiments intimes, ses aspirations. C'est ce que fait l'auteur de *Tancrède*. Si l'on y regarde d'un peu plus près et si l'on dégage de la fable dramatique les éléments personnels, qu'est-ce que Tancrède ? c'est l'exilé. Et qu'est-ce que Voltaire ? c'est aussi l'exilé, et qui combat pour la justice, en dissimulant ses tristesses. Et quel est son désir secret, inavoué ? c'est de rentrer un jour dans sa patrie. Déjà, dans *Zaïre*, Lusignan disait (et Voltaire alors n'était encore qu'à Cirey, à demi exilé seulement) :

Mais à revoir Paris je ne dois plus prétendre !

Depuis, il a tâté de l'hospitalité du Roi de Prusse, amer souvenir; échappé à grand'peine, il a erré longtemps. Son rêve, comme celui de Tancrède, est de revoir un jour sa patrie, et d'y revenir triomphant. Ce rêve se réalisera enfin, mais dix-huit années seulement après cette pièce, — dix-huit années après l'âge de soixante-six ans! — et Voltaire, lui aussi, comme Tancrède, ne rentrera vainqueur que pour mourir dans son triomphe.

Doutez-vous que l'idée du retour à Paris fût sa pensée constante, intime? J'en trouve ici même une preuve. Il dédie la pièce à madame de Pompadour, espérant par sa protection toute-puissante faire lever l'interdit qui le tient hors de France, sur la limite de son pays. Mais Louis XV a peur de lui et le déteste. Le poète a beau le flatter, l'appeler Trajan, à la suite d'un opéra composé exprès pour le célébrer; il a beau écrire le *Siècle de Louis XV*, comme suite et comme pendant au *Siècle de Louis XIV* : il n'arrive point à ses fins. L'exil dura tout le temps que le Roi vécut. Voltaire ne put rentrer que sous Louis XVI, et encore pour un court voyage seulement, et en alléguant pour prétexte la nécessité de surveiller les répétitions d'*Irène*. — Cependant *l'Épitre dédicatoire* à madame de Pompadour est datée « de Ferney *en Bourgogne* »; et ainsi, au moment même où il tâche d'obtenir qu'on ferme les yeux s'il risque un retour furtif, il fait semblant, par fierté ou par adresse, de ne pas se croire exilé.

Non seulement dans l'inspiration générale, mais plus d'une fois dans les pensées particulières, on entend Voltaire lui-même s'exprimer par la bouche de Tancrède ; par exemple, lorsque celui-ci dit à son compagnon d'armes :

> Écoute, je connais l'envie et l'imposture.
> Eh ! quel cœur généreux échappe à leur injure ?
> Proscrit dès mon berceau, nourri dans le malheur,
> Moi, toujours éprouvé, moi qui suis mon ouvrage,
> Qui, d'États en États, ai porté mon courage,
> Qui partout de l'envie ai senti la fureur ;
> Depuis que je suis né, j'ai vu la calomnie
> Exhaler les venins de sa bouche impunie,
> Chez les républicains comme à la cour des rois.
> . . . .
> De l'esprit de parti je sais quelle est la rage...
> . . . .

Et ailleurs, dans *Mérope*, était-ce Égisthe seul, ou Voltaire avec lui, qui prononçait les paroles suivantes, si pleines de tristesse ?

> Eh quoi ! tous les malheurs aux humains réservés,
> Faut-il, si jeune encor, les avoir éprouvés ?
> Les ravages, l'exil, la mort, l'ignominie
> Dès ma première aurore ont assiégé ma vie.
> De déserts en déserts errant, persécuté,
> J'ai langui dans l'opprobre et dans l'obscurité :
> Le Ciel sait cependant si, parmi tant d'injures,
> J'ai permis à ma voix d'éclater en murmures ;
> Malgré l'ambition qui dévorait mon cœur,
> J'embrassai les vertus qu'exigeait mon malheur...

Dans tous ces vers l'auteur, ou plutôt l'homme, parlait avec son cœur par la voix de son héros. Mais,

par celle de Tancrède plus que par aucune autre.
N'est-ce pas lui qui tout à l'heure criait du fond
de ses trente ans d'exil, subis pour la libre pensée :

A tous les cœurs bien nés que la patrie est chère !

Et, dans un autre endroit :

Plus je vis d'étrangers, plus j'aimai ma patrie.

Oui, dans cette pièce plus qu'en aucune autre, on
entend vibrer la note profonde, faite de souvenirs,
de deuils, de souffrances, de regrets, d'espoir
obstiné. Parmi beaucoup de vers négligés, où le
poète, pressé de suivre son inspiration, ne s'arrêtait
pas au détail, il y en a qui ont coulé de son âme,
ou jailli de son cœur foulé par l'infortune : c'est le
vin le plus pur de la poésie. De tels vers nous font
voir la plaie cachée, la mélancolie secrète, à laquelle
il n'échappait que par le travail et la lutte
constante pour la justice.

La forme et le costume de la Chevalerie, en poétisant
ne font que voiler à demi cette intime personnalité
du fond, et y ajouter un charme, une grâce.
Si la couleur du moyen âge est aujourd'hui un peu
fanée, elle était, en 1760, fraîche et nouvelle. « Je
ne saurais trop recommander, dit une note de l'Épître
dédicatoire, qu'on cherche à mettre sur notre scène
quelques parties de notre histoire de France. On m'a
dit que les noms des anciennes maisons qu'on re-

trouve dans *Zaïre*, dans *le Duc de Foix* (*Adélaïde*), dans *Tancrède*, ont fait plaisir à la nation. C'est encore peut-être un nouvel aiguillon de gloire pour ceux qui descendent de ces races illustres. Il me semble qu'après avoir fait paraître tant de héros étrangers sur la scène, il nous manquait d'y montrer les nôtres. J'ai eu le bonheur de peindre le grand, l'aimable Henri IV, dans un poème qui ne déplaît pas aux bons citoyens. Un temps viendra que quelque génie plus heureux l'introduira sur la scène avec plus de majesté[1]. »

Naturellement l'auteur de *Tancrède* ne manque pas, dans cette pièce, de faire l'éloge des Français, par la bouche d'Aménaïde. Comme la confidente de celle-ci essaye de lui persuader qu'on n'a condamné Tancrède que pour la forme, pour obéir à la loi, mais qu'on lui fera grâce, et à elle aussi, elle lui répond :

J'adore, tu le sais, un héros intrépide;
Comme lui je dois l'être.

[1]. Nous avons vu, dans la leçon sur *les Comédies*, ci-dessus, p. 278 et 279, que Voltaire lui-même, en 1767, mit Henri IV sur la scène, dans une pièce mixte en trois actes, en vers, intitulée *Charlot ou la Comtesse de Givry*. — Charles Collé, chansonnier et auteur dramatique, donna, en 1774, à la Comédie-Française *la Partie de chasse de Henri IV*, en trois actes, en prose, qui depuis près de dix ans (par conséquent avant la pièce de Voltaire) était jouée sur les théâtres de société. Ce tableau était nouveau sur notre scène. Collé avait emprunté l'idée principale à une pièce de Dodsley; *le Roi et le Meunier de Mansfield*, — que Sedaine avait imitée aussi dans *le Roi et le Fermier*, en 1762. — La pièce de Collé se joue encore de temps en temps.

FANIE

Une loi de rigueur
Contre vous, après tout, serait-elle écoutée?
Pour effrayer le peuple elle paraît dictée.

AMÉNAÏDE

Elle attaque Tancrède, elle me fait horreur.
Que cette loi jalouse est digne de nos maîtres!
Ce n'était point ainsi que ses braves ancêtres,
Ces généreux Français, ces illustres vainqueurs,
Subjuguaient l'Italie, et conquéraient les cœurs.
On aimait leur franchise, on redoutait leurs armes.
Les soupçons n'entraient point dans leurs esprits altiers;
L'honneur avait uni tous ces grands chevaliers:
Chez les seuls ennemis ils portaient les alarmes;
Et ce peuple, amoureux de leur autorité,
Combattait pour leur gloire et pour sa liberté.

Le rôle d'Aménaïde est fait sur le modèle des Clorinde, et des « adorables furies ». A la fin du quatrième acte, elle forme l'étrange projet d'aller combattre contre les Sarrazins, espérant retrouver Tancrède dans la mêlée et lui montrer quel cœur il a pu méconnaître: dès qu'elle aura reconquis son estime, elle sacrifiera sa vie. Cela semble un peu fort, je le veux bien, mais d'une folie héroïque. Tel est le tour, le mouvement de ce caractère dans toute la pièce.

N'avais-je pas sujet de dire que *Tancrède* est une pièce encore plus française que *Zaïre*?

Malgré les faiblesses de la construction et les invraisemblances du nœud, le succès fut des plus vifs : succès d'émotion, de transports et de larmes; auquel contribuèrent les deux grands artistes, Le Kain et mademoiselle Clairon. Le Kain faisait tour à tour pleurer ou frémir, Clairon enflammait tout; par exemple, lorsqu'elle disait ces vers :

> On dépouille Tancrède, on l'exile, on l'outrage !
> C'est le sort d'un héros d'être persécuté ;
> Je sens que c'est le mien de l'aimer davantage.

Ou bien ceux-ci :

> La persécution enhardit ma faiblesse.
> Le trahir est un crime, obéir est bassesse.
> . . . .
>
> FANIE
> Tout son parti se tait : qui sera son appui ?
>
> AMÉNAÏDE
> Sa gloire ! Qu'il se montre, il deviendra le maître.
> Un héros qu'on opprime attendrit tous les cœurs ;
> Il les anime tous quand il vient à paraître.

Les Françaises aimaient à se reconnaître dans cette âme si fière et si tendre ; toutes partageaient sa passion, son indignation, son désespoir.

Madame d'Épinay écrit à une de ses amies les vives impressions qu'elle a reçues de *Tancrède* : « J'ai pourtant trouvé le secret, au milieu de tous nos maux[1], de voir *Tancrède* et d'y fondre en

---

1. C'est-à-dire au milieu des tristesses et des embarras d'affaires que lui causent les désordres de son mari.

larmes... C'est une nouveauté touchante, qui vous entraîne de douleur et d'applaudissements. Il y a un certain *Eh bien, mon père ?*... Ah ! ma Jeanne, ne me dites jamais *Eh bien* de ce ton-là, si vous ne voulez pas que je meure ! Au reste, si vous avez un amant, défaites-vous-en dès demain s'il n'est pas paladin : il n'y a que ces gens-là pour faire honneur aux femmes. Êtes-vous vertueuse ? ils l'apprennent à l'univers ; ne l'êtes-vous pas ? ils égorgeraient mille hommes plutôt que d'en convenir ; et ils ne boivent ni ne mangent qu'ils n'aient prouvé que vous l'êtes... — Rien n'est comparable à Le Kain, — pas même lui !... On pleurait, on sanglotait... »

De telle sorte que toutes les critiques, si bien fondées qu'elles fussent, disparurent noyées dans les larmes. En vain les mauvais plaisants faisaient remarquer que ce billet sans suscription, sur quoi tout pose, manquait d'adresse ; en vain aussi la demande de la main d'Aménaïde par le chef sarrazin, second fondement de l'erreur nécessaire, paraissait étrange, difficile à admettre ; à la vérité, cela précédait le commencement de la pièce. En vain encore on objecta qu'Aménaïde tardait beaucoup à protester, à démontrer son innocence, sa loyauté ; et le comédien-auteur Riccobini fit une parodie : *Quand parlera-t-elle ?* On répondit à cette objection qu'Aménaïde, en parlant à Tancrède, en lui disant devant témoins que la lettre était pour lui, eût dénoncé la présence du proscrit dans Syracuse et fait tomber la tête de son amant. Mais alors il faut supposer que personne ne le reconnaît, ni lorsqu'il fait son entrée avec ses écuyers, et qu'il leur ordonne de suspendre ses chiffres, ni quand il provoque Orbassan, ni dans la lice où il combat contre lui.

Grimm fait observer que, selon l'usage très fréquent alors, il aurait dû, pour n'être pas reconnu, tenir sa visière baissée. — Mais, au théâtre, était-ce possible? Que devenait cette entrée émouvante, ces regards jetés tout autour de lui par l'exilé retrouvant sa patrie? La visière baissée, il n'y avait plus d'acteur; il n'y avait plus de pièce.

Les spectateurs ne s'aperçurent point de ces impossibilités. Quand on pleure au théâtre, on ne se demande pas si l'on a raison de pleurer. Grimm, tout en faisant des critiques fort justes, proclame l'enivrement universel, les transports du public, et ne demande pas mieux que de se laisser entraîner avec tout le monde.

Fréron, si indignement traité six semaines auparavant dans *l'Écossaise*, assista à la première représentation de *Tancrède* comme à celle de l'autre pièce. Du moins Voltaire écrit à D'Argental : « On dit que Satan était dans l'amphithéâtre, sous la figure de Fréron, et qu'une larme d'une dame étant tombée sur le nez du malheureux y fit *psh, psh*,

comme si c'eût été de l'eau bénite. » L'anecdote
circule, et nous la retrouvons sous la plume de
Diderot, dans une lettre à mademoiselle Voland.

Le rédacteur de *l'Année littéraire* se montra fort
impartial. Cela fait honneur à son caractère autant
qu'à son jugement. Après avoir indiqué, comme
Grimm, la faiblesse des dessous de la pièce, les
inventions romanesques et bizarres sur lesquelles elle
est fondée, il ajoute : « Si la vérité m'éclaire dans ces
critiques, elle me montre aussi ce qu'on peut dire
à l'avantage de cette tragédie : on y trouve du sentiment, de la simplicité, et ce beau naturel
des anciens, surtout dans l'*Odyssée*. Point de bel
esprit, point de sentences ; on y respire un air de
Chevalerie, si l'on peut parler ainsi, qui devient
un nouveau genre de spectacle. »

L'*Odyssée* est de trop, je crois ; mais la dernière
phrase est très juste : oui, c'est un nouveau genre
de spectacle ; on y voit poindre l'aube du drame
romantique. Si la peinture du moyen âge a été
considérée comme un des éléments de notre romantisme contemporain, ne se trouve-t-elle pas déjà
ici ? Ce Jugement de Dieu, cette provocation, ce
gantelet jeté pour défi ; l'écuyer ramassant sur un
signe de son maître le gage de bataille, ne retrou-
verons-nous pas tout cela dans les drames d'Alexandre Dumas et de Victor Hugo, dans *Henri III*,
dans *les Burgraves* ? Tancrède, le héros amoureux

et proscrit, n'est-ce pas déjà Hernani ? Celui-ci représentera, hormis la différence des temps, le même idéal romanesque, un peu assombri seulement de quelques teintes à la Byron, comme Didier dans *Marion Delorme*, et comme *Antony*, et comme d'Aubigny lui-même dans *Mademoiselle de Belle-Isle*. C'est l'amoureux fatal, un frère de Lara et de Manfred, poursuivi par la Destinée ; en même temps, une variante moderne de l'antique Oreste ; car tout se tient, d'un bout à l'autre de la poésie et de l'art, comme dans l'humanité et dans la nature. Partout il y a évolution, plutôt que révolution.

« *Zaïre*, *Adélaïde du Guesclin*, *Alzire* et *Tancrède*, a dit fort justement M. Henri Blaze de Bury, sont des drames romantiques dans le goût du xviiie siècle. » Du reste, si *Tancrède*, *Zaïre* et *Adélaïde du Guesclin* sont la résurrection du moyen âge remplaçant sur la scène les Grecs et les Romains, n'oublions pas que Corneille, s'inspirant de l'Espagne, avait déjà frayé cette voie dans *le Cid*, et dans *Don Sanche d'Aragon*. Et Quinault à son tour dans l'opéra de *Roland*, un de ses meilleurs[1].

Gœthe, qui, en 1799, avait traduit *Mahomet* en vers ïambiques non rimés, traduisit aussi *Tancrède*, en 1800[2].

---

[1]. A ce propos, remarquons en passant que *Tancrède*, lui aussi, a fourni le libretto d'un opéra italien, tout comme *Sémiramis* et comme *Mérope*.

[2]. Lessing, qui ne cherche qu'à déprimer toutes les pièces de Voltaire, ne souffle mot de *Tancrède*. C'est un grand éloge.

Alfred de Musset adorait cette tragédie passionnée et musicale, et « ne se lassait pas de la proclamer un chef-d'œuvre »[1]. C'est d'elle peut-être que lui était venu le goût des grands vers à rimes croisées, d'une harmonie si neuve et si libre. « *Tancrède* donne le mot à Victor Hugo et surtout à Musset. Quelle délicieuse invention que ces rimes croisées ! quelle mélodie inconnue jusqu'alors ! Au sortir des hiératiques et suffocantes architectures du passé, de tout cet éternel solennel, on se sent le cœur joyeux, on respire ; ce dialogue a des balancements, des ondulations, des sinuosités d'un bois de peupliers[2]. »

Eugène Delacroix, lui aussi, préférait ce drame à tous les autres de Voltaire. Si Racine était à ses yeux « le romantique du xviie siècle », l'auteur de *Tancrède* et d'*Alzire* était celui du xviiie.

De Tancrède sont nés Hernani et Frank, — comme d'Alzire est née Atala.

---

1. H. Blaze de Buzy, *Tableaux de Littérature et d'Art*, Paris, Didier, 1685.
2. *Ibid.*

QUATORZIÈME LEÇON

LES PIÈCES DE COMBAT

I

Il y a dans Voltaire, avons-nous dit, deux hommes : le poète et l'homme d'action. L'un et l'autre sont mêlés ensemble dans la plupart de ses œuvres ; mais c'est tantôt le premier qui l'emporte, tantôt le second. Ses œuvres de théâtre particulièrement pourraient être rangées en trois groupes : premièrement, celles où le poète cherche, avant tout, l'intérêt et la beauté dramatiques ; secondement, les pièces de combat, celles dans lesquelles l'homme d'action, préoccupé surtout de l'intérêt philosophique ou politique, manœuvrant en vue d'une thèse à défendre ou à promouvoir, y subordonne, y sacrifie la question d'art, et, comme l'écrivait Condorcet à Turgot, « travaille moins pour sa gloire que pour sa cause » ; troisièmement, les pièces dans lesquelles l'auteur réussit à tenir en balance les deux éléments, le militant et le pathétique, par dose à peu près égale. *Mahomet* serait un exemple de cette catégorie mixte, dans laquelle *Œdipe* et *Brutus* pourraient être rangés aussi à des titres divers ; et peut-être même *Zaïre* par certains détails, notamment lorsqu'elle dit :

> J'eusse été, près du Gange, esclave des faux dieux,
> Chrétienne dans Paris, musulmane en ces lieux.

Zaïre cependant, à tout prendre, appartiendrait plutôt à la première catégorie, — qui, avec cette pièce, contiendrait les suivantes : *Adélaïde du Guesclin*, *la Mort de César*, *Mérope*, *Sémiramis*, *Catilina*, *l'Orphelin de la Chine* et *Tancrède*.

Au second groupe, celui des pièces de combat, ou des drames-pamphlets, appartiendraient *Socrate*, *Saül*, *Olympie*, *le Triumvirat*, *les Scythes*, *les Guèbres*, *ou la Tolérance* (titre qui fait pendant à celui de *Mahomet, ou le Fanatisme*), *les Lois de Minos*, *Irène*, *Agathocle*.

C'est ce groupe qu'il nous reste à étudier. J'y consacrerai la leçon de ce jour.

Il y aurait peut-être à examiner d'abord, soit la question des thèses dans les œuvres dramatiques, soit celle de « l'art pour l'art », qui en est la contre-partie et, pour ainsi dire, l'antipode. Mais ces deux questions connexes, ou plutôt ces deux faces d'une seule et même question, pourraient fournir tout un volume. J'en dirai seulement quelques mots.

Assurément le théâtre, d'une manière générale, est fait pour divertir ou pour émouvoir, en représentant la vie humaine, et non, quoi qu'on en ait dit, pour corriger les mœurs, ou pour enseigner la vertu. Cependant il est difficile de repousser, au nom d'une définition trop rigide ou d'une théorie trop absolue, la belle parole qu'Aristophane [1] prête à Eschyle : « Le poète est, pour les hommes faits, ce que l'instituteur est pour les enfants. Nous ne devons rien dire que d'utile. » Dans cet esprit, les Grecs ne se faisaient pas faute de mêler à leurs pièces de théâtre, tantôt par l'organe du chœur, tantôt par la bouche de tel ou tel personnage du drame proprement dit, des considérations morales. Sans doute, encore une fois la littérature dramatique n'est pas chargée d'édifier les esprits ; l'objet de l'art est non l'utilité, mais la beauté ; cependant, selon l'esprit de Platon, « le beau est la splendeur du vrai [2] ». Aussi de grands génies, dans tous les temps, n'ont-ils pas hésité à soutenir que l'art non seulement peut, mais doit contenir un enseignement moral. C'était le sentiment de toute l'antiquité, et de nos classiques parmi les modernes. Suivant Corneille, appuyé sur Aristote, le point essentiel dans toutes les créations dramatiques est

1. Dans sa comédie des *Grenouilles*.
2. Cette formule, souvent citée comme étant de Platon, exprime bien le sens de plusieurs pensées du grand philosophe, mais ne se trouve pas textuellement dans celles de ses œuvres qui nous sont parvenues.

la grandeur et l'élévation [1]. Nous avons vu Voltaire aussi le dire en mainte préface, et l'autre jour encore à propos de *Tancrède*. Rousseau établit sur ce principe toute sa discussion des Spectacles. Et, pour le dire en passant, avec toute l'éloquence qu'il déploie au service de cette thèse du théâtre éducateur, il contribue, sans le vouloir, à mettre en évidence mieux que personne le principe contraire : que le théâtre est une chose, et que la morale en est une autre, et qu'on a tort de vouloir les unir. — Mais nos classiques ne sont pas seuls à demander que le théâtre enseigne ou corrige. Victor Hugo, en maint endroit, répudie la théorie de l'art pour l'art. A la fin de la préface d'*Angelo*, par exemple, il s'exprime ainsi : « Il faut que le drame, pour être complet, ait aussi la volonté d'enseigner, en même temps qu'il a la volonté de plaire. Laissez-vous charmer par le drame, mais que la leçon soit dedans ; et qu'on puisse toujours l'y retrouver, quand on voudra disséquer cette belle chose vivante... Dans le plus beau drame il doit toujours y avoir une idée sévère, — comme, dans la plus belle femme, il y a un squelette. »

Il dit aussi dans son livre sur *Shakspeare* : « L'art pour l'art peut être beau ; mais l'art pour le progrès est plus beau encore... Quelques purs amants de

---

[1]. Le commentateur italien d'Aristote, Robortelle, réduit cette poétique à l'axiome suivant : « Tout ce qui est grand atteint au bon, et tout ce qui est bon atteint au grand... »

l'art, émus d'une préoccupation qui du reste a sa dignité et sa noblesse, écartent cette formule *l'art pour le progrès*, le Beau Utile, craignant que l'utile ne déforme le beau... L'utile, loin de circonscrire le sublime, le grandit... Quoi! l'art décroîtrait pour s'être élargi? Non. Un service de plus, c'est une beauté de plus... Que pense Eschyle de l'art pour l'art? Certes, si jamais un poète fut le poète, c'est Eschyle. Écoutez sa réponse. Elle est dans *les Grenouilles* d'Aristophane, au vers 1039 : « Dès l'origine, le poète illustre a servi les hommes, Orphée a enseigné l'horreur du meurtre, Musée les oracles et la médecine, Hésiode l'agriculture, et ce divin Homère l'héroïsme. Et moi, après Homère, j'ai chanté Patrocle et Teucer au cœur de lion, afin que chaque citoyen tâche de ressembler aux grands hommes. »

Quelques pages plus loin, le chef du romantisme moderne explique dans quelles circonstances avait été jetée par lui cette formule, *l'Art pour l'Art* : « Un jour, il y a trente-cinq ans [1], dans une discussion entre critiques et poètes sur les tragédies de Voltaire, l'auteur de ce livre jeta une interruption : « Cette tragédie-là n'est point de la tragédie. Ce ne sont point des hommes qui vivent, ce sont des sentences qui parlent. Plutôt cent fois l'Art pour l'Art! » Cette parole, détournée, involontairement sans

---

[1]. Le livre sur *William Shakspeare* parut en 1874, à Paris, chez Lacroix, Verboeckhoven et Cie. — Le fait dont parle Victor Hugo s'est donc passé en 1839.

douté, de son vrai sens, pour les besoins de la polémique, a pris plus tard, à ma grande surprise, les proportion d'une formule. »

Ailleurs enfin Victor Hugo, entrant de plus en plus dans cette idée de l'enseignement par le théâtre, arrive à dire : « Je voudrais des théâtres spéciaux pour le peuple. Ces théâtres, je les mettrais à la charge non de l'État, mais de la Ville de Paris ; ce seraient des théâtres créés à ses frais, ou bien choisis par son administration municipale parmi les théâtres déjà existants, et dès lors subventionnés par elle. Je les appellerais théâtres municipaux... Les théâtres municipaux seront des espèces de dérivatifs qui neutraliseront les bouillonnements populaires. Avec eux, le peuple parisien lira moins de pamphlets, boira moins de mauvais vins, hantera moins de mauvais lieux, fera moins de révolutions violentes. »

Quelque parti qu'on prenne sur cette question de l'enseignement par le théâtre, — qui du reste n'est pas absolument la même que celle des thèses dans les œuvres dramatiques (car *le Cid*, par exemple, ne fait point de thèses, mais il élève les âmes et les cœurs, et contribue ainsi par la beauté morale et pathétique à l'éducation, au *Sursum corda!* de ceux qui l'entendent), toujours est-il que la théorie inverse, la théorie pure et simple de l'art pour l'art, serait puérile, et justifierait le mot attribué à Malherbe (faussement, je l'espère, car dans la bouche d'un poëte ce serait une indignité) : « Un bon poëte n'est pas plus utile à l'État qu'un bon joueur de quilles. » Sans nous jeter pourtant dans l'excès contraire, sans prétendre que « l'Art est un sacerdoce »; disons seulement que, s'il n'est pas un simple amusement, l'art émeut la pensée du spectateur, l'incline et la pousse dans un sens ou dans un autre, soit directement, soit par réaction, en un mot ne la laisse point telle qu'il l'a trouvée; que, par conséquent, il doit savoir ce qu'il veut, et s'orienter là-dessus. D'autre part, il y a des moments dans la vie des sociétés où les idées, qui fermentent, se font jour par où elles peuvent. Qu'elles en aient le droit ou non, esthétiquement, elles percent et vont leur train au travers de l'œuvre dramatique, dussent-elles en briser la forme et en altérer la beauté. Au XVIIIe siècle, où il n'y avait ni assemblées électives, ni réunions publiques, ni presse quotidienne, le théâtre était la seule tribune ouverte à l'opinion [1], aux idées nouvelles. Déjà il en avait été ainsi à Athènes, au temps d'Euripide et d'Aristophane : l'un était l'organe de la révolution, l'autre celui, comme nous dirions, de la réaction conservatrice. Voltaire fit ce qu'avait fait Euripide, un théâtre organe du progrès. C'est à

---

[1] « En France, avant le règne de l'opinion publique, il y avait le règne de l'opinion du monde : avant les élections, il y avait les salons. — Saint-Marc Girardin, *Cours de Littérature dramatique*, tome I. »

ce point de vue d'abord qu'il faut se placer pour juger une partie de son œuvre. Alors, tout ce qu'elle pourra perdre au point de vue de la beauté littéraire et dramatique, elle le retrouvera en mérite militant. Nous admirerons moins le poète, nous admirerons davantage l'homme d'action, le philosophe qui combat pour l'idée et lui sacrifie tout. Destinée singulière ! Enfant de la bourgeoisie travailleuse, puis élevé en son adolescence sur les genoux de l'ancien régime, mûri très vite par les abus de ce régime lui-même qu'il a connus à ses dépens, il travaille pendant toute sa vie à le faire sauter après sa mort. Comme la poudre dont on charge une mine qui fait éclater la montagne, il introduit l'idée nouvelle dans l'œuvre dramatique et y met le feu. D'un bout à l'autre de sa carrière, la libre pensée perce à travers tout. Dès la première pièce, Jocaste, la vieille reine philosophe, parle comme une Catherine II. Dès la seconde œuvre à succès, la jeune captive du sérail, Zaïre, est une petite philosophe aussi ; elle dit que nos croyances religieuses dépendent du pays où nous sommes nés, ou de celui dans lequel nous avons été élevés. Toutefois, pendant un temps, l'élément dramatique et l'élément philosophique se tiennent en équilibre dans les pièces du poète ; à la fin l'équilibre se rompt. Un peu avant *Tancrède*, il lance *Socrate*, qui n'est pour la plus grande partie qu'un pamphlet dialogué, et pour le reste une prédication laïque ; après *Tancrède*, dernier éclair de son génie, ses pièces ne sont plus que des machines de guerre. En tout temps, il avait voulu faire de la tragédie « une école de philosophie et de morale »; mais, à partir de ce moment, chaque pièce a un but politique précis, et dirige une attaque, ou traite une question, dans le drame et dans les notes.

II

Voici donc d'abord *Socrate*, « ouvrage dramatique en trois actes, traduit de l'anglais de feu M. Thomson, par feu M. Fatema, comme on sait ». Ce drame est en prose, quoique Voltaire ostensiblement fût l'ennemi déclaré du drame en prose; mais ce pouvait être un masque de plus.

L'action se passe à Athènes, et représente l'Aréopage, puis les prêtres de Cérès. En réalité, c'est Paris qu'on a devant les yeux, et les adversaires de l'auteur, traités par lui, comme lui par eux, avec rage, et peints des couleurs les plus crues. Ce pamphlet violent, sans valeur littéraire, à l'exception du dernier acte, ne pouvait être joué et ne le fut point. L'auteur, exaspéré par ses ennemis, se livre à ses ressentiments, et s'emporte à des personnalités dans le genre d'Aristophane, mais qui ne sont point rachetées, comme chez le poète athénien, par la grâce de l'imagination et l'éclat de la poésie.

Au nombre des personnages, paraissent trois folliculaires, aux gages d'Anitus, l'ennemi de Socrate. Sous les noms de Nonoti, Chômos et Bertios, il n'est que trop facile de reconnaître Nonotte, Chaumeix et Bertier, celui-ci directeur du *Journal de Trévoux*, libelle périodique contre les philosophes; Chaumeix, l'oracle du Parlement, et qui avait fait un livre intitulé *Préjugés légitimes contre l'Encyclopédie*; l'autre, jésuite, fameux par sa tentative de chantage [1] de compte à demi avec le libraire Fez.

Anitus leur demande à tous trois s'ils ont eu soin de faire les pamphlets dont il les a chargés [2] :

« Infatigable Nonoti, profond Chômos, délicat Bertios, avez-vous fait contre ce méchant Socrate les petits ouvrages que je vous ai commandés?

NONOTI.

J'ai travaillé, Monseigneur. Il ne s'en relèvera pas.

CHÔMOS.

J'ai démontré la vérité contre lui. Il est confondu.

BERTIOS.

Je n'ai dit qu'un mot dans mon Journal. Il est perdu.

---

1. Voir ci-dessus, page 28.
2. Acte II, scène VII.

ANITUS.

Prenez-garde, Nonoti ; je vous ai défendu la prolixité. Vous êtes ennuyeux, de votre naturel ; vous pourriez lasser la patience de la Cour. »

Est-ce Anitus qui parle ainsi, ou bien Voltaire ? Anitus manquerait d'esprit.

Nous ne nous arrêterons pas aux deux premiers actes. La pièce ne se relève un peu qu'au dernier. Socrate, devant ses juges, fait une éloquente profession de foi monothéiste ; c'est la thèse philosophique du drame ; Voltaire lui-même ici parle avec Socrate, en le rectifiant quelquefois :

« Il n'y a qu'un Dieu. Sa nature est d'être infini ; nul être ne peut partager l'infini avec lui. Levez vos yeux vers les globes célestes, tournez-les vers la terre et les mers : tout se correspond, tout est fait l'un pour l'autre ; chaque être est intimement lié avec les autres êtres ; tout est d'un même dessein ; il n'y a donc qu'un seul architecte, un seul maître, un seul conservateur. Peut-être a-t-il daigné former des génies, des démons plus puissants et plus éclairés que les hommes : et, s'ils existent, ce sont des créatures comme vous ; ce sont ses premiers sujets, et non pas des dieux. Mais rien dans la Nature ne nous avertit qu'ils existent, tandis que la Nature entière nous annonce un Dieu et un père. Ce Dieu n'a pas besoin de Mercure et d'Iris pour nous signifier ses ordres ; il n'a qu'à vouloir, et c'est assez. Si par Minerve vous n'entendiez que la sagesse de Dieu, si par Neptune vous n'entendiez que les lois immuables qui élèvent et abaissent les mers, je vous dirais : « Il vous est permis de vénérer Neptune » et Minerve, pourvu que dans ces emblèmes vous » n'adoriez jamais que l'Être éternel, et que vous ne » donniez pas occasion aux peuples de s'yméprendre. »

ANITUS.

Quel galimatias impie !

SOCRATE.

Gardez-vous de tourner jamais la religion en métaphysique; la morale est son essence. Adorez et ne disputez plus..... Il n'y a d'autre manière d'être les enfants de Dieu que de chercher à lui plaire et d'être justes. Méritez ce titre, en ne rendant jamais de jugements iniques.

MÉLITUS.

Que de blasphèmes et d'insolences !

UN AUTRE JUGE.

Que d'absurdités ! On ne sait ce qu'il veut dire.

SOCRATE.

... Quand vous proposez des choses ridicules à croire, trop de gens alors se déterminent à ne rien croire du tout. Ils ont assez d'esprit pour voir que votre doctrine est impertinente; mais ils n'en ont pas assez pour s'élever jusqu'à la Loi véritable ; ils savent rire de vos petits dieux, et ils ne savent pas adorer le Dieu de tous les êtres, unique, incompréhensible, incommunicable, éternel, et tout-juste comme tout-puissant.

MÉLITUS.

Ah ! le blasphémateur ! ah ! le monstre ! Il n'en a dit que trop ! Je conclus à la mort.

PLUSIEURS JUGES.

Et nous aussi.

Socrate est donc condamné « à boire de la ciguë, tant que mort s'ensuive; » ce qu'il fait, tout en s'entretenant avec ses disciples sur l'immortalité de l'âme, comme dans le *Phédon* de Platon[1].

Cette fin, qui porte l'empreinte de la grandeur inhérente au sujet, fait un contraste des plus heurtés, peut-être à dessein, avec les passions aveugles et misérables sous lesquelles tombe si noblement la grande et sereine victime, mais aussi forme d'autre part une disparate involontaire avec les mesquines personnalités par lesquelles l'auteur ripostant à des adversaires indignes de lui s'abaisse jusqu'à eux.

Dans cette occasion comme dans plusieurs autres, Voltaire semble avoir attaché presque autant d'importance aux notes qu'à la pièce. Nous aurons à citer encore plusieurs exemples du même fait. On serait tenté parfois de croire qu'il a fait la pièce pour les notes. Par exemple, *le Triumvirat*, donné en 1764 entre *Tancrède* et *les Scythes*, comme l'œuvre d'un jeune homme. La pièce est faible,

---

1. Diderot, lui aussi, a esquissé un *Socrate*, en un acte, en prose, où il cueille la fleur des trois immortels dialogues, le *Criton*, l'*Apologie*, le *Phédon*; comme fera plus tard Lamartine, en vers. Dans tous les siècles, les esprits élevés se plairont à récolter cette manne spiritualiste. Diderot s'est bien gardé d'altérer par un mélange de diatribes violentes la sérénité sublime de ces entretiens, qui d'ailleurs ne sont pas plus faits pour le théâtre que le drame de Voltaire. — L'abbé Galiani avait écrit un opéra de *Socrate*, que la censure défendit.

et n'eut pas de succès ; mais les notes en eurent beaucoup, celle surtout dans laquelle l'auteur associe aux proscriptions politiques des Sylla, des Octave, des Marc-Antoine, les proscriptions religieuses de nos siècles modernes, sous ce titre général : *Des conspirations contre les Peuples.*

III

Saül, autre traduction, vraie ou prétendue[1], « de l'anglais de M. Hut », est un essai historico-réaliste, bizarre mélange de couleur biblique et de couleur moderne, auquel s'ajoutent de plus quelques réminiscences des vers de Racine rhabillés en prose orientale, pastiche du *Livre des Rois*. — Comment ne pas penser aux vers que dit Agamemnon à Arcas dans la première scène d'*Iphigénie* :

Heureux qui, satisfait de son humble fortune,
Libre du joug superbe où je suis attaché,
Vit dans l'état obscur où les Dieux l'ont caché !

quand on lit dans la première scène de *Saül* les paroles que ce roi adresse à son confident et qui semblent une parodie de ces vers ? « O mon cher

---

1. Il y a, au bas des pages 340, 342, 383, édition Beuchot, quelques citations en anglais, tirées, soi-disant, de la pièce originale.

Baza, heureux mille fois celui qui conduit en paix les troupeaux bêlants de Benjamin, et presse le doux raisin de la vallée d'Engaddi ! Hélas ! je cherchais les ânesses de mon père, je trouvai un royaume [1]; depuis ce jour, je n'ai connu que la douleur. Plût à Dieu, au contraire, que j'eusse cherché un royaume, et trouvé des ânesses ! j'aurais fait un meilleur marché. »

Sur quoi, le fidèle Baza, répondant à Saül, lui donne de l' « Altesse royale ».

On voit figurer parmi les personnages « Gag, ou Gad, prophète, — et chapelain ordinaire de David », dit le texte.

Agag, roi des Amalécites, promet à Saül d'être désormais « un vassal soumis ». — Joab, « général des hordes de David et son confident », l'appelle « Mylord » et « Votre Altesse royale ». — Bethsabée le salue pareillement du nom de « Mylord ». — Et David appelle le mari de celle-ci « notre féal Urie ». — Il va sans dire que Bethsabée et Abigaïl se traitent l'une l'autre de « Madame ».

La pièce n'existe pas. Je saute tout de suite au cinquième acte, — qui commence ainsi :

DAVID, *assis devant une table ; ses* OFFICIERS *autour de lui.*

DAVID.
Six cent quatre-vingt-quatorze shellings et demi d'une part,

1. *Rois*, I, chap. X, verset 1; XIX, 3, 4.

et de l'autre cent treize un quart, font huit cent sept shellings trois quarts. C'est donc là tout ce qu'on a trouvé dans mon trésor ! Il n'y a pas là de quoi payer une journée à mes gens.

UN CLERC DE LA TRÉSORERIE

Mylord, les temps sont durs.

DAVID

Et vous l'êtes encore bien davantage. Il me faut de l'argent, entendez-vous ?

JOAB

Mylord, Votre Altesse royale est volée, comme tous les autres rois : les gens de l'Échiquier, les fournisseurs de l'armée, pillent tous ; ils font bonne chère à nos dépens, et le soldat meurt de faim.

DAVID

Je les ferai scier en deux...

JOAB

Mylord, vos livres font foi que vous avez cent huit mille talents d'or, deux millions vingt-quatre mille talents d'argent, et dix milles drachmes d'or : ce qui fait au juste, au plus bas prix du change, un milliard trois cent vingt millions cinquante mille livres sterling.

Imités ou non de l'anglais, ce bariolage bizarre et ce pastiche plus ou moins historiques font penser à un roi de féerie plus qu'à un roi de la Bible.

Il y a aussi parmi les personnages « la Pythonisse d'Endor, fameuse sorcière en Israël », dit le texte, — qui, à la fin du second acte, « arrive avec un balai entre les jambes », pour évoquer l'Ombre de Samuel.

Tout cela n'est pas pour donner beaucoup de sérieux à la thèse ou aux thèses contenues en ce drame hybride, — car il y en a deux, l'une dans l'autre. Au premier acte, c'est celle de la domination des prêtres sur les rois. Le roi Saül est détrôné par le prophète Samuel et ses prêtres. La thèse générale, dans le drame entier, c'est la cruauté juive, mise en lumière d'après la Bible, avec une ironie froide et sarcastique ; les textes à l'appui de chaque fait sont indiqués au bas des pages, et, dans les premières éditions, étaient cités *in extenso*.

Au deuxième acte, Samuel meurt d'apoplexie. Saül est tué entre le deuxième et le troisième. — Ce sont seulement des tableaux ou plutôt des esquisses de mœurs, destinées à justifier les thèses. L'auteur évidemment n'a pu songer à faire jouer cette espèce de pièce, qui n'est pas cependant sans analogie avec quelques-unes de celles que Shakspeare découpait à la hâte dans les chroniques ; mais cette œuvre de polémique fut imprimée, et aussitôt mise à l'*Index* par la Sacrée Congrégation de Rome.

Remarquons, quant à l'objet général de notre étude, que le lieu de la scène change à chaque acte. Une note dit à ce propos : « On n'a pas observé, dans cette espèce de tragi-comédie, l'unité d'action, de lieu, et de temps. On a cru, avec l'illustre La Motte, devoir se soustraire à ces règles. Tout se passe dans l'intervalle de deux ou trois générations, pour rendre l'action plus tragique par le nombre des morts, selon l'esprit juif ; tandis que parmi nous l'unité de temps ne peut s'étendre qu'à vingt-quatre heures, et l'unité de lieu, que dans l'enceinte d'un palais. »

Voilà la justification de ce que nous avons dit précédemment : quand le poète philosophe avoue et signe ses pièces et ses préfaces, il défend contre La Motte les trois unités ; au contraire, il n'hésite pas à se mettre contre elles « avec l'illustre La Motte » lorsque, masqué d'un pseudonyme, il élude la responsabilité.

IV

La plupart des pièces de cette dernière période, 1759 à 1778, sont improvisées en quelques jours, sous le coup de la passion politique du moment. Très peu d'entre elles arrivent à être représentées ; et, le cas échéant, elles ne le sont que trois ou quatre fois, ou moins encore. Ce sont des manifestes dialogués. On peut suivre, de l'un à l'autre, les divers degrés d'acuité de la lutte entre les philosophes et leurs adversaires. Dans presque toutes, figurent des hiérophantes, personnifiant le fanatisme. En 1762, Voltaire est encore assez doux à leur égard : son humanité n'a pas encore été bouleversée par les assassinats juridiques de Calas et de La Barre : aussi se contente-t-il de les prier de vouloir bien rester dans le sanctuaire [1]. En 1764 encore, dans *Olympie*, pièce extrêmement faible, sans vérité, sans couleur, l'hiérophante s'exprime ainsi :

> Me préservent les Cieux de passer les limites
> Que mon culte paisible à mon zèle a prescrites !
> Les intrigues des cours, les cris des factions,
> Des humains que je fuis les tristes passions,
> N'ont point encor troublé nos retraites obscures.
> Au Dieu que nous servons nous levons des mains pures.
> Les débats des grands rois prompts à se diviser
> Ne sont connus de nous que pour les apaiser,
> Et nous ignorerions leurs grandeurs passagères,
> Sans le fatal besoin qu'ils ont de nos prières [2].

Olympie fut jouée d'abord à Ferney, ensuite sur le théâtre de l'Électeur palatin. Voltaire, âgé de soixante-neuf ans, avait composé et écrit cette pièce en six jours, à ce qu'il dit; et cela n'a rien d'impossible. — « C'est l'ouvrage de six jours, » écrit-il à D'Alembert. A cette allusion biblique; celui-ci répond avec une spirituelle franchise : « L'auteur n'aurait pas dû se reposer le septième jour. » — « Aussi s'est-il repenti de son ouvrage », réplique l'auteur, et il lui renvoie la pièce, avec un grand nombre de corrections.

Elle fut traduite en italien, représentée à Venise et bien accueillie. A Paris, elle eut plus de succès à la

---

1. Voir Paul Albert, xviiie *siècle*. Paris, Hachette, 1874.
1. Acte III, scène II.

représentation qu'à la lecture, d'après le témoignage
de Grimm : « La tragédie, d'*Olympie*, dit-il, est la
dernière [1] et la plus faible des pièces de M. de
Voltaire. Tout le monde l'a jugée assez mauvaise à
la lecture ; mais elle vient de paraître avec beaucoup de succès sur la scène, où elle a été jouée
pour la première fois le 17 du mois dernier [2].
Ce succès, auquel le respect qu'on doit à un grand
homme et le faste du spectacle paraissent avoir
la principale part, ne rendra pas cette pièce
meilleure aux yeux des gens de goût. S'ils y voient
un archevêque dans la personne de l'hiérophante,
s'ils trouvent une abbesse dans la veuve d'Alexandre,
et dans sa fille une jeune personne fraîchement
sortie du couvent pour être mariée ; si Cassandre leur
paraît jouer moins le rôle d'un héros sorti de l'école
du grand Alexandre que celui d'un pénitent bleu ou
blanc ; si le rôle d'Antigone leur a paru encore plus
plat ; s'ils ont été choqués du duel de ces deux capitaines qui vident leur querelle à la porte du temple
avec les formalités et dans le même esprit avec lesquels deux capitaines du régiment de Champagne se
couperaient la gorge ; ce n'est point à la frivolité de
notre siècle, qui aime à tourner tout en plaisanterie,
que l'auteur est en droit de s'en prendre ; c'est qu'en
effet tout dans cette tragédie porte le caractère de nos
mœurs, rien n'y rappelle aux mœurs et aux usa-

1. A cette date.
2. Mars 1764.

ges de l'ancienne Grèce. D'ailleurs la fable la plus mal ourdie est exécutée d'une manière si faible, le coloris de toute la pièce est si terne, si peu animé, qu'on a de la peine à y retrouver l'auteur de *Brutus* et de *Mahomet*. Mais une pièce faible ou mauvaise, après tant de chefs-d'œuvre, ne saurait diminuer la gloire du premier homme de la nation, et, si *Olympie* ne peut mériter le suffrage des juges éclairés, elle plaira toujours au peuple par la pompe et la variété de son spectacle. Au reste, ce sujet appartient à l'opéra plutôt qu'au théâtre tragique. — M. de Voltaire travaille actuellement à une nouvelle tragédie, qui aura pour titre : *Pierre de Castille*, surnommé *le Cruel*[1]. »

Ces impressions d'un contemporain, esprit très éminent, très éclairé et très sympathique à l'auteur, nous dispensent d'analyser la pièce. Disons seulement qu'elle se passe dans le temple d'Éphèse, « où l'on célèbre les grands mystères. »; que, par suite, elle est accompagnée de notes abondantes sur ces grands mystères, et sur tout ce qui s'y rapporte, ou même ne s'y rapporte pas. D'après ces notes, l'œuvre est destinée à prouver que « tous les peuples policés, à l'exception de celui qu'on appelait le peuple de Dieu, croyaient à l'immortalité de l'âme, à des peines et récompenses dans une autre vie. » Rappro-

---

1. On trouve en effet une tragédie de *Don Pèdre* dans le théâtre de Voltaire; mais cette pièce ne fut jamais représentée.

chez cela de la profession de foi de Socrate dans la pièce que nous venons de voir, et de la belle page du *Dictionnaire philosophique* [1] où Voltaire se montre déiste si convaincu, si éloquent, et même chrétien unitaire comme le sera Channing, et vous ne pourrez plus douter de l'inexactitude avec laquelle on le présente comme un homme ennemi de toute religion. Autant il est l'adversaire déclaré de la superstition et du fanatisme, autant il est l'apôtre constant de la religion naturelle, de la morale universelle, indépendante des dogmes particuliers qui divisent les hommes tandis que la morale les réunit.

V

Observons maintenant les progrès de la lutte. Quelques années après *Olympie*, l'hiérophante paisible de cette pièce est remplacé par les prêtres de Pluton, monstres altérés de sang. « Que s'est-il donc passé ? Calas a été roué, Sirven menacé du même sort, La Barre a été décapité. Voltaire ne se possède plus : il écrit mémoires sur mémoires, lettres sur lettres, pamphlets sur pamphlets, *Traité de la Tolérance*; il faut qu'il obtienne justice; il faut surtout qu'il jette au dehors l'indignation, la pitié doulou-

---

1. Article *Religion*, section II. Voir ci-dessus, p. 30 et 31.

reuse dont il est possédé. De là la tragédie des *Guèbres*, qui évidemment ne pouvait être représentée. Cette fois l'Empereur (on ne sait lequel) vient arracher aux bourreaux leur victime, et abolit l'horrible sacerdoce. Il y aura encore des prêtres, mais ils seront sous la main du pouvoir, emprisonnés dans leurs temples, condamnés à la douceur perpétuelle[1]. »

> Je ne veux désormais
> Dans les prêtres des Dieux que des hommes de paix,
> Des ministres chéris, de bonté, de clémence,
> Jaloux de leurs devoirs, et non de leur puissance ;
> Honorés et soumis, par les lois soutenus,
> Et par ces mêmes lois sagement contenus,
> Loin des pompes du monde enfermés dans leur temple,
> Donnant aux nations le précepte et l'exemple ;
> D'autant plus révérés qu'ils voudront l'être moins,
> Dignes de vos respects et dignes de mes soins :
> C'est l'intérêt du peuple, et c'est celui du maître.

Et plus loin, ce vers d'une pensée admirable, à laquelle Henri IV eût applaudi, et que Louis XIV eût méditée :

> Que chacun dans sa Loi cherche en paix la lumière.

Paul Albert dit spirituellement : « C'est le programme du Concordat. » J'ajoute : Ou la pensée de l'Édit de Nantes.

Voltaire, qui avait soixante-quinze ans, fait passer d'abord cette pièce pour l'œuvre d'un jeune homme, « feu Desmahis » : et, afin de mieux tromper le public,

---

1. Paul Albert, *XVIIIe Siècle*, chap. VII.

il se la dédie à lui-même : ruse déjà employée par lui quelques années auparavant, lorsqu'il avait fait endosser au marquis de Ximénès, amant de madame Denis, les lettres critiques sur *la Nouvelle Héloïse*.

« Cette tragédie est précédée d'une Préface qui n'a été faite que pour apprendre au lecteur qu'il faut substituer partout les Français aux Romains, la Seine ou le Danube à l'Oronte, et les Chrétiens aux Guèbres ou Perses. L'auteur distribue en passant une bonne leçon aux souverains qui s'imaginent que la fidélité de leurs sujets tient à un culte qui leur soit commun avec eux; aux ministres des autels, qui sont destinés à prier pour les hommes, et non à les égorger; moins sages parmi nous que chez les idolâtres, où la prêtresse, appelée pour maudire Alcibiade convaincu d'impiété, répondit : « Je suis prêtresse pour bénir et non pour maudire »...; aux peuples, à qui il recommande l'humanité, l'indulgence, la justice universelle...; les rapprochant les uns des autres par le droit de fraternité qui les lie, et que la diversité des opinions religieuses ne doit jamais rompre[1]... »

Quoique la pièce soit d'une couleur qu'on appellerait aujourd'hui anticléricale, l'auteur, dans cette Préface apologétique, se pique d'impartialité, non sans apparence : « Si les prêtres des faux dieux, dit-il, abusent cruellement de leur pouvoir dans

---

1. Diderot, article sur *les Guèbres*.

cette pièce, l'Empereur les réprime ; mais, si l'abus du sacerdoce est condamné, la vertu de ceux qui sont dignes de leur ministère reçoit tous les éloges qu'elle mérite. »

Un *Discours historique et critique* suit la Préface. J'y relèverai deux ou trois points, — dont le premier ne fait que la continuer : il y est dit que « c'est proprement la liberté donnée au Christianisme qui est le sujet de cette tragédie » ; que, par conséquent, partout, sous le mot *Guèbres*, il faut entendre le mot *Chrétiens* ; que les mauvais prêtres ici sont donc les prêtres païens ; et que « le respect seul pour notre Religion empêcha, comme on sait, l'auteur de la mettre sur le théâtre [1] ». La vérité est qu'il ne put réussir à faire jouer *les Guèbres* ni à Paris, ni à Lyon.

En second lieu, l'auteur anonyme vient à discuter le rôle du prêtre dans *Athalie*, et met en lumière le fanatisme de Joad ; mais il croit devoir attribuer cette critique à un membre de la Chambre des lords, qui ajoute que cette tragédie d'*Athalie*, malgré ses mérites, ne saurait plaire aux Anglais : « J'ai

---

1. Le premier acte se termine par ces deux vers :
Vous adorez les dieux de l'inhumanité,
Et je sers contre vous le Dieu de la bonté.

Deux vers de la même force poétique que les deux de *Mahomet* cités plus haut, p. 165, sur une pensée analogue. On dirait que, quand la pensée est bonne, Voltaire en profite pour faire des économies de style, ne voulant pas brûler la chandelle par les deux bouts.

vu plusieurs de mes compatriotes qui regardent du même œil Joad et Cromwell ; ils disent que l'un et l'autre se servent de la religion pour faire mourir leurs monarques. J'ai vu même des gens difficiles qui disaient que le prêtre Joad n'avait pas plus le droit d'assassiner Athalie que votre jacobin Clément n'en avait d'assassiner Henri III. On n'a jamais joué *Athalie* chez nous : je m'imagine que c'est parce qu'on y déteste un prêtre qui assassine sa Reine sans la sanction d'un acte passé en Parlement. — C'est peut-être, lui répondis-je, parce qu'on ne tue qu'une seule reine dans cette pièce ; il en faut des douzaines aux Anglais, avec autant de spectres. — Non, croyez-moi, me répliqua-t-il, si on ne joue point *Athalie* à Londres, c'est qu'il n'y a point assez d'action pour nous ; c'est que tout s'y passe en longs discours ; c'est que les quatre premiers actes entiers sont des préparatifs ; c'est que Josabeth et Mathan sont des personnages peu agissants ; c'est que le grand mérite de cet ouvrage consiste dans l'extrême simplicité et dans l'élégance noble du style. La simplicité n'est point du tout un mérite sur notre théâtre ; nous voulons bien plus de fracas, d'intrigue, d'action, et d'événements variés. Les autres nations nous blâment ; mais sont-elles en droit de vouloir nous empêcher d'avoir du plaisir à notre manière ? En fait de goût, comme de gouvernement, chacun doit être le maître chez soi. »

Ainsi, après avoir autrefois exprimé une admiration presque sans réserve, littérairement du moins, à l'égard d'*Athalie,* alors qu'il signait ce qu'il écrivait, ici couvert d'un pseudonyme, Voltaire, se laisse entraîner par la polémique, et en vient à mêler aux critiques philosophiques et morales des critiques même littéraires, mises à la vérité dans la bouche d'un compatriote de Shakspeare. Nous ne prétendons pas que ni les unes ni les autres manquent de justesse ; nous remarquons seulement le changement de front.

Dans ce même *Discours*, si curieux à divers titres, l'auteur masqué développe ce point de la théorie romantique, recueilli dans notre leçon spéciale sur ce sujet [1], comme quoi et pour quoi il a voulu mettre sur la scène des personnages de condition commune. Nous n'avons pas à y revenir, si ce n'est pour remarquer que ce n'est pas le tout de prendre des personnes de professions quelconques, si on les fait toujours parler dans le même style que les rois et les reines de tragédie, ou que le poëte philosophe. Or l'auteur parle ici plus que jamais à la place de ses personnages. Qu'il mette sur le théâtre un jardinier et la fille de ce jardinier, nous les accueillons de grand cœur ; mais est-ce bien une jardinière, guèbre ou non guèbre, qui s'exprime comme fait celle-ci, par exemple dans le monologue qui termine le troisième acte ?

1. Voir ci-dessus, pages 323 et 324.

> O mort ! ô Destinée ! ô Dieu de la lumière,
> Créateur incréé de la Nature entière,
> Être immense et parfait, seul Être de Bonté,
> As-tu fait les humains pour la calamité ?...

Pendant une vingtaine de vers encore, cette petite jardinière entremêle au dogme persan des deux principes Ormuz et Arimane les sentiments de l'auteur de l'Édit de Nantes, héros de *la Henriade*, et le *Credo* monothéiste de l'auteur du *Dictionnaire philosophique*. Enfin la pièce entière n'est « qu'un sermon sur la liberté de conscience [1] ». Excellente thèse, mauvaise tragédie.

Une autre, tout à fait analogue, *les Lois de Minos*, stigmatise les persécutions théocratiques, les sacrifices humains, « le temple homicide ». Au fond, c'est un appel à la Royauté contre les Parlements et la Sorbonne, qui brûlaient les livres des philosophes, en regrettant de ne plus pouvoir brûler les auteurs. Voltaire, pour avoir réfuté d'après Locke la théorie métaphysique des idées innées, avait vu, en 1734, ses *Lettres philosophiques* brûlées par la main du bourreau. On venait de brûler de même, en 1765, le *Dictionnaire philosophique*. Pareillement l'*Émile* de Rousseau, en 1762, avait été condamné au feu, et un décret de prise de corps lancé contre l'auteur, à qui le maréchal de Luxembourg procura les

---

1. Léon Fontaine, *le Théâtre et la Philosophie au* XVIIIe *siècle*, — Paris, Baudry, 1879.

moyens de fuir. — Le fond de la pièce est donc un violent appel contre le fanatisme. — Voici la fable qui l'enveloppe. Le roi de Crète, Teucer, arrache au grand prêtre Pharès une jeune victime, qui se trouvera à la fin être sa propre fille. Le Parlement de Crète fait cause commune avec les prêtres pour soulever le peuple. Le Roi fait arrêter le chef du Parlement, tue le grand-prêtre, met le feu au temple, et proclame abolies les abominables lois de Minos.

L'auteur parvint à faire jouer la pièce à Lyon, mais non à Paris. Il la publia avec des notes nombreuses, sous le nom d'un jeune avocat qu'il appelait Duroncel, et la dédia au duc de Richelieu, pair et maréchal de France. « Il vous appartient, lui dit-il dans l'Épître dédicatoire, de protéger la véritable philosophie, également éloignée de l'irréligion et du fanatisme. »

VI

Ses tragédies de cette période, quand elles ne sont pas comme celle-là des batteries dressées contre tel ou tel corps d'ennemis, visant tel fait particulier, telle forteresse à attaquer et à détruire, sont à tout le moins des thèses morales, des prédications philosophiques.

Il avait toujours pensé que le théâtre, quand il n'était pas une tribune, devait être une chaire. Dans un de ses jolis Contes en prose, un étranger qui visite Persépolis (c'est-à-dire Paris) entre dans un grand édifice qu'il prend pour un temple (c'est le Théâtre-Français), et, entendant les grands artistes qui déclament de hauts faits et gestes avec des sentences morales, il croit que ce sont et il les appelle « les prédicateurs de l'Empire ». Pour Voltaire ce n'est pas une plaisanterie ; c'est, tout au plus, un paradoxe cachant une idée sérieuse. En effet, selon la belle parole de l'Évangile, « l'homme ne vit pas seulement de pain ». Il vit de pain et d'idées. Le théâtre, en répandant les plus beaux sentiments, les idées les plus nobles et les plus avancées, met à la portée du plus grand nombre les qualités de l'élite. Partant de ce principe, le patriarche s'en va semant les vérités qu'il croit utiles, à l'aide de fictions inventées un peu vite, trop peu méditées et mûries.

Les Scythes, tragédie en cinq actes, faite en dix jours, n'offrent qu'un intérêt de curiosité. L'auteur, à la recherche du nouveau, oppose la vertu idéale des Scythes (lisez : Suisses) à la corruption des Persans (lisez : Parisiens). « Pour donner au public un peu de ce neuf qu'il demande toujours et que bientôt il sera impossible de trouver, un amateur du théâtre (dit-il en se visant lui-même) a été forcé de mettre sur la scène l'ancienne Chevalerie [1], le contraste des Mahométans et des Chrétiens [2], celui des Américains et des Espagnols [3], celui des Chinois et des Tartares [4]. Il a été forcé de joindre à des passions si souvent traitées des mœurs que nous ne connaissions pas sur la scène. On [5] hasarde aujourd'hui le tableau contrasté des anciens Scythes et des anciens Persans, qui peut-être est la peinture de quelques nations modernes. C'est une entreprise un peu téméraire d'introduire des pasteurs, des laboureurs, avec des princes, et de mêler les mœurs champêtres avec celles des Cours. Mais enfin cette invention théâtrale (heureuse ou non) est puisée entièrement dans la nature... »

La nature! Voilà le refrain du xviii° siècle. Par réaction contre les excès et les vices d'une société vieillie, la nature est à la mode; bien ou mal, on la met partout.

« On peut même, poursuit la Préface, rendre héroïque cette nature si simple [6]; on peut faire parler des pâtres guerriers et libres avec une fierté qui s'élève au-dessus de la bassesse que nous attribuons

---

1. *Tancrède.*
2. *Zaïre.*
3. *Alzire, ou les Américains.*
4. *L'Orphelin de la Chine.*
5. C'est-à-dire, Je. — Aujourd'hui, c'est-à-dire dans cette pièce-ci.
6. Toujours *Don Sanche d'Aragon.* Mais l'auteur va laisser percer la prétention d'être moins emphatique que Corneille.

très injustement à leur état, pourvu que cette fierté ne soit jamais boursouflée : car qui doit l'être? Le boursouflé, l'ampoulé, ne convient pas même à César. Toute grandeur doit être simple. — C'est ici, en quelque sorte, l'état de nature mis en opposition avec l'état de l'homme artificiel, tel qu'il est dans les grandes villes. On peut, enfin, étaler dans des cabanes des sentiments aussi touchants que dans des palais... »

Soit! mais ces représentants de la nature parlent un langage bien peu naturel. « Hermodan, père d'Indatire, habitant d'un canton scythe », et Indatire, comme lui, se livrent aux mêmes périphrases qu' « Athamare, prince d'Ecbatane », ou que la jeune « Obéide, fille de Sozanne, ancien général persan retiré en Scythie ». La prétendue simplicité des uns ne s'exprime pas moins académiquement que l'extrême politesse des autres. Le contraste annoncé par la Préface ne paraît guère dans le style de la pièce. Grimm l'a bien senti et bien dit :

« La peinture des mœurs étrangères est sans doute précieuse ; mais pourquoi y employer des couleurs françaises? Cette fausseté me rend la tragédie insupportable, et j'aime mieux ne m'y jamais rencontrer avec des Romains, des Grecs, des Perses et des Scythes, que d'entendre cette suite d'idées françaises qui sort de la bouche de tous ces gens-là. Ils ne disent pas ce qu'ils doivent dire ; ils disent ce que j'en dois penser. Ces Scythes, par exemple, qui se vantent sans fin et sans cesse de leur simplicité, comme si un peuple simple savait qu'il l'est! ils rejettent les présents des Persans comme des

> Instrumens de mollesse, où, sous l'or et la soie,
> Des inutiles arts tout l'essor se déploie.

Il n'y a qu'un peuple très raffiné par le luxe qui puisse ainsi parler de quelques meubles de luxe. Il est d'ailleurs d'expérience générale qu'un peuple sauvage a toujours reçu avec avidité les meubles des peuples policés, quoiqu'il n'en connût pas l'usage, par la seule raison que la nouveauté a toujours droit d'intéresser et l'homme sauvage et l'homme policé. Voulez-vous, à présent, savoir à quel point cette fausseté est enracinée sur notre théâtre? Lisez le portrait qu'Indatire fait d'Obéide dans la première scène de cette tragédie :

> De son sexe et du nôtre elle unit les vertus.
> Le croiriez-vous, mon père? elle est belle, et l'ignore;
> Sans doute elle est d'un rang que chez elle on honore :
> Son âme est noble au moins, car elle est sans orgueil;
> Jamais aucun dégoût ne glaça son accueil;
> Sans avilissement à tout elle s'abaisse ;
> D'un père infortuné soulage la vieillesse,
> Le console, le sert, et craint d'apercevoir
> Qu'elle va quelquefois par delà son devoir.
> On la voit supporter la fatigue obstinée,
> Pour laquelle on sent trop qu'elle n'était point née...

Je dis qu'il n'y a pas là un vers qui ne sonne faux. Le fils d'un fermier général qui aurait fait ce portrait d'une fille de qualité pauvre, retirée en province avec un père indigent, serait un assez joli sujet, et mériterait d'épouser cette fille ; mais le fils du Scythe Hermodan doit-il parler comme le fils d'un fermier général? Est-ce qu'en Scythie on savait ce que c'est que noblesse ou avilissement? Un peuple sauvage ne connaît que la vertu et le vice, que le bon et le mauvais. En tout cas, l'avilissement chez les Scythes aurait consisté à ne point servir son père, et en mille ans il ne serait venu dans la tête du plus fieffé petit-maître scythe de faire à Obéide un mérite d'un devoir si naturel et si indispensable [1]. »

VII

Irène n'est pas en elle-même une pièce de combat ; mais on peut dire que le dernier combat de Voltaire et de son parti philosophique fut livré à propos de cette pièce. Jouée d'abord à Ferney, en novembre 1777, elle le fut à Paris le 16 mars 1778, un mois et demi avant la mort de l'auteur. Il était revenu d'exil, après trente années, sous le prétexte d'en diriger les répétitions [2]. Le 30 du même mois, à la sixième représentation, en sa présence, son buste

---

1. *Correspondance littéraire.*
2. Voir ci-dessus, pages 33, 34 et 347.

fut couronné sur le théâtre. Le comte d'Artois (futur roi Charles X) y assistait avec l'élite du monde parisien. Ce fut le triomphe suprême. Après la septième représentation, qui est du 4 avril, Voltaire retira sa pièce : preuve que lui-même la trouvait très faible. Elle semble cependant écrite avec un peu plus de soin que la précédente.

Irène est la femme de Nicéphore, empereur de Constantinople, à qui elle a été mariée malgré elle, aimant en secret Alexis Commène, prince grec, avec qui elle a été élevée. Cette idée semble renouvelée de la tragédie de *Tancrède*, ou bien de *Polyeucte*.

Ma foi lui fut acquise et lui fut enlevée.

Ce vers pourrait être dans la bouche de Pauline aussi bien que dans celle d'Irène, et Aménaïde est mise par son père dans la même situation. Il y a également des réminiscences de Mithridate, de Nicomède, de Bérénice. — Alexis renverse Nicéphore du trône, et le tue ; Irène, ne pouvant épouser le meurtrier de son mari, veut s'enfermer dans un couvent, où elle essayera d'étouffer son ancien amour ; Alexis la retient. Elle lutte, entre son devoir et sa passion ; enfin, pour ne pas succomber, elle se tue, et, en mourant, laisse échapper son secret :

J'adorais Alexis, et je m'en suis punie.

Notons quelques intentions de couleur locale byzantine. Il est fait mention du Bosphore, du Palais des Sept Tours, de l'Hippodrome, de l'église Sainte-Sophie :

> Je vole à l'Hippodrome, au temple de Sophie [1].

L'action, dans cette tragédie comme dans celles de la même période, est rarement sérieuse, solide et claire. Tout se passe en phrases vagues. Il y a aussi dans cette pièce comme dans plusieurs autres un certain pathétique de convention, qui à la scène peut éblouir, mais qui ne résiste pas à la lecture.

VIII

Nous arrivons à la dernière pièce de combat. Elle est posthume. Le vieux lutteur bataille encore après sa mort.

Il avait toujours espéré enrôler les rois dans la guerre sainte contre les cruautés et les barbaries fanatiques. Cet espoir l'avait fait leur courtisan, ne manquant aucune occasion de rappeler sous toutes les formes « que jamais les philosophes n'ont excité de troubles dans un État, qu'ils sont les alliés naturels du Pouvoir, tandis que les prêtres sèment la discorde, usurpent sur l'autorité royale, prêchent l'assassinat des rois ». Mais, lorsqu'il fut forcé enfin

---

1. Acte III, scène IV.

de reconnaître que l'alliance offerte n'était pas acceptée, que le trône et l'autel s'appuyaient l'un à l'autre, que les philosophes étaient sacrifiés aux gens d'Église et aux gens de Justice, alors n'espérant plus rien de la Royauté, il se rejette vers le Peuple ; il prévoit et salue la République. C'est dans la dernière pièce qu'il ait écrite, *Agathocle*. Il passe du Droit divin au Droit humain.

Cette tragédie fut représentée pour la première fois un an après la mort du poète, le 31 mai 1779, lendemain de cet anniversaire funèbre ; apparemment parce que le 30 était un dimanche, jour de la Trinité. La représentation fut précédée d'un émouvant discours de D'Alembert. En voici quelques lignes : « La perte irréparable que le théâtre, les lettres et la France, ont faite l'année dernière, et dont le triste anniversaire vous rassemble aujourd'hui, a été, depuis cette fatale époque, l'objet continuel de vos regrets..... Nous avions pensé d'abord à remettre aujourd'hui sous vos yeux quelqu'une de ces tragédies immortelles dont Monsieur de Voltaire a si longtemps enrichi la scène, et que vous venez si souvent y admirer ; mais, dans ce jour de deuil, où le premier besoin de vos cœurs est de déplorer la perte de ce grand homme, nous croyons ajouter à l'intérêt qu'elle vous inspire, en vous présentant la pièce qu'il vous destinait quand la mort est venue terminer sa glorieuse carrière.... Vous croirez voir ce grand homme présent encore au milieu de vous, dans cette même salle qui fut soixante ans le théâtre de sa gloire, et où vous-même l'avez couronné, par nos faibles mains, avec des transports sans exemple. Enfin vous pardonnerez à notre zèle pour sa mémoire, ou plutôt vous le justifierez, en rendant à sa cendre les honneurs que vous avez tant de fois rendus à sa personne.... »

La pièce fut accueillie comme elle devait l'être. On la joua encore le 2 juin, puis le 5 et le 12.

Ce n'est qu'une esquisse, très intéressante d'ailleurs à deux points de vue : d'abord parce qu'on y saisit sur le fait la manière dont Voltaire travaillait, courant au gré de l'inspiration, sans s'arrêter à soigner les détails, se réservant d'y revenir dans les moments plus calmes, pour ôter les défauts et combler les lacunes. — On y peut voir aussi quel est le dernier vœu du poète philosophe : c'est l'avènement de la République.

Dans *Brutus*, œuvre de sa jeunesse, il avait déjà fait parler éloquemment les sentiments républicains. Ici, dans l'œuvre suprême et posthume, qui est la dernière pensée et comme le testament de sa raison, cet esprit toujours en marche nous montre la monarchie, par une abdication volontaire, cédant la place à la démocratie qu'elle a préparée. Telle est la conception finale de cet apôtre du progrès, son espoir prophétique, sa terre-promise entrevue.

Voici, en effet, comment la pièce se termine. Agathocle, cet ancien potier devenu roi, ayant rétabli la prospérité et la grandeur de sa patrie, juge qu'il a droit au repos, et résout dans sa pensée de laisser dès maintenant le trône à son fils. Il monte sur ce trône, qu'entourent ses officiers; et, après un discours d'adieu au peuple, fait asseoir son fils près de lui, en le présentant :

Peuples, voilà le roi qu'il vous faut reconnaître...

Mais, péripétie inattendue, le fils exprime sa surprise:

Vous m'étonnez, mon père... Et peut-être à mon tour
Je vais dans ce moment vous étonner vous-même.
Vous daignez me céder ce brillant diadème,
Inestimable prix de vos travaux guerriers,
Que vos vaillantes mains ont couvert de lauriers...
J'ose accepter de vous cet auguste partage,
Et je vais à vos yeux en faire un digne usage.
Platon vint sur ces bords; il enseigna des rois;
Mon cœur est son disciple, et je suivrai ses lois.
Un sage m'instruisit, mais c'est vous que j'imite :
A vivre en citoyen votre exemple m'invite.
Vous êtes au-dessus des honneurs souverains,
Vous les foulez aux pieds, seigneur; et je les crains :
Malheur à tout mortel qui se croirait capable
De porter après vous ce fardeau redoutable !
Peuples, j'use un moment de mon autorité :
Je règne.... Votre Roi vous rend la liberté.
Agathocle à son fils vient de rendre justice,
Je vous la fais à tous.   *Il descend du trône.*
              Puisse le Ciel propice
Commencer dès ce jour un siècle de bonheur,
Un siècle de vertu plutôt que de grandeur !...

Telle est la péripétie, si théâtrale, si noble et si émouvante, de ce dénouement.

Il n'y a plus que deux vers pour finir la pièce, deux vers curieux par le style, qui porte la marque du temps; mais les sentiments de ces deux vers sont bien en harmonie avec ce qui précède.

> O mon auguste épouse, ô noble citoyenne,
> Ce peuple vous chérit : vous êtes plus que reine.

Ainsi se termine cette tragédie, pleine d'un souffle magnanime et prophétique.

Il me semble que l'impression de ces vers sur nous est complexe. En même temps qu'on y admire l'élan avec lequel Voltaire et l'esprit français aspire à la République et y marche, n'y sent-on pas aussi l'illusion qui s'est mêlée à la Révolution, celle de croire qu'elle pouvait se faire à l'amiable? illusion qui a produit des déceptions si cruelles! C'est surtout dans les vers sur la Reine que l'on sent ou que l'on croit sentir cela.

Quoi qu'il en soit, une telle œuvre, pour n'être qu'une ébauche, ne laisse pas de couronner dignement le théâtre et la vie du grand homme.

Heureux de la victoire, désormais certaine, des idées pour lesquelles il avait combattu pendant toute sa vie et souffert trente années d'exil, il pouvait mourir content.

Si presque toutes les pièces de cette dernière période sont moins des œuvres littéraires que des pièces de combat, à défaut de notre admiration accordons-leur notre reconnaissance. Elles sont aujourd'hui éteintes parce qu'elles ont triomphé. Saluons donc l'homme d'action, quand pour assurer le triomphe de ses idées il a sacrifié sa gloire de poète ; admirons son activité infatigable et toujours croissante, — car, plus l'âge le pressait, plus il combattait ; — et redisons-lui avec Michelet : « Vieil athlète, à toi la couronne ! »

QUINZIEME LEÇON

CONCLUSION

Dans l'œuvre général de Voltaire, si étonnamment varié, j'ai essayé de faire voir la variété de son œuvre dramatique. Sujets anciens, renouvelés par l'esprit moderne ; sujets modernes, tantôt nationaux, tantôt mixtes ; sujets exotiques, tantôt inventés, tantôt adaptés : tragédie, comédie, drame, opéra, ballet, opéra-comique, divertissement ; tentatives de toutes sortes ; tantôt avouées, tantôt masquées ; pointes poussées dans tous les sens et dans tous les genres ; cinquante-trois pièces, composées en une soixantaine d'années, de 1718 à 1778, depuis l'âge de vingt-quatre ans jusqu'à sa mort.

Si l'on veut achever de voir nettement cette variété, on peut diviser ces cinquante-trois pièces en une vingtaine de catégories de sujets divers :

1° Sujets bibliques, trois : — une tragédie, *Mariamne*; un opéra, *Samson*; un drame, *Saül*.

2° Sujet babylonien, un : *Sémiramis*, tragédie.

3° Sujet syrien et persan, un : *les Guèbres*, tragédie.

4° Sujet crétois, un : *les Lois de Minos*, tragédie.

5° Sujets grecs, onze : à savoir, huit tragédies, *OEdipe*, *Artémire*, *Ériphyle*, *Mérope*, *Oreste*, *Olympie*, *les Pélopides*, *Irène*; — un drame mixte, *Socrate*; — un opéra, *Pandore*; et une esquisse d'opérette, *les Deux Tonneaux*.

6° Sujets romains, cinq : *Junius Brutus*, *la Mort de César*, et le *Julius Cæsar*, traduit et réduit de Shakspeare; *Rome sauvée ou Catilina*; *le Triumvirat*.

7° Sujet gréco-romain-français, un : *le Temple de la Gloire*, espèce d'opéra, en l'honneur de Louis XV, sous le nom de Trajan.

8° Sujet romain et africain, un : *Sophonisbe*, tragédie.

9° Sujets africains, trois : *Tanis et Zélide*, *Zulime*, *Mahomet*.

10° Sujet italien, un : *le Baron d'Otrante*, opéra-bouffe.

11° Sujet français et italien, un : *l'Hôte et l'Hôtesse*.

12° Sujet français et espagnol, un : *Don Pèdre*, tragédie.

13° Sujet français et syracusain, un : *Tancrède*, tragédie-drame.

14° Sujet syracusain, un : *Agathocle*, tragédie.

15° Sujet français et syrien, un : *Zaïre*, tragédie-drame.

16° Sujets français, dix-sept : à savoir, trois tragédies, qui n'en sont qu'une plus ou moins modifiée, *Adélaïde du Guesclin*, *le Duc d'Alençon*, *le Duc de Foix*; — onze comédies proprement dites, *l'Indiscret*, *les Originaux*, *l'Échange*, *l'Enfant prodigue*, *l'Envieux*, *Thérèse*, *la Prude*, *Nanine*, *la Femme qui a raison*, *le Droit du Seigneur*, *le Dépositaire*; — un opéra, *la Princesse de Navarre*; — un divertissement, *la Fête de Bel-Ébat*; — une comédie-drame, pièce mêlée de chant et de danse, *Charlot ou la Comtesse de Givry*.

17° Sujet anglais, un : *l'Écossaise*, comédie-drame.

18° Sujet scythe, un : *les Scythes*, tragédie.

19° Sujet chinois-tartare, un : *l'Orphelin de la Chine*, tragédie-drame.

20° Sujet américain, un : *Alzire*.

J'ai cru que rien, mieux que cette statistique, ne pourrait achever de vous donner l'idée précise de l'extrême variété du théâtre de Voltaire.

Geoffroy, toujours hostile, prend occasion de cette variété même, pour le critiquer : « Corneille et

Racine, dit-il, nous avaient présenté au théâtre les deux premiers peuples de l'univers, les Grecs et les Romains. Voltaire, pour varier la scène et nourrir la curiosité, nous conduisit en Palestine et en Arabie, nous fit faire un voyage en Chine, et enfin poussa jusqu'au nouveau monde [1]. Il n'y a point de poète qui ait fait voir à sa nation autant de pays. Il était surtout à l'affût de ces grandes époques qui frappent les esprits : les Croisades, la religion de Mahomet, la conquête de la Chine par les Tartares, la découverte de l'Amérique, voilà les tableaux qu'il offrait à la multitude étonnée. Il est vrai que souvent la faiblesse de l'intrigue ne répondait pas à la magnificence du sujet. Mais de pompeuses déclamations couvraient la mesquinerie de la fable ; et, au théâtre, ce sont les lieux communs et les situations qu'on applaudit, jamais la beauté du plan et la sagesse de la conduite. Les contrastes bien tranchés entre les mœurs des différentes nations devaient être singulièrement recherchés par un poète dont l'antithèse fut toujours la figure favorite [2]. C'est ainsi que, dans *Zaïre*, il oppose aux Sarrazins les Chevaliers français ; dans *Alzire*, les Sauvages aux Espagnols ; dans *Mahomet*, les Musulmans aux Idolâtres ; et, dans *l'Orphelin de la Chine*, les Tartares aux Chinois. C'est dans ces

---

1. La tragédie-drame d'*Alzire, ou les Américains* a précédé *l'Orphelin de la Chine*.

2. Ne croirait-on pas entendre Forbes gourmandant Shakspeare, et Gustave Planche gourmandant Victor Hugo ?

oppositions qu'il se plaisait à étaler ce qu'on appelle sa philosophie, c'est-à-dire des observations très communes sur le caractère, les mœurs, les usages de ces peuples. Mais il savait traduire en fort beaux vers ce qu'on lit dans tous les voyageurs [1]. »

Au travers de la malveillance qui perce dans cette page, il y a pourtant des observations qui ne sont pas sans justesse : par exemple, lorsque le critique parle du peu de solidité de ces compositions théâtrales, dont le dramatique est presque toujours romanesque ; ou bien lorsqu'il raille le clinquant de la forme, par lequel le poète essaye de couvrir la faiblesse du fond.

Tout en soulignant les défauts, Geoffroy d'autre part, subissant l'influence du goût contemporain, exagère certaines qualités du poète, lorsqu'il parle de ses vers fort beaux, et qu'il le qualifie ailleurs de grand coloriste. — A la vérité, c'est pour amener cette antithèse, lui aussi, que, s'il est un grand coloriste, il n'est pas un grand philosophe [2].

Cependant il est encore moins un grand poète. Il manque de souffle et d'envergure ; avant tout, de

---

1. Geoffroy, Cours de *Littérature dramatique* (recueil de ses feuilletons dans le *Journal des Débats*). Paris, Blanchard, 1825. Tome III, page 53.

2. Fréron lui-même, tout en attaquant Voltaire, parle de « la magie de son style » (*l'Année littéraire*, 1774, tome I, p. 5,) et de son très brillant coloris. » (*Lettres sur quelques écrits de ce temps*, tome III, p. 47.)

naïveté ; souvent même de sérieux. Et le moyen de faire croire aux autres ce que l'on ne croit pas soi-même ? Voltaire a été à l'école ingénieuse et médiocre du Père Porée, du Père Le Jay, du Père de la Tour. Il a gardé dans sa versification comme dans son goût, et même dans son esprit, peut-être aussi dans certaines parties de son caractère et de sa conduite, l'empreinte de l'enseignement et de l'éducation des Jésuites. Bons humanistes pour ce temps-là, mais qui n'avaient guère le sens du grand. Leur esthétique manque d'élévation, et de santé, comme leur morale. « L'art jésuite est mesquin : le fleuri et l'allégorie y surabondent ; ce ne sont que colifichets et petits ornements. Le grand goût leur fait absolument défaut. Latinistes passables, ils n'ont jamais rien compris à la noble simplicité de l'art grec : cela est trop nu pour eux, trop près de la nature ; il faut qu'ils embellissent tout, recouvrent tout d'un vernis rance, qui fatigue l'œil et l'odorat. Voltaire ne goûtera jamais ni Homère, ni Eschyle, ni Pindare, ni le Dante ; il mourra en protestant contre l'invasion de Shakspeare [1]. »

La vraie poésie de Voltaire, qui n'est point de haut vol, ne se trouve ni dans ses tragédies, sauf quelques passages, ni dans son soi-disant poème épique, qui n'est qu'un éloquent plaidoyer pour

---

1. Paul Albert, xviiie *siècle*. Paris, Hachette, 1874.

la liberté de conscience ; elle est dans les pièces légères de cette *musa pedestris* qui trotte en vers de dix syllabes si gentiment : *le Pauvre Diable*, *le Mondain*, *la Vanité*, *le Russe à Paris*. Elle est aussi, un peu plus haute et emportée d'un mouvement sincère, dans la plainte *sur la mort d'Adrienne Lecouvreur* privée de sépulture [1] ; elle est dans l'*Épitre* où, à soixante ans, débarrassé des rois, s'étant fait roi chez lui, il célèbre la liberté, avec un cri du cœur dont Frank sera l'écho [2] ; elle est enfin partout où on ne la cherche point ; elle est dans ces Stances charmantes, où il regrette, comme La Fontaine, d'avoir passé le temps d'aimer.

> Si vous voulez que j'aime encore,
> Rendez-moi l'âge des amours ;
> Au crépuscule de mes jours
> Rejoignez, s'il se peut, l'aurore.
>
> Des beaux lieux où le Dieu du vin
> Avec l'Amour tient son empire,
> Le Temps, qui me prend par la main,
> M'avertit que je me retire.
>
> De son inflexible rigueur
> Tirons au moins quelque avantage
> Qui n'a pas l'esprit de son âge
> De son âge a tout le malheur.

---

1. Jetée à la voirie, en qualité de comédienne, dans les terrains vagues et marécageux de ce qu'on appelait la Grenouillère, au coin de la rue de Bourgogne et de la rue de Grenelle.

2. Frank lui prend même son rejet : « La liberté ! » qui se trouve aussi dans *Tancrède*. Ainsi ce rejet est trois fois célèbre.

Laissons à la belle jeunesse
Ses folâtres emportements :
Nous ne vivons que deux moments
Qu'il en soit un pour la sagesse.

Quoi ! pour toujours vous me fuyez,
Tendresse, illusion, folie,
Dons du Ciel, qui me consoliez
Des amertumes de la vie !

On meurt deux fois, je le vois bien
Cesser d'aimer et d'être aimable,
C'est une mort insupportable ;
Cesser de vivre, ce n'est rien.

Ainsi je déplorais la perte
Des erreurs de mes premiers ans
Et mon âme, aux désirs ouverte,
Regrettait ses égarements.

Du ciel alors daignant descendre,
L'Amitié vint à mon secours ;
Elle était peut-être aussi tendre
Mais moins vive, que les Amours.

Touché de sa beauté nouvelle,
Et de sa lumière éclairé,
Je la suivis ; mais je pleurai
De ne pouvoir plus suivre qu'elle.

Voilà la vraie poésie de Voltaire, faite d'esprit et de sentiment. Ces sortes de petites pièces, dans leur grâce légère, sont certes de meilleur aloi que la plupart de ces fameux « beaux vers », où si rarement l'accent est juste, le style franc, la langue sincère.

Pour coloriste, sans doute il l'a été, eu égard au temps, et nous avons essayé de le faire voir ; mais grand coloriste, c'est autre chose. Sa couleur fut nouvelle, et un peu tapageuse. Elle n'est ni très juste ni très fine ; moins naturelle que celle de Racine, moins franche que celle de Corneille. L'appareil qu'il déploie pour animer la scène, et qu'il confond parfois avec le pathétique, donne plus à l'imagination et aux sens qu'à la raison et au cœur. Son art n'est souvent que prestige. Déjà on y peut entrevoir le commencement de l'école qui fera gros pour faire grand. Cependant cet art ou cet artifice a brillé pendant tout un siècle. Aujourd'hui il est presque éteint. Mais jusque de nos jours les ennemis les plus déclarés de Voltaire n'ont pu s'empêcher d'en reconnaître l'éclat. Joseph De Maistre, dans sa fameuse invective des *Soirées de Saint-Pétersbourg*, citant ce vers du poète :

Un esprit corrompu ne fut jamais sublime,

ajoutait : « Rien n'est plus vrai, et voilà pourquoi Voltaire, avec ses cent volumes, ne fut jamais que joli. *J'excepte la tragédie*, où la nature de l'ouvrage le forçait d'exprimer de nobles sentiments, étrangers à son caractère ; mais, sur la scène même, *qui est son triomphe*, il ne trompe pas des gens exercés. Il ressemble à *ses deux grands rivaux* comme le plus habile hypocrite ressemble à un saint. »

Ainsi Joseph De Maistre, en 1826, reconnaissait

que Voltaire, dans la tragédie, était ou paraissait grand et beau ; que c'était là qu'il *triomphait* ; et il n'appelait Corneille et Racine que *ses rivaux*. N'est-ce pas une merveilleuse puissance que celle d'un poète qui a obtenu un tel succès et arraché un tel aveu à l'ennemi le plus emporté ?

Le théâtre de Voltaire, révolutionnaire en son temps, n'est aujourd'hui pour nous qu'un théâtre de transition. Dans l'art comme dans la nature, tout se tient ; rien ne s'interrompt ; la chaîne se continue toujours. Les révolutions les plus radicales en apparence, comme celle du romantisme français au XIXe siècle, ont leurs origines presque insensibles, auxquelles il est intéressant de remonter ; c'est ce que nous avons essayé de faire dans ce dernier volume de la première partie de notre Cours. Voltaire a été un des précurseurs de la révolution littéraire, comme de la révolution politique, non pas peut-être qu'il l'ait précisément voulu ; mais il arrive parfois aux gens d'esprit de faire des révolutions sans le vouloir, ou d'en amener de plus radicales qu'ils ne l'eussent désiré.

Ce fut l'étincelle exotique qui alluma en lui l'esprit de liberté. C'est à Shakspeare qu'il doit le plus, comme le théâtre romantique de nos jours. Non plus que celui-ci, il n'aime à se vanter de ses emprunts. De même que le génie espagnol a excité celui de Corneille, c'est Shakspeare et le théâtre anglais qui ont éveillé chez Voltaire les velléités et les tentatives d'innovation dramatique.

Nous avons distingué trois moments dans sa conduite à l'égard de Shakspeare : le premier, où il semble bien qu'il ne songea d'abord qu'à profiter de ces richesses inconnues en France, qu'à exploiter sans en rien dire ces gisements trouvés dans une île étrangère. Il tirerait, d'un minerai grossier, des trésors qu'il épurerait et ferait siens par la façon ; *materiam superaret opus* [1]. A tout hasard, pour effacer la trace de ses larcins, voici quelle serait sa tactique : quand il se servirait de l'œuvre de Shakspeare [2], il se mettrait à disserter sur Addison ; quand il emprunterait l'œuvre de Lee [3], il disserterait sur Shakspeare. Voilà le premier moment. Le second est celui où, craignant que la mine d'or ne soit révélée, il croit prudent de prendre les devants, et commence à faire connaître quelques morceaux du grand poète anglais, en mêlant les louanges et les critiques ; le troisième, où, Shakspeare étant enfin traduit en français, partiellement d'abord par Pierre La Place, totalement ensuite par Pierre Le Tourneur, et loué avec enthousiasme par l'un et par l'autre, Voltaire craint pour la gloire de Corneille et de Racine, et

1. Ovid. *Metamorph*. l. II, *init*.
2. *Othello*.
3. *Junius Brutus*.

pour la sienne, et se met alors à réagir violemment, injurieusement, contre William Shakspeare et Pierre Le Tourneur, qu'il appelle Gilles et Pierrot ; ce qui finit par lui attirer les mordantes répliques de Home, de Samuel Johnson, de mistress Montague.

Il faut reconnaître hautement que Voltaire est encore plus redevable à Shakspeare, que Corneille à Guillen de Castro. Il avait l'instinct des choses théâtrales, du moins dans la tragédie ; mais son double séjour en Angleterre avait développé en lui cette faculté, avec plusieurs autres. Philosophiquement, il procède de Locke et de Shaftesbury autant que de Bayle ; scientifiquement, de Newton ; dramatiquement, de Lee, d'Addison, de Shakspeare, de Lillo, autant que de Corneille et de Racine. Au commencement, la régularité froide d'Addison lui plaît mieux que le libre génie de Shakspeare. Son génie à lui n'est pas créateur c'est plutôt un esprit qui cherche et qui, après mainte hésitation, accepte, en se les appropriant, les nouveautés et les témérités suggérées par d'autres ; mais toujours est-il qu'il essaye, dans la mesure du goût de ses contemporains, les mêmes réformes et innovations théâtrales que reprendront et développeront au XIXe siècle l'auteur d'*Henri III* et l'auteur d'*Hernani*.

Diderot va plus hardiment que lui dans cette voie, par la théorie autant que par la pratique, mais moins heureusement par celle-ci que par celle-là : en effet, *le Fils naturel* ni *le Père de famille* ne valent les *Entretiens* et *Dialogues* par lesquels l'auteur les a commentés. Dans un roman qu'on ose à peine nommer, il critique avec une vigoureuse franchise le système dramatique français, sept ans avant que Lessing ait donné au théâtre *Miss Sara Sampson*, et dix-neuf années avant la *Dramaturgie de Hambourg*, dont l'auteur reconnaît avoir beaucoup profité des idées de notre philosophe et avoir commencé par les traduire.

Voltaire, d'esprit plus tempéré, a cependant tout essayé, même le drame en prose, prêché d'abord par La Motte, longtemps avant Diderot lui-même ; pratiqué ensuite par celui-ci, comme nous venons de le dire ; puis, par Sedaine, dans *le Philosophe sans le savoir* et dans *Maillard ou Paris sauvé*, drame historique moderne. Grimm appuie résolument toutes ces tentatives révolutionnaires : « La vraie tragédie, dit-il, celle qui n'existe point en France, celle qui est encore à créer, ne pourra être écrite qu'en prose, et ne s'accommodera jamais du langage pompeux, arrondi et phrasier du vers alexandrin [1]. » Voltaire commence par craindre ce drame en prose qui fera du tort à la tragédie ; puis il vient, selon sa coutume, à en tâter, mais sous un double et

---

1. *Correspondance littéraire*, 15 février 1770.

triple masque, non pour l'art, mais pour la bataille, attendu que toutes les armes lui sont bonnes, pourvu qu'il porte des coups serrés.

Il y a tel de ses disciples, lancé en enfant perdu, qui va plus loin que lui et qui devance, en fait de réalisme romantique, Victor Hugo lui-même : Baculard d'Arnaud, dans *le Comte de Commingès*, représentait sur le théâtre les derniers moments d'un Trappiste, le lit de cendres sur lequel il gisait; puis, la fosse préparée, comme dans *Hamlet*; on entendait la cloche tintant le glas funèbre, la prière pour les agonisants, le chant des morts. Ainsi, lorsque toutes ces choses ont été vues et entendues de notre temps dans *Lucrèce Borgia*, ce n'était pas la première fois que la scène française les renouvelait de Shakspeare. Quand Mercier ensuite poussa encore plus loin l'audace, et promit de mettre sur le théâtre la Salpêtrière et Bicêtre; il fut le précurseur de *l'Assommoir*.

Assurément Voltaire, dans ses plus grands accès de hardiesse n'eût jamais prévu que les conséquences de ses innovations dussent se développer à ce point et en amener d'autres de cette sorte; il n'en est pas moins vrai que lui et Diderot, l'un sans le vouloir, l'autre en le voulant, en furent les premiers promoteurs. Récemment[1] M. Victo-

---

1. Le 14 juillet 1885, anniversaire de la prise de la Bastille.

rien Sardou, inaugurant au nom de l'Académie française la statue du poète philosophe, disait : « En nous enseignant avec le drame shakspearien à ne plus nous renfermer dans l'admiration exclusive des anciens, à nous affranchir des règles tyranniques, à briser le moule étroit qui comprimait l'expansion de notre art national, en nous apprenant enfin à ne pas accepter son propre théâtre, il portait le premier coup à la tragédie classique, — cette Bastille ! — et préparait le triomphe du Romantisme, ce 89 de l'Art dramatique ! »

Si, en cherchant des voies nouvelles, il rebattait les anciennes, c'est que l'homme d'action, en lui, primait le poète, et que pour faire passer les témérités de l'un, la tactique lui eût conseillé de ne pas outrer celles de l'autre, quand même son tempérament l'y eût porté davantage.

Le vrai révolutionnaire, pour la littérature et l'art, c'est Diderot ; pour la littérature encore et pour les idées sociales, c'est Rousseau. A ces deux-là, incontestablement on change de voie ; il y a embranchement : d'un côté sur le réalisme, de l'autre sur le romantisme.

C'est pourquoi, terminant ici la première partie de ce Cours, intitulée *le Romantisme des Classiques*, j'ouvrirai la seconde partie, *les Origines du Romantisme français moderne*, par un volume sur

Diderot et un autre sur Jean-Jacques Rousseau. Et, de ces deux grands hommes autant que de Voltaire, nous verrons descendre toute la littérature de notre siècle.

APPENDICE

APPENDICE

I.

Se rapportant à la page 35.

Voici quelques détails complémentaires sur la translation des restes de Voltaire au Panthéon, et sur le crime nocturne qui les en ôta, avec ceux de Rousseau, pour profaner et anéantir les uns et les autres :

Le corps de Voltaire, exhumé du cimetière de Scellières et rapporté à Paris, y arriva dans la nuit du 11 juillet 1791. On le déposa provisoirement au centre de la nouvelle place de la Bastille.

Le lendemain, un cortège officiel alla faire la levée du corps, aux sons d'une musique funèbre. Un détachement de la garde nationale ouvrait la marche. Venait, ensuite, un bataillon d'enfants ; puis, une délégation des clubs, la corporation des Forts de la Halle, une troupe d'hommes à piques, du faubourg Saint-Antoine.

On voyait, après cela, porté par des citoyens,

un plan en relief de la Bastille. D'autres hommes s'avançaient tenant des bustes et des médaillons, de Mirabeau, de Desilles, de Franklin, de J.-J. Rousseau, moulés avec du plâtre de la Bastille. La statue de Voltaire, œuvre de Houdon, était portée triomphalement, entourée d'artistes. Huit femmes vêtues de blanc escortaient une statue de la Liberté, suivie d'une édition des œuvres de Voltaire dans un coffre doré. Le char funéraire venait enfin, traîné par douze chevaux blancs, et orné de plusieurs inscriptions ; celles-ci entre autres :

IL VENGEA CALAS, LA BARRE, SIRVEN, MONTBAILLY.

IL NOUS A PRÉPARÉS A DEVENIR LIBRES.

Sur des bannières et des banderolles on lisait des citations de ses œuvres :

Si l'homme est créé libre, il doit se gouverner.
Si l'homme a des tyrans, il doit les détrôner [1].
. . . .
Je suis fils de Brutus, et je porte en mon cœur
La liberté gravée, et les rois en horreur.
Brutus, acte II, scène II.

Le droit de commander n'est plus un avantage
Transmis par la nature ainsi qu'un héritage.
Mérope, acte I, scène III.

---

[1]. « Que le lecteur songe que ceci se passait quelques jours après le retour de Varennes. » Eugène Noël, *Voltaire*.

Qui sert bien son pays n'a pas besoin d'aïeux.
> *Mérope*, acte I, scène III.

Il est temps de sauver d'un naufrage funeste
Le plus grand de nos biens, le plus cher qui nous reste,
Le droit le plus sacré des mortels généreux,
La liberté !
> *Tancrède*, acte I, scène I.

On a perdu bien peu quand on garde l'honneur.
> *Adélaïde du Guesclin*, acte III, scène I.

L'injustice à la fin produit l'indépendance.
> *Tancrède*, acte IV, scène VI.

Quoi ! les maîtres du monde en sont l'ignominie !
> *Le Triumvirat*, acte I, scène I.

Ah ! vengeons les humains trop longtemps abusés !
> *Les Guèbres*, acte V, scène I.

Que chacun dans sa Loi cherche en paix la lumière.
> *Ibid.*, acte V, scène VI.

Les États sont égaux et les hommes sont frères.
> *Épîtres*.

Contemple la brillante aurore
Qui t'annonce enfin les beaux jours :

Un nouveau monde est près d'éclore²...
> *Odes*.

Toutes ces inscriptions, toutes ces citations, « c'était le *Credo* révolutionnaire, que le Peuple saluait et sanctionnait au passage[1]. »

Le cortège parcourut les boulevards, la Place

---

1. *Ibid*.

Louis XV, le quai des Théatins, où était mort Voltaire, et qui porte aujourd'hui son nom, la rue Dauphine, la rue des Fossés-Saint-Germain-des-Prés (aujourd'hui rue de l'Ancienne-Comédie), où avaient été jouées les pièces du poète ; la rue des Fossés-Monsieur-le-Prince, la place Saint-Michel[1], la rue Saint-Hyacinthe, la porte Saint-Jacques. Le corps arriva à Sainte-Geneviève vers dix heures du soir, à la lueur des torches.

C'est quelques jours après cette translation des restes de Voltaire que le nom de *Panthéon* apparut pour la première fois, dans une pétition des habitants de Montmorency, signée des noms de Chamfort, Ducis, De Piis, Garnerin et Viotti. Cette pétition réclamait les mêmes honneurs pour les restes de Jean-Jacques Rousseau. Ce vœu ne put être accueilli, les habitants d'Erménonville ayant refusé de se séparer des restes du philosophe géne-

---

[1]. La Place Saint-Michel et la Porte du même nom étoient situées, en ce temps-là, à l'endroit où aboutit actuellement, près du Jardin du Luxembourg, la rue Soufflot, qui n'existait pas ; et où aboutissait alors la rue Saint-Hyacinthe, fort escarpée et en pente, dont il ne reste que le tronçon supérieur, dénommé à présent rue Paillet, juste en face la rue des Fossés-Saint-Jacques. Entre celle-ci et celle-là, mais de profil, se trouvait la porte Saint-Jacques, dans l'axe de la rue du même nom, qu'elle séparait de son faubourg. Ce faubourg, qui alors commençait en cet endroit, a été reporté depuis beaucoup plus haut, à l'alignement des vieux bâtiments de Port-Royal, où se trouve aujourd'hui le boulevart du même nom. Le vieux et illustre couvent est devenu l'hospice de la Maternité.

vois, qui attiraient dans le pays les visites et les menues dépenses d'un grand nombre d'admirateurs. A défaut de Jean-Jacques, l'Assemblée législative mit au Panthéon le commandant Beaurepaire, l'héroïque défenseur de Verdun, qui s'était tué plutôt que de rendre la ville aux Prussiens. En 1793, la Convention y mit aussi le corps de Lepelletier Saint-Fargeau tué par le garde du corps Pâris. Elle y plaça enfin Marat, qui de son vivant avait protesté à l'avance contre ce genre d'apothéose. Elle ordonna, en même temps, d'en retirer Mirabeau, convaincu par les papiers de l'armoire de fer de s'être vendu à Louis XVI. Le corps du grand orateur fut relégué dans un coin du cimetière de Saint-Étienne-du-Mont. Comme Mirabeau, Marat fut à son tour ôté du Panthéon, le 1er février 1795, quatre mois seulement après y avoir été placé..

Le 9 octobre 1794, les habitants d'Erménonville ayant enfin consenti à se dessaisir du corps de Rousseau, on le transporta à Paris. La cérémonie fut moins pompeuse que celle des obsèques officielles de Voltaire. Le corps, porté par un certain nombre d'habitants d'Erménonville, fut cependant présenté au Palais des Tuileries, où le Président de l'Assemblée nationale, Cambacérès, chargé de le recevoir, prononça l'éloge funèbre du philosophe. Puis le char reprit sa marche vers le Panthéon, au milieu d'un nombreux cortège, dans lequel des musiciens faisaient entendre les principaux motifs du *Devin de Village*.

Quant à la profanation des tombeaux de Voltaire et de Rousseau, à l'enlèvement et à la destruction de leurs restes, voici ce que rapporte le bibliophile Jacob :

« Une nuit de mai 1814, les ossements de Voltaire et de Rousseau furent extraits des cercueils de plomb où ils avaient été enfermés ; on les réunit dans un sac de toile, et on les porta dans un fiacre qui stationnait derrière l'église. Le fiacre s'ébranla lentement, accompagné de cinq ou six personnes, entre autres les deux frères De Puymorin. On arriva vers deux heures du matin, par les rues désertes, à la barrière de la Gare, vis-à-vis de Bercy. Il y avait là un vaste terrain entouré d'une clôture en planches, lequel avait fait partie de l'ancien périmètre de la gare qui devait être créée en cet endroit pour servir d'entrepôt au commerce de la Seine, mais qui n'a jamais existé qu'en projet. Les alentours étaient déjà envahis par des cabarets et des guinguettes. Une ouverture profonde était préparée au milieu de ce terrain vague et abandonné, où d'autres personnages attendaient l'arrivée de l'étrange convoi. On vida le sac rempli d'ossements sur un lit de chaux vive ; puis on rejeta la terre par-dessus, de manière à combler la fosse, sur laquelle piétinèrent en silence les auteurs de cette dernière inhumation... »

Voir aussi ce que dit Victor Hugo, dans son livre de *William Shakspeare*, page 343 et 344 [1].

Victor Hugo, mort le 23 mai 1885, vient, à son tour, d'être placé au Panthéon, le 1ᵉʳ juin suivant.

---

1. Paris, Lacroix et Verboeckhoven, 1864.

APPENDICE

II

Se rapportant à la page 116.

C'est ce que M. Ernest Legouvé, dans *la Lecture en action*, chapitre XXIV, a développé en ces termes :

« La prose de Voltaire et sa poésie ne portent pas la même marque. Placez en regard ses histoires et ses tragédies, ses contes et ses comédies, ses poésies légères elles-mêmes, si charmantes qu'elles soient, et sa Correspondance, vous vous sentez en face de deux artistes différents : même quand vous y retrouvez le même genre d'esprit, vous n'y retrouvez plus la même plume. Autant Voltaire prosateur est précis, clair, net, simple ; autant Voltaire poète est souvent vague, mou, indécis dans les termes, et déclamatoire.

Je dis le poète, je devrais dire le versificateur ; car c'est le versificateur qui trahit sans cesse en lui le poète. Voltaire a d'admirables dons de poésie ; et, en dépit du mépris où sont tombées aujourd'hui ses tragédies, c'est un grand poète tragique. C'est un innovateur, un inventeur, un précurseur. Il a agrandi la carte géographique du théâtre ; il a annexé à notre art l'Amérique avec *Alzire*, la Chine avec l'*Orphelin*, la Sicile avec *Tancrède*, la France avec *Adélaïde du Guesclin*, et même avec *Zaïre*.

L'action substituée au récit, la mise en scène, le spectacle, sont autant de conquêtes de Voltaire. Il a multiplié les coups de théâtre, il a introduit le romanesque dans la tragédie. Racine avait dit : Le génie est une raison sublime ; Voltaire a osé dire : « Au théâtre, il faut frapper fort plutôt que frapper juste. » N'est-ce pas la règle de tout le répertoire moderne ? Si vous étudiez avec soin, dans leur composition, quelques-unes de ses grandes tragédies, vous serez surpris de voir quelle étonnante ressemblance architecturale se retrouve entre *Mérope* ou *Mahomet* et tel ou tel drame de 1830.

D'où vient donc l'anathème porté contre Voltaire par l'école nouvelle ? Que lui reproche-t-on ? Que lui a-t-il manqué ? Le style. Entendons-nous bien sur ce mot ; car, avec ce diable d'homme, il faut toujours corriger la critique par l'éloge, et l'éloge par la critique. Ses tragédies sont pleines de passages éloquents, de vers délicieux et profonds, de morceaux d'éclat ; mais ce qui fait défaut, c'est la trame. Supposez une étoffe brodée de fleurs charmantes, mais elle-même sans solidité, et formée de toutes sortes de tissus différents, fil, coton, soie, laine. Voltaire n'est pas né avec un style poétique tout fait, et il n'a pas su s'en faire un ; il trempe sa plume dans toutes sortes d'écritoires, tantôt chez Corneille, tantôt chez Racine, tantôt chez Boileau.

Molière et Corneille sont arrivés, eux, dans ce monde, avec leur plume toute taillée. Mais Racine a été forcé de tailler la sienne ; La Fontaine de même ; il nous l'a expliqué. Eh bien, Voltaire n'a pas eu le temps ou le génie de se créer son instrument. Sa fièvre de production, sa passion de tout embrasser, son ardeur improvisatrice, ne lui ont pas permis de se forger une langue poétique qui valût sa langue en prose. Il est vrai que celle-là, il ne se l'est pas faite ; c'est la nature qui la lui a donnée : il était né prosateur, et poète, mais non versificateur ; de là, dans les morceaux où l'inspiration ne le soutient pas, et même dans ses belles pages tragiques, un alliage incroyable de termes d'à peu près, de phrases de convention, d'expressions de pacotille, une absence de rimes et de rythmes qui jette dans le cours de son style une foule de vers d'amateur. La lecture à haute voix nous révèle toutes ces faiblesses ; et un exemple va nous le prouver.

Je l'emprunte à la première scène d'*Adélaïde*

Du Guesclin, parce qu'en général Voltaire apporte beaucoup de soin à l'exécution de ses premières scènes.

. . . .

ADÉLAÏDE

Je sais quel est Coucy, sa noble intégrité
Sur ses lèvres toujours plaça la vérité ;
Quoi que vous m'annonciez, je vous croirai sans peine.

COUCY

Sachez que, si ma foi dans Lille me ramène,
Si, du duc de Vendôme embrassant le parti,
Mon zèle en sa faveur ne s'est pas démenti,
Je n'approuvai jamais la fatale alliance
Qui l'unit aux Anglais et l'enlève à la France.
Mais, dans ces temps affreux de discorde et d'horreur,
Je n'ai d'autre parti que celui de mon cœur.
Non que pour ce héros *mon âme* prévenue
Prétende à ses défauts *fermer* toujours *ma vue*;
Je ne m'aveugle pas, je vois avec douleur
De ses emportements l'indiscrète chaleur ;
Je vois que de ses sens l'impétueuse ivresse
L'abandonne aux excès d'une ardente jeunesse ;
Et ce torrent fougueux que j'arrête avec soin
Trop souvent *me l'arrache* et l'emporte trop loin !

Ce torrent *qu'on arrête avec soin* et qui vous *emporte trop loin* aurait fait bondir Voltaire, s'il l'eût trouvé dans les vers d'un autre, et il aurait marqué d'un crayon indigné les passages soulignés par nous, comme appartenant à cette phraséologie insupportable qui mêle sans cesse la fausse élégance, la platitude et la convention.

Si brillant que soit parfois le style dramatique de Voltaire, il manque de cette qualité supérieure, sans laquelle il n'y a pas de grand écrivain, l'unité.

Réfugions-nous dans sa prose...

APPENDICE

III

Se rapportant à la page 150.

ARLEQUIN SAUVAGE

Cette farce avait été donnée en 1721 par un nommé Delisle. Il s'agit d'un Sauvage transporté tout à coup en pleine civilisation, et dont les étonnements naïfs contiennent des critiques plus ou moins justes, mêlées de quelques drôleries. C'était le temps où Montesquieu publiait, sous le voile de l'anonyme, les *Lettres Persanes*, dont il avait emprunté l'idée première aux *Amusements sérieux et comiques* de Dufresny. — Le succès éclatant des *Lettres Persanes* fit pleuvoir des Lettres de toutes les couleurs : péruviennes, chinoises, indiennes... Ces paradoxes préparaient la voie à ceux de Diderot et de Rousseau.

Voici un ou deux dialogues d'*Arlequin sauvage*.

ARLEQUIN

Qu'est-ce que cela, des nations civilisées?

LÉLIO

Ce sont des hommes qui vivent sous des lois.

ARLEQUIN

Sous des lois? Et quels Sauvages sont ces gens-là?

LÉLIO

Ce ne sont pas des Sauvages, mais un ordre puisé dans la raison, pour nous retenir dans nos devoirs et rendre les hommes sages et honnêtes gens.

ARLEQUIN

Vous naissez donc fous et coquins dans ce pays?

LÉLIO

Pourquoi le penses-tu?

ARLEQUIN

Il n'est pas très difficile de le deviner. Si vous avez besoin de lois pour être sages et honnêtes gens, vous êtes fous et coquins de naissance, cela est clair.

Rousseau dira-t-il autre chose au fond? Il y mettra seulement plus d'emphase. C'est, suivant lui, a vie sauvage qui est la vraie. « Ah! monsieur, lui répond Voltaire, en vous lisant, il me prend envie de me remettre à marcher à quatre pattes. » — La Nature! c'est le thème favori de Jean-Jacques : elle seule est bonne. « Tout est bien, sortant des mains de l'auteur des choses ; tout dégénère entre les mains de l'homme [1] » ; la civilisation a tout corrompu.

Puis voici, dans cette farce à l'italienne, la question de l'inégalité des conditions et de l'injuste répartition des richesses, que Rousseau traitera aussi :

LÉLIO

Cette question, je vais te l'expliquer. Il y a deux sortes de gens parmi nous : les riches et les pauvres. Les riches ont tout l'argent, et les pauvres n'en ont point.

ARLEQUIN

Fort bien.

LÉLIO

Ainsi, pour que les pauvres en puissent avoir, ils sont obligés de travailler pour les riches, qui leur donnent de cet argent à proportion du travail qu'ils ont fait pour eux.

ARLEQUIN

Et que font les riches, tandis que les pauvres travaillent pour eux ?

LÉLIO

Ils dorment, ils se promènent, ils passent leur vie à se divertir et à faire bonne chère.

ARLEQUIN

C'est bien commode pour les riches !...

On essaye d'enseigner à Arlequin la politesse ; il s'y prend tout de travers, et trouve infiniment

1. Début de l'*Émile*.

meilleurs les us et coutumes de son pays ; ce qui donne lieu à quelques scènes plaisantes. Rencontrant Violette, suivante de Flaminia, il veut l'aimer à sa façon. « Dans mon pays, dit-il, on présente une allumette aux filles : si elles la soufflent, c'est une marque qu'elles veulent nous accorder leurs faveurs ; si elles ne la soufflent pas, il faut se retirer. Cette méthode vaut bien celle de ce pays : elle abrège tous les discours inutiles. »

Violette, pour voir, s'amuse à souffler une allumette : aussitôt Arlequin saisit et enlève la belle, l'emporte dans ses bras. On a beaucoup de peine à lui faire lâcher prise, et « à le convaincre qu'il faut, en France, un peu plus de cérémonies pour s'épouser [1]. »

Cette farce, bien jouée, pouvait être amusante ; mais ce n'est pas une raison pour préférer, avec Geoffroy, *Arlequin sauvage* à *Alzire*, ni pour attribuer à cette farce, plutôt qu'à cette tragédie, l'honneur d'avoir ouvert chez nous la voie des œuvres exotiques.

---

1. Léon Fontaine, *le Théâtre et la lPhiosophie au* XVIII*e siècle*. Paris, Baudry, et Versailles, Cerf, 1879.

APPENDICE

IV

Se rapportant à la page 293.

DESFONTAINES, FRÉRON, GEOFFROY.

I

Pierre-François Guyot, abbé Desfontaines, né en 1685 à Rouen, mort en 1745.

Élève des Jésuites, entra dans leur ordre, enseigna la rhétorique à Bourges, commença en 1824 à écrire au *Journal des Savants*; publia ensuite des feuilles de critique littéraire, qui paraissaient périodiquement : *le Nouvelliste du Parnasse*, 1731-1734, 5 volumes in-12; *Observations sur les écrits modernes*, 1735 et années suivantes. Voltaire l'avait sauvé du déshonneur en étouffant une affaire d'immoralité honteuse qui eût entraîné la peine des galères ; Desfontaines, oubliant ce bienfait, critiqua trop vivement les œuvres dramatiques du poète. Celui-ci lança contre lui un pamphlet intitulé *le Préservatif, ou Critique des Observations sur les écrits modernes*. L'abbé répondit par un libelle anonyme, *la Voltairomanie*, 1738, in-12. Voltaire alors intenta contre lui une action criminelle, qu'il n'abandonna que sur le désaveu écrit de Desfontaines, publié dans la *Gazette d'Amsterdam* du 4 avril 1739.

II

Fréron (Elie-Catherine), né en 1719 à Quimper, mort en 1776 à Paris, descendait de Malherbe par les femmes; avait commencé par être le collaborateur de l'abbé Desfontaines dans ses *Observations sur les écrits modernes*, de 1739 à 1745; époque à laquelle l'abbé mourut. Alors Fréron fonda, à son tour, une revue du même genre, sous ce titre: *Lettres de Madame la Comtesse de *** sur quelques écrits modernes*. Il en parut dix-neuf: la première est datée du 1ᵉʳ septembre 1745; la dernière, du 25 juillet 1746. Ce recueil ayant été supprimé, il le remplaça par les *Lettres sur quelques écrits de ce temps*, où il combattit les philosophes et tout le groupe de l'Encyclopédie. Par prudence, il feignit que ces lettres venaient de l'étranger.

« Ainsi, sur douze volumes dont se compose son nouveau recueil, les trois premiers portent les rubriques de *Genève* et d'*Amsterdam*; au quatrième, il indique *Genève* et *Paris*; au cinquième, *Londres* et *Paris*; enfin, à partir du sixième, il signe : *M. Fréron*; et, au neuvième, il fait suivre son nom de ses titres académiques : *De la Société royale et littéraire de Nancy* (sous le patronage de Stanislas Ier et de sa fille Marie Leckzinska, épouse de Louis XV et reine de France), *et de l'Académie des Belles-Lettres de Montauban*[1]. » Cette nouvelle revue eut un certain succès.

Enfin, en 1754, il changea le titre de ses feuilles et les appela *l'Année littéraire*, qu'il continua jusqu'à sa mort. Voltaire, exaspéré par les attaques de Fréron, lui lança la virulente satire du *Pauvre diable*, et la comédie de *l'Écossaise*, sans compter mainte épigramme en prose et en vers; celle-ci entre autres, qui est demeurée célèbre :

> L'autre jour, au fond d'un vallon,
> Un serpent piqua Jean Fréron;
> Que pensez-vous qu'il arriva ?
> Ce fut le serpent qui creva.

Cette revue paraissait tous les dix jours, en 72 pages in-12. Fréron y avait pour collaborateurs l'abbé De La Porte, Baculard d'Arnaud et Geoffroy.

---

1. Charles Barthélemy, *les Confessions de Fréron*. Paris, Charpentier, 1876.

III

Geoffroy, après la mort de Fréron, continua à rédiger cette revue pendant quinze ans, jusqu'à ce qu'il entrât au *Journal des Débats*, où il écrivit le feuilleton dramatique. Geoffroy, né à Rennes en 1643, mourut en 1814.

FIN

TABLE

	Pages.
PREMIÈRE LEÇON. — LE DISCOURS DU CENTENAIRE : — VOLTAIRE, SA VIE ET SON ŒUVRE	1
DEUXIÈME LEÇON. — PREMIERS ERREMENTS DRAMATIQUES. — *Œdipe*. — *Mariamne*.	37
TROISIÈME LEÇON. — AUTRES ESSAIS DRAMATIQUES DE VOLTAIRE. — *Il cherche des voies nouvelles*	63
QUATRIÈME LEÇON. — *Zaïre*.	85
CINQUIÈME LEÇON. — *Adélaïde du Guesclin*. — *La Mort de César*. — Voltaire et Shakspeare	111
SIXIÈME LEÇON. — *Alzire, ou les Américains*. — Alzire aïeule d'Atala	137
SEPTIÈME LEÇON. — *Le Fanatisme, ou Mahomet le prophète*	151
HUITIÈME LEÇON. — *Mérope*	181
NEUVIÈME LEÇON. — *Sémiramis*. — Le Spectre d'Hamlet.	203
DIXIÈME LEÇON. — *Oreste*. — *Catilina*. — *L'Orphelin de la Chine*. — L'orphelin de Tchao	231
ONZIÈME LEÇON. — LES COMÉDIES DE VOLTAIRE.	271

DOUZIÈME LEÇON. — LA THÉORIE ROMANTIQUE DANS LES
PRÉFACES DE VOLTAIRE 309
TREIZIÈME LEÇON. — *Tancrède* 329
QUATORZIÈME LEÇON. — LES PIÈCES DE COMBAT 359
QUINZIÈME LEÇON. — Conclusion. 403
APPENDICE I 423
   —   II. 431
   —   III 435
   —   IV 439

www.ingramcontent.com/pod-product-compliance
Lightning Source LLC
Chambersburg PA
CBHW071101230426
43666CB00009B/1789